# 新锐设计师成长记录

石增泉　郑建鹏　编著

中国水利水电出版社
www.waterpub.com.cn

## 内 容 提 要

本书以记叙与访谈的方式，深度造访了17位独立设计师与2位设计机构创始人，与他们近距离接触，获知他们成功的历程、失意的彷徨，让读者深切地感受这些设计师的精神和思想，了解中国设计行业中的新锐力量和创新群落。本书汇集了访谈的精粹，他们畅所欲言，真情流露，相信通过他们的视角，能够给读者带来不一样的心灵震撼和感受！

本书适合与设计相关的人士及爱好者阅读。

版式设计　石增泉　陈　红
责任编辑　淡智慧　李晔韬

图书在版编目（CIP）数据

新锐设计师成长记录 / 石增泉，郑建鹏编著. -- 北京：中国水利水电出版社，2013.1
ISBN 978-7-5170-0424-0

Ⅰ. ①新… Ⅱ. ①石… ②郑… Ⅲ. ①设计师一访问记一中国一现代 Ⅳ. ①K825.72

中国版本图书馆CIP数据核字（2012）第304149号

| 书　　名 | 新锐设计师成长记录 |
| --- | --- |
| 作　　者 | 石增泉　郑建鹏　编著 |
| 出版发行 | 中国水利水电出版社<br>（北京市海淀区玉渊潭南路 1 号 D 座　100038）<br>网址：www.waterpub.com.cn<br>E-mail：sales@waterpub.com.cn<br>电话：（010）68367658（发行部） |
| 经　　售 | 北京科水图书销售中心（零售）<br>电话：（010）88383994、63202643、68545874<br>全国各地新华书店和相关出版物销售网点 |
| 排　　版 | 北京时代澄宇科技有限公司 |
| 印　　刷 | 北京博图彩色印刷有限公司 |
| 规　　格 | 165mm×230mm　16 开本　27 印张　294 千字 |
| 版　　次 | 2013 年 1 月第 1 版　2013 年 1 月第 1 次印刷 |
| 印　　数 | 0001—3000 册 |
| 定　　价 | 150.00 元 |

BAUHAUS
ENGLAND
FOOTBALL

# 序

## 展示中国设计力量

自 1851 年英国伦敦水晶宫博览会开始，与工业革命紧密相连的现代设计萌芽崭露头角，并在随后的一百多年里以工艺美术运动、新艺术运动、青年风格、包豪斯、构成主义、风格派、国际主义等多种形式风靡全世界。进入 20 世纪六七十年代现代设计更是成为众多发达国家崛起与繁荣的资本和手段。设计被赋予神奇的兴邦立国的力量。远的如欧洲的德国、英国，近的如日本。“日本制造”在 20 世纪 60 年代经历了被鄙视的阵痛，那时的日本产品就是垃圾、模仿的代名词。但痛定思痛的日本企业不久就在设计上找到出路，一大批国际知名品牌如 TOSHIBA、SONY 和 HONDA 等应运而生。

设计的历史轨迹充满了轮回和戏剧。进入 21 世纪，拥有几千年传统文明的中国也开始面临设计的抉择。如今背负“世界工厂”之名的中国制造急需通过设计的创新来明确未来发展之路，实际上，中国也不乏创意新锐、思维超前的设计人才，但在制造和效益的多重影响下，这些人并没有获得业界和社会的充分发掘重视和认可，更别说在世界设计的舞台上获得更多展现的机会。

本书就是在这样背景下诞生的创意，我们希望以图书记录的方式，详细地向世界和中国介绍这些未来将影响中国的设计力量。有书采用记叙与访谈结合的方式，向大家介绍活跃在国内外设计界的 40 岁以下知名的中国年轻新锐设计师，旨在挖掘中国设计行业中的新锐力量和创新群落，探索中西融汇的大环境下中国设计发展的本质精神。本书所选设计师主要以有海外教育经历或工作经历的青年设计师为主，他们具有开放的设计视野，独特的设计经历，创新的设计思维和成功的设计作品。本内容包括设计师本人成长经历、设计思考、作品介绍与评析等多个方面。我们希望本书可以成为世界了解中国设计新锐与创新产业的窗口，可以成为沟通国际设计界与国内设计师、设计创意界与设计教育界、设计产业同设计先锋的媒介和舞台。

本书一共采访了 17 位独立设计师与 2 位设计机构创始人。独立设计师是欧美设计行业的传统，它不同于日本的驻厂设计师形式，它往往允许设计师具有更高的自由度、更发散的创意度及更独立的创作精神。这些设计师都是地道的中国人，而且基本都在国内接受完系统的设计教育，然后或毕业于西方设计院校的研究生课程，或在设计业界做出了卓有成效的业绩。我们选择他们，就是为了向世界展示中国设计强大的本土新锐力量及对世界设计的开放与包容力。

为了让图书具有更大的可读性和趣味性，我们并没有采用简单的一问一答的方式，而是将我们的视角、评价和思考融入到每个采访对象的叙述中，让读者在平实而流畅的叙述中感受设计师的经历、精神和思想。我们认为，新锐不是惊世骇俗的言语，不是矫情的自我表白与狂欢，新锐代表的是一种对生活的独立观察和深入思考，新锐设计更是基于生活的未来展望和美好愿景。

让我们一起展望中国设计前景，一起期待中国设计力量。

编者

2012 年 7 月

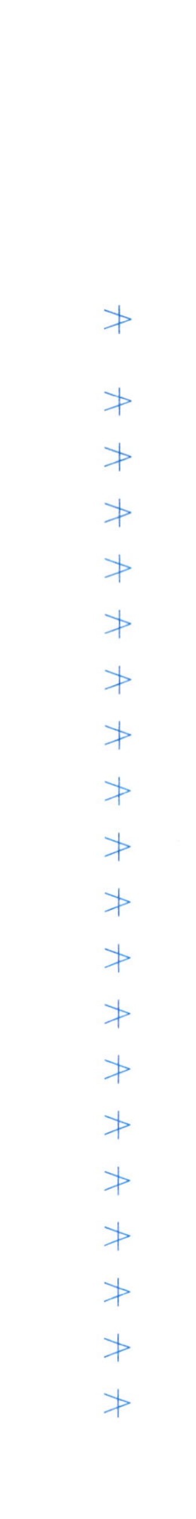

# 目录

8–9

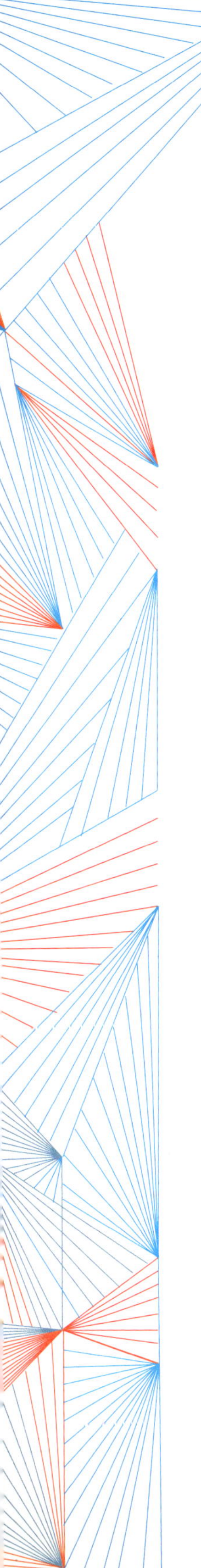

# 方宏章

平面设计师、策展人、教师，评论者。
浙江工业大学艺术学院专业教师。
浙江工业大学品牌形象设计研究中心成员。
杭州九月九号设计工作室成员。

2003年，毕业于中国美术学院视觉传达设计系，获学士学位。
2004年，留学德国。
2005年，就读柏林艺术大学视觉传达设计专业，硕士研究生。分别在平面设计和信息设计工作室从事学术研究和项目实践工作，师从Melk Imboden教授，Michael Klar教授，Erik Spiekermann教授以及Fons Hickmann教授，期间在柏林著名的Adler&Schimdt设计公司实习。主要的研究方向：信息设计，文字排印及公共空间导视系统设计等领域。

扇动2007·广州，扇面设计国际邀请展/联席策展人，执行策划广州，广州信义国际会馆，2007。
北京世界设计大会/POST——当代国际海报回顾展/联席策展人北京，清华大学美术馆，2009。
纽约字体艺术指导俱乐部中国巡回展杭州，上海站/策展人杭州。杭州师范大学美术学院，2010，上海师范大学设计系，2011。
纽约字体艺术指导俱乐部中国巡回展杭州站学术研讨会/召集人。杭州师范大学美术学院，2010。

“我爱设计”国际图形设计竞赛第二名，2002。
“苏州印象”城市品牌海报设计大赛优秀奖，2002。
中国红十字国际公益海报大赛爱心奖，2002。
2010上海世博会国际招贴设计邀请展入选，2002。
第二届华人平面设计大赛入选奖，2002。
特纳瓦国际海报三年展入选3件，2003。
武汉九一创作协会第六届公益广告入选奖，2003。
南斯拉夫国际海报设计双年展银奖，2003。
德国戒烟设计大赛优秀奖，2007。
Adobe设计成就大赛（ADAA）优秀奖，2008。
亚太平面设计设计年鉴APD，2010。
IGDB6宁波国际平面设计双年展，2010。

## 多面手 & 好青年

第一次见方宏章时，他上下透露着一股文艺青年的范儿，哥特式尖耸的头发，下巴围绕着一周的浅须，两片窄窄的镜片再荡漾一圈温暖的笑，乍一看倒像是个诗人或者歌手。方宏章的专业兴趣涉及信息设计、文字排印、平面设计以及设计写作和研究等多方面。同很多 20 世纪 90 年代上大学的美术生一样，方宏章接触艺术的经历平坦而有条理——先参加美术班学画，对于设计压根就没有概念，高中毕业之后就直接考入中国美术学院。在中国美术学院的那 4 年对于方宏章来说影响异常重大，这个影响不是来自于课堂，而是来自于弥漫整个美院的那种艺术气息。初入大学的方宏章对什么都感到新鲜和好奇，自己就像一块干枯的海绵贪婪地吸收着各类养分。当时学校很多艺术的公开课方宏章都会去参加，现在回忆起当初那么多跨领域的学习他依然会兴奋和感慨。除了大学的视野，让方宏章感到非常庆幸的还有在学习期间碰到的几位非常优秀的老师，比如袁由敏老师。袁老师为他们那一届学生首次开设了图形设计课程，这差不多也是当时国内最早开设的图形设计课程，袁老师的严谨、幽默、睿智、认真让方宏章收获颇多。也正是这些优秀教师不断进取和对于专业的操守使得方宏章在美院毕业之后萌生了出国看看的冲动。方宏章也没想到这个出去看看的想法竟然让他在德国待了 6 年。

2004 年方宏章到了德国，直到 2005 年他正式考入柏林艺术大学视觉传达专业，这是他在毕业两年之后重新开始大学的生活。毕业后的这两年里，方宏章在设计上思考得更多。他时常走在柏林的街头用局外人的眼光看设计，用设计师的眼光看这个社会并试图融入德国的文化和社会中，用设计的方式反映和展现德国的社会。所以后来报考柏林艺术大学时，评委会在看了他投递的作品后，连面试都没举行就直接给他发来了录取通知书。在德国的学习情况和国内有很大的不同，在柏林艺术大学这个拥有 300 多年历史的著名艺术大学的学习不仅给方宏章带来了技法的进步，更改变了他的设计观念和思维方式，以至于他现在依然保持着很多德国的生活习惯和行事风格。在柏林艺术大学，他又很幸运地遇见了 Erik Spiekermann、Fons Hickmann、Melchior Imboden 等很多极好的老师，这些人在国际上都享誉盛名。方宏章跟这些老师学到了如何做设计，更学到了如何做有社会责任感的设计师和正直坦诚的普通人。

2010 年方宏章回到中国，谈到自己目前的工作状态，他说因为刚刚回国，所以很多事情都还在适应中。他希望自己能扮演更多的角色，并不会固定于一个领域之中。因为多元化的角色可以让自己游走于不同的领域，也希望能打破各领域之间的隔阂。方宏章目前的身份首先是教师，他在杭州一所高校中任教，他觉得作为老师会强迫自己去整理和学习更多的东西，他自己也很希望通过教书的机会把国外的一些设计理念和经验同别人一起分享，能和别人分享在他看来是最快乐的事情。除了教学之外，方宏章也一直在一线从事设计实践，践行自己作为一个平面设计师的理想和骄傲。他是中国美术学院袁由敏设计工作室的成员，可能因为方宏章同设计室的主创袁由敏两人都在国外待过，所以对于设计的理解，对于设计的态度他们俩有着很多的默契和互补，这也使得他们一起工作起来特别有动力。

袁由敏和方宏章把工作室定位于一个具有前瞻性和探索性的小型综合工作室。他们的工作室更多是做一些具有文化性质的项目和学术研究课题，除此之外他们现在也会把更多的精力放在策展和出版方面。所以方宏章还有一个身份是独立策展人，2009 年北京设计大会的时候他和中央美院的蒋华先生、台湾的李根在先生等人一起策划了大型展览：POST——当代国际海报回顾展，这个展览展出了 30 年间世界范围内的著名获奖海报作品，以及中国改革开放以来的当代经典海报图像，引起人们的巨大兴趣。方宏章认为，在印刷时代，今天的我们站在一个特殊的时空节点，应该重新思考与探索海报作为一种媒介的新的可能性，这种反思将给全球平面设计带来新的启发。

2010 年 11 月，方宏章同袁由敏一起策划了纽约字体艺术指导俱乐部杭州巡回展的活动，这是国际字体设计界最为权威的设计大赛和展览，也是纽约字体艺术指导俱乐部第一次在大陆展出。他们希望通过这个展览的引进给广大的设计师同行提供观摩和学习的机会。2011 年他们陆续策划和引进了更多的高层次设计展览。方宏章很希望借助自己多年的留学经验，通过展览策划让更多的国内设计师了解德国和欧洲设计，也让欧洲的设计师到中国做交流，为杭州乃至中国搭建一个学术交流的良好平台。

设计写作也是方宏章自我角色的一部分，教学和设计工作之余，他还会在自己的博客上，或给一些杂志社写一点设计专业的文章和评论，他一直坚信设计和写作是紧密联系在一起的，写作本身就是设计，设计也是另外一种形式的写作。方宏章用自己的实践努力打破商业传播与设计、写作评论的隔阂。

我们跟方宏章的聊天不仅仅局限在设计领域，还有他的成长和生活，沟通与交流的过程不像是在就专业问题做探讨，而像是许久不见的朋友间的聊天和长谈。

**新锐成长：**很多人当下的生活或工作状态都受到以往生活经历的影响，在您以往的人生经历中有哪些对您影响比较深的人或者事吗?

**方宏章：**呵呵，好多啊。家人、朋友、老师是最主要的。其实我是一个挺容易受别人影响的人，喜欢吸收百家之长，学习新的东西，当然这个有利有弊。

人生比较大的一次改变是考上美院，认识了很多好的老师，从他们身上学到很多做人做事的原则，还有很多美院的朋友，我们身上似乎有一种“美院精神”在支持我们，鞭策我们一定要奋发向上。在美院的四年里的讲座甚至包括选修课都是我吸取养分的地方。真的，人能进入一个好的环境、好的气氛，也是一种奢侈。回想当年每次有讲座，能容纳几百人的美院阶梯教室总是爆满：讲台前，过道上，甚至楼梯上都坐满了人，实在没能挤进去的也扒在窗户上看。现在很多大学举办讲座要靠老师点名来确保到场人数，实在是中国教育的悲哀。后来到了德国，哦，这里我必须要说我很感谢我的家人支持我到德国留学，还有陪我一起到德国去“赌一把”的我的妻子。柏林由于历史阴影的笼罩和日耳曼人天生的高傲，让我刚开始没能很快融入到这个社会里。大概用了大半年的时间，我才有了一些德国朋友，也才适应德国生活。几年后我就有了各种各样的异国朋友。表面上冷酷的德国人，在别人遇到困难的时候会义无反顾地伸出援助之手。他们是真心对待朋友的，做人比较实在，也不存在“酒肉朋友”。直到后来我和德国的老师以及朋友关系越来越好，我才从更深的层次理解德意志这个民族。前面提到过的 Erik Spiekermann、Fons Hickmann、Melchior Imboden 等都是我的导师，从他们身上我也学到很多东西：Erik Spiekermann 别看他 60 多岁了，看起来和三四十岁的人差不多，说话思维特别敏捷，对设计尤其是文字设计有相当敏锐的感觉；Fons Hickmann 很多中国人都知道，他的包容性很强，也很敏锐，思维敏捷，对作品能一针见血，他是我毕业设计的导师；而 Melchior Imboden 是每周坐夜间火车从瑞士来柏林给我们上课，然后再坐火车回去，学校支付给他的工资根本连车票钱都不够，但是他还是那么执着地每周过来，而且连中饭都经常顾不上吃，一直在给学生指导作品……他们对一件事情的执着和认真，对朋友的忠诚和无私，对人生的价值和体现，都深深影响了我。

我在德国的时候一直都和中国的朋友沟通密切，现在回来了，和德国的朋友也保持着联系，这当然归功于网络，让这个地球变得比看起来小很多。也让我们有很多机会能做交流。我的下一步计划就是让很多的欧洲新锐设计师来中国，也让中国的新锐力量去欧洲进行文化交流。

**新锐成长：**您在学习和工作的过程中肯定接触很多优秀的设计作品，给我们讲讲您最认可或推崇的吧？

**方宏章：**太多了，不能一一列举，因为很多作品对我的设计和思考都会有很大的影响，可能是技法的，也可能是观念的，而且在不同的时间段看同样的作品理解是不一样的，以前可能更加注重那些创意优先的那些作品，强调一个画面的视觉冲击力或者是如何构图等，但是现在看作品更多是看其背后的东西。对于我来说一个优秀的作品应该是能够为大众服务的，而不是那些只为小众设计的奢侈产品，这些年在国外看到的有些作品非常多，也有很多非常值得我们深思的，举个例子，前几年美国设计师协会 AIGA 曾经就举办过一个非常有意义的展览，他们邀请美国最优秀的设计师为第三世界的普通大众设计一些必须品，比如一个设计师为非洲的平民百姓设计了一款饮水器，因为非洲很多地方的水源污染很严重，但是他们的自来水普及率又非常低，为此很多人因为饮水而生病，这个所谓的饮水器其实是一个非常简单和廉价的管子，在管子里面放入净水的物质，这样的话他们就可以把干净的水带在身边使用了，而且价格非常的低廉。我觉得这样的设计非常有意义。

**新锐成长：**我们问过很多设计师关于艺术设计“创新”的话题，对此您是怎么看的?

**方宏章：**创新是个特别媒体化的词，本身是一个非常专业的术语，但现在被媒体和有关单位用滥了。他们影响着比如政府部门，很多政府部门可能通过“创新”这样的词汇才知道设计这一回事。一旦一个词“被”时髦的话，是非常恐怖的，就像我们现在一样，我们整个社会只谈创新，只关注于那些只有创新但是不适用的东西。

**新锐成长：**另外两个词组也经常被设计领域的人提起，就是“民族与世界”、“传统与现代”，您觉得他们之间是个什么关系?

**方宏章：**没有认真思考过，或许以前曾经纠结过，但是到德国学习之后，反而把这个问题放在一边了，这对于设计可能会更加理性和有条理。设计作为泊来品，虽说传入中国已经有 30 多年，但是我们还是处于学习阶段，而且对于现代设计基本上处于表面的临摹阶段，所以我们还需更多地学习西方设计，我倒不觉得会被全盘西化，这是杞人忧天的，就怕我们学不到位。我不否认“民族与世界”“传统与现代”的关系，我只是想强调，做好的设计是要用心。不要为了讨好某些人的胃口，就摆弄和强调所谓“民族”和“文化”。其实很多在摆弄的人，自己对“民族”和“文化”根本不了解。

**新锐成长：**谈谈目前您正在关注或思考的问题吧，社会的，政治的，经济的或者艺术的都可，您认为如何解决这些问题?

**方宏章：**其实对于社会的、政治的问题应该是每个设计师都必须关注的，因为在国内学习阶段，很多学校顺应就业要求，课程以商业设计为主，除了商业设计，一直没有思考过这些问题，最多曾经非常幼稚的做过几张所谓的“社会性”海报。但现在回想起来，那些所谓的“社会性”海报除了参加比赛获个奖以外，并没有实质的社会意义。而在德国学习的这几年我印象较深的是德国的大部分学生在很多课题上，会更多地去思考一些社会、政治的问题，他们很善于发现社会性问题，也愿意担负起这种责任感，用自己似乎“微薄”的力量在社会上讲话。他们的很多作品，哪怕是学生作品，在社会上展示的时候都时常会有很震撼的效果，我认为这才是我们设计师的任务和责任。回头看中国目前的很多艺术类院校的学生作品，还停留在标志设计和所谓的广告创意等，似乎缺少年轻人的冲劲和初生牛犊不怕虎的创造感。

设计师也要有责任感，因为我们都是这个地球上的人，任何一个角落里发生的事，其实都值得我们去关心。

**新锐成长：** 您关注或思考的这些问题会影响到您的艺术设计创作吗?

**方宏章：** 会的，这也是为什么我前面谈到我的工作主要是教师和策展人。因为我们不是独立在地球上的唯一生物，我很喜欢做一些团队合作的事情，和不同的人打交道是很有趣的。在我很小的时候就知道自己将来不可能每天坐在办公室的电脑前，像流水线上人一样重复操作相同的工作。和很多人共同关注社会问题，或做对社会有影响有贡献的事，那就更有趣了。大家集思广益，总比一个人窝在家里更能出效率，而越是社会性的大话题，越需要大家集体参与。

我很喜欢的工作方式是在一个项目还没开始或者开始初期，用很多时间和不同的人讨论这个话题，大多数时候是闲聊式的，每个人畅所欲言，而其他的人又在此基础上有了新的想法和创意。但无论怎样，我们都应以社会为背景，为思考的基础，并且这也是创作源泉。

**新锐成长：** 我们问过很多设计师他们心目中优秀的设计师的标准，往往大家的回答都不一样，您是怎么认为的?

**方宏章：** 其实就是很难从某一个角度去评价一个设计师，就像评价电影一样，不能说好莱坞的就不好，法国、德国的文艺片就好一样。但是我觉得设计师不能把自己的眼光和思考范围只局限于商业客户，满足于几个商业项目，而要更多地去思考社会和政治问题，因为任何的设计脱离社会就不存在。目前的本科教育很难培养出一名优秀的设计师，而国内现在高校教育也完全从精英教育转化成大众教育，在本科教育阶段更多的只是简单的培养一个直接能用的设计师，但是这未 必是一件特别好的事情。它意味着，它现在用你，但这个世界 10 年以后可能会抛弃你，让你变成一个废人。因为他缺乏研究课题、琢磨课题的智慧和能力，甚至起码的兴趣。大学本科教育都只是简单的接收教师给予的知识，而设计师应该有一个对简单形式背后的东西进行反思的欲望。一名优秀的设计师除了能设计出符合客户要求的作品之外，还需具备前瞻性和突破性，这需要设计师有庞大的阅读量和思考习惯，有强大的研究问题的本能和心态，以及对于问题核心的判断和看问题的能力。我现在多元化的身份也是希望自己能努力的朝着这样的理想化状态发展。

采访介绍，我们照例请方宏章给自己做个评价或总结，他说德国几年的学习让自己学到了很多，但是也看见了自己的很多缺点。回国之后的这段时间，他也一直在思考自己到底这几年有没有变，中国人说他很德国，德国人说他有中国人的精神。方宏章不以为然，他觉得有时候忘记自己的身份和角色，全身心投入到工作中，或许才是设计师的最好的工作方式和状态。

100 Jahre
Grafikdesign
in China
1912-2008
Fang Hong-zhang

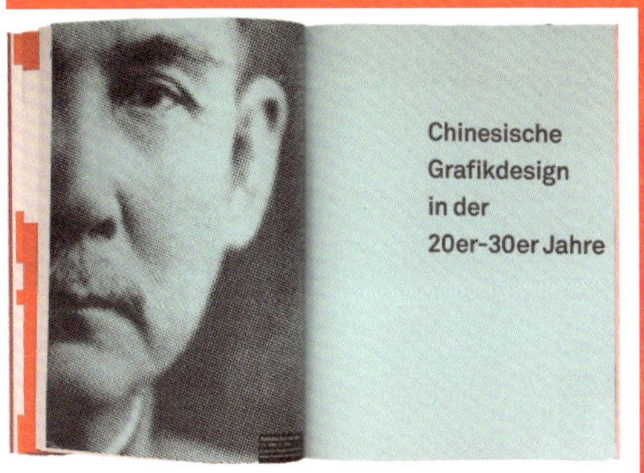


100 Jahre
in China

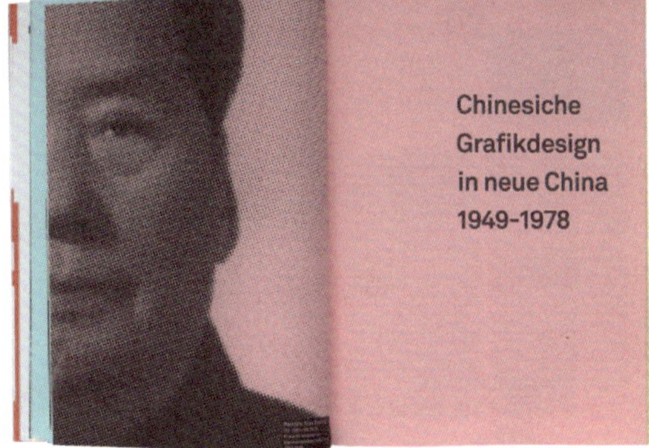

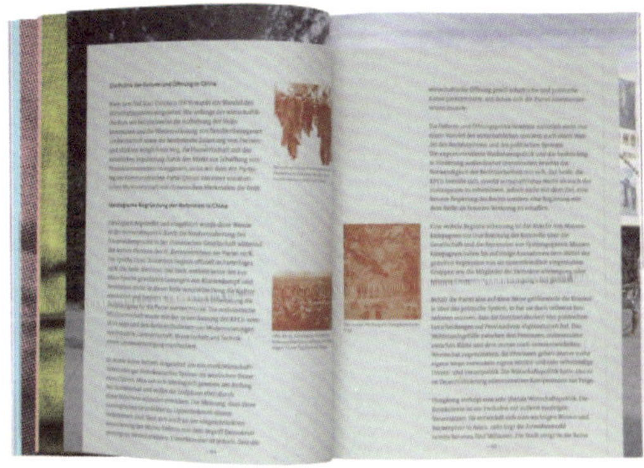

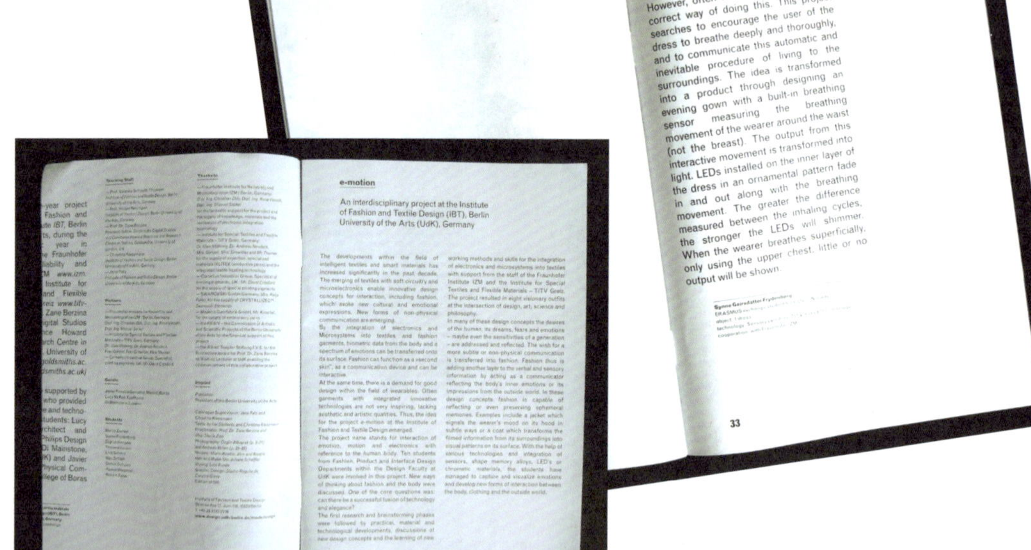
Pneuma
We all breathe – this vital process happens automatically, without thinking. However, often we are not aware of the correct way of doing this. This project searches to encourage the user of the dress to breathe deeply and thoroughly, and to communicate this automatic and inevitable procedure of living to the surroundings. The idea is transformed into a product through designing an evening gown with a built-in breathing sensor measuring the breathing movement of the wearer around the waist (not the breast). The output from this interactive movement is transformed into light. LEDs installed on the inner layer of the dress in an ornamental pattern fade in and out along with the breathing movement. The greater the difference measured between the inhaling cycles, the stronger the LEDs will shimmer. When the wearer breathes superficially, only using the upper chest, little or no output will be shown.
33
e-motion
An interdisciplinary project at the Institute of Fashion and Textile Design (IBT), Berlin University of the Arts (UdK), Germany
3

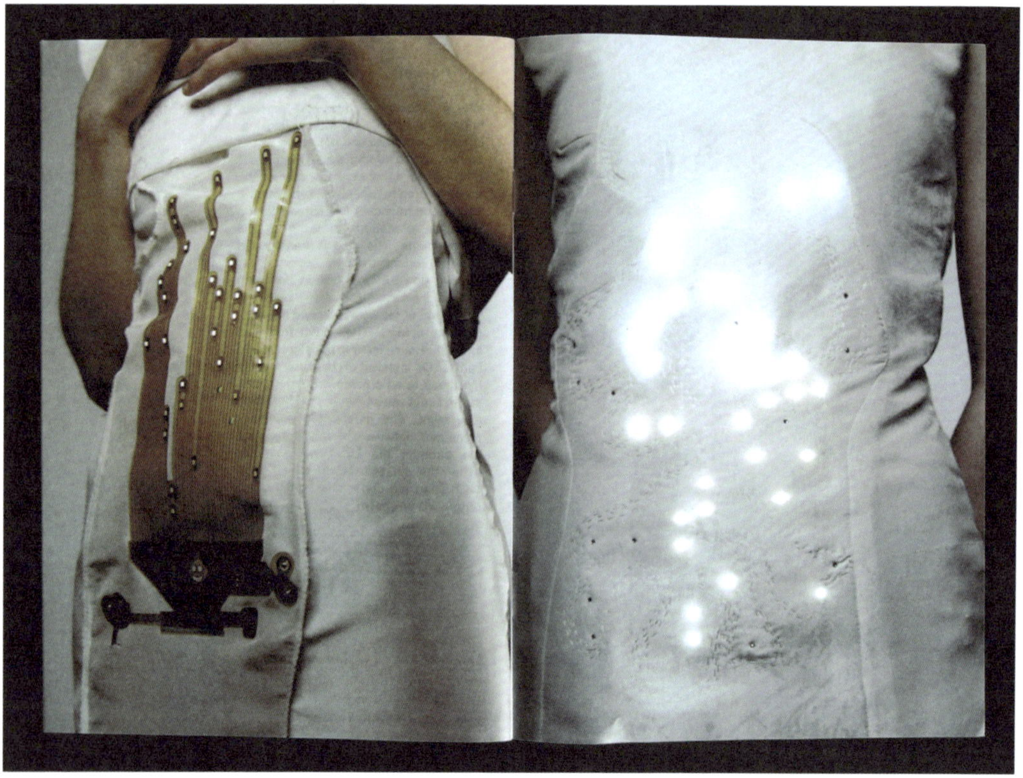

## 《e-Motion》 书籍设计

这是为柏林艺术大学的服装设计专业学生设计课题汇报表演所做的宣传册，其课题作品并于 2009 年柏林国际 5 月设计周（Design Mai）期间在柏林艺术大学展出，共有 9 位年轻的设计师展出其一学期以来的成果，我们试图通过最简单和直观的方式展示这些作品。

纽约 tdc 上海展　海报、宣传册设计

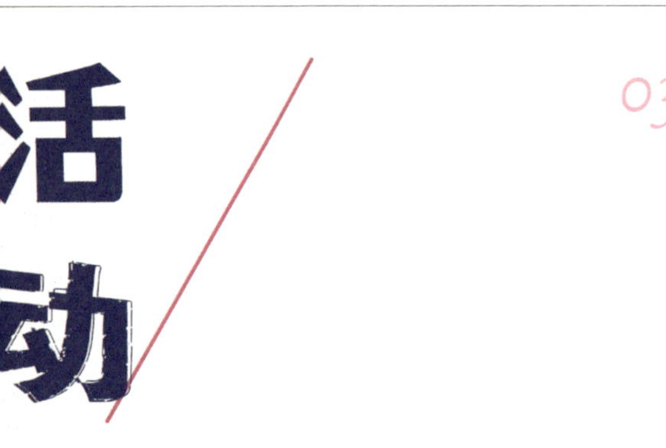
活
动
03

出
版
物
17

RED
DOT
GRAND
PRIX
DESIGNER PORTRAITS
23

海
报
25

NEW
YORK
TDC
CHINA
09

tdc
The Type Directors Club
New York
Show
in Shanghai
China
04.03.2011 –
10.03.2011

“POST——当代国际海报回顾展”旨在展现世界海报设计的当代图景，展出 30 年间，世界范围内的著名获奖海报作品，同时邀请国际知名设计师、团体的经典代表作参与这项国际海报的回顾性活动，汇聚了不同文化背景与设计风格。通过这一囊括全世界 30 年来最重要的经典设计作品的设计交流事件跨越了不同的文化和语言，共同促进国际视觉文化的交流，展现了 30 年以来世界平面设计领域的风起云涌。

中国改革开放以来的当代经典设计图像也得以重现，同时，当代中国设计作为中国改革开放这一激动人心进程的见证者与参与者，在各个历史时期留下大量图像，展览浓缩了当代中国平面设计 30 年“改革开放”的历程。

设计：方宏章
学术顾问：蒋华　靳埭强
摄影：陈嵘　方宏章

尺寸：100cm × 1090cm
输出：彩喷
展览：清华大学美术学院美术馆

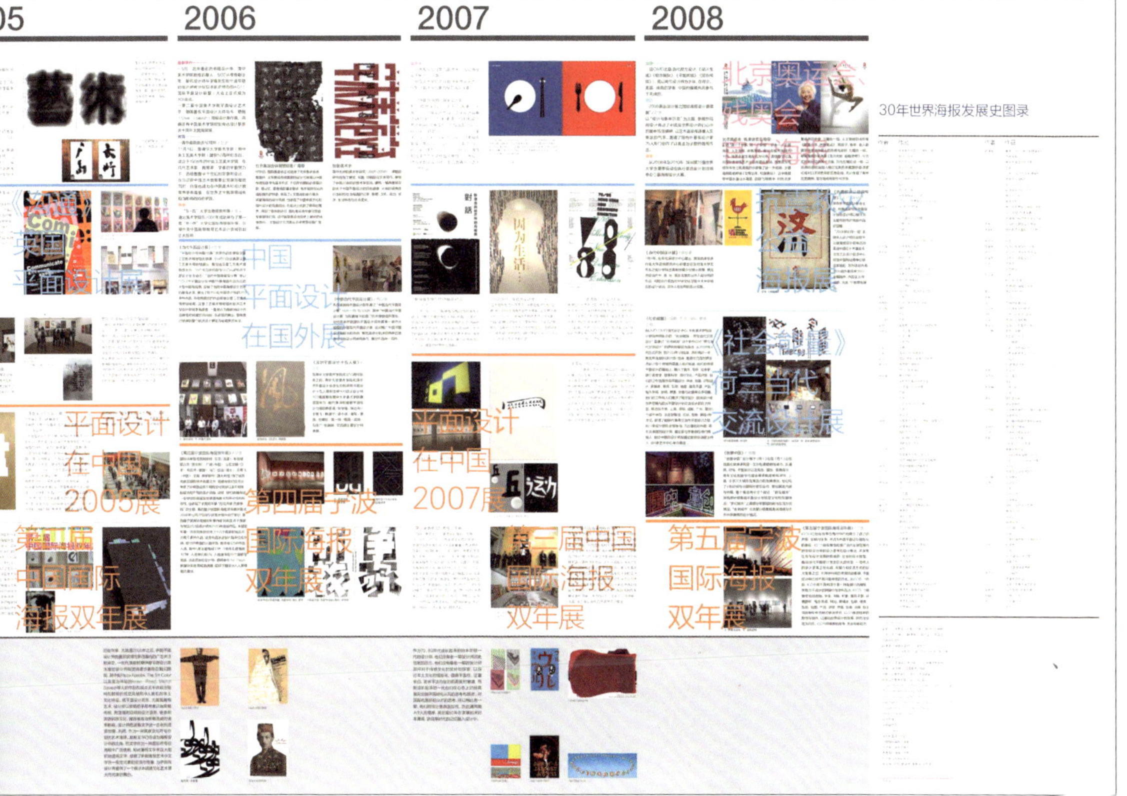


作为当代海报回顾展的一个最为重要的配套项目，方宏章设计和制作了国际海报 30 年编年史图录，这是通过一个时间轴系统地展示 30 年世界海报的发展和演变，这里不但集中的展示了国外海报发展历程，最主要是集中展示了中国海报发展的历史，20 世纪 80 年代以来中国当代海报图景，比如重要的事件，各类重要的展览、赛事、出版、教育等，这个图表主要是两部分组成，上面为中国海报设计，下面灰色的为国外的海报史。这个长幅的图录信息设计的尺寸为 1m × 9.09m，观众可以通过这种非常直观的形式来了解中国海报以及平面设计的发展历史，而且可以和展览互动，对这个展览起到了很大的辅助作用。

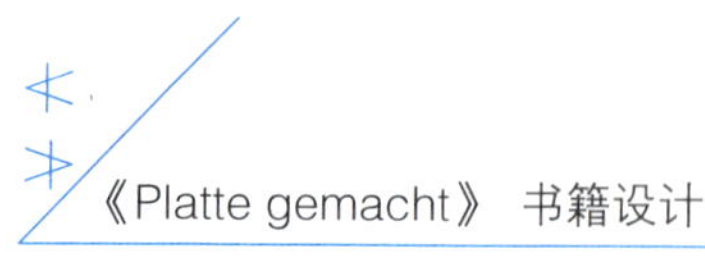

## 《Platte gemacht》 书籍设计

### »UND ABENDS IMMER DAS GLEICHE: WO SCHLAFE ICH JETZT?«

**Wie alt bist du?** Ich bin jetzt 35. Seit ich 18 bin, bin ich entweder auf der Straße oder im Knast. **Wie oft warst du in Haft?** Sieben Mal. **Was war das längste Mal?** So zweieinhalb Jahre. War ein Bewährungswiderruf, plus ein Jahr extra. **Warum warst du in Haft?** So die üblichen Sachen: Schwarzfahren, Diebstahl, zum Teil auch Einmietbetrug. Weil ich mich in Hotels eingemietet und nicht bezahlt habe. Ich wollte nicht auf der Straße liegen, gerade im Winter nicht. Gott sei dank habe nie erlebt, dass ich überfallen oder zusammengeschlagen worden bin. Man sieht es mir nicht an, aber demjenigen hätte es wahrscheinlich nicht so gut getan. Wie heißt es immer so schön bei mir: »Stille Wasser sind tief«. Ich weiß mich schon zu wehren, wenn es sein muss. Palette, was ich nie gemacht habe, irgendjemand überfallen oder so. Da setze ich mich lieber auf die Straße und versuche ein paar Euro zusammen zu kriegen, als irgendeinen zu überfallen. Oder man geht zum Pastor. In ländlichen Gegenden, da gibt der Pastor einem auch mal fünf Euro. Aber in Großstädten natürlich nicht. Dort gibt es dann irgendwelche Essensgutscheine, aber das hat gereicht. Hauptsache ich hatte irgendetwas zum Essen. **Hattest du Suchtprobleme?** Gott sei Dank habe ich nie etwas mit Drogen oder Alkohol zu tun gehabt. Weil ich das

课题指导：Michael Klar 教授　Severin Wucher
设计：Lena Appenzeller　Jolanda Buck　Franka Eckart　Livius Dietzel　方宏章
摄影：Livius Dietzel　方宏章

尺寸：190mm × 160mm
页数：156
装定：手工线订　封面：麻布凹印

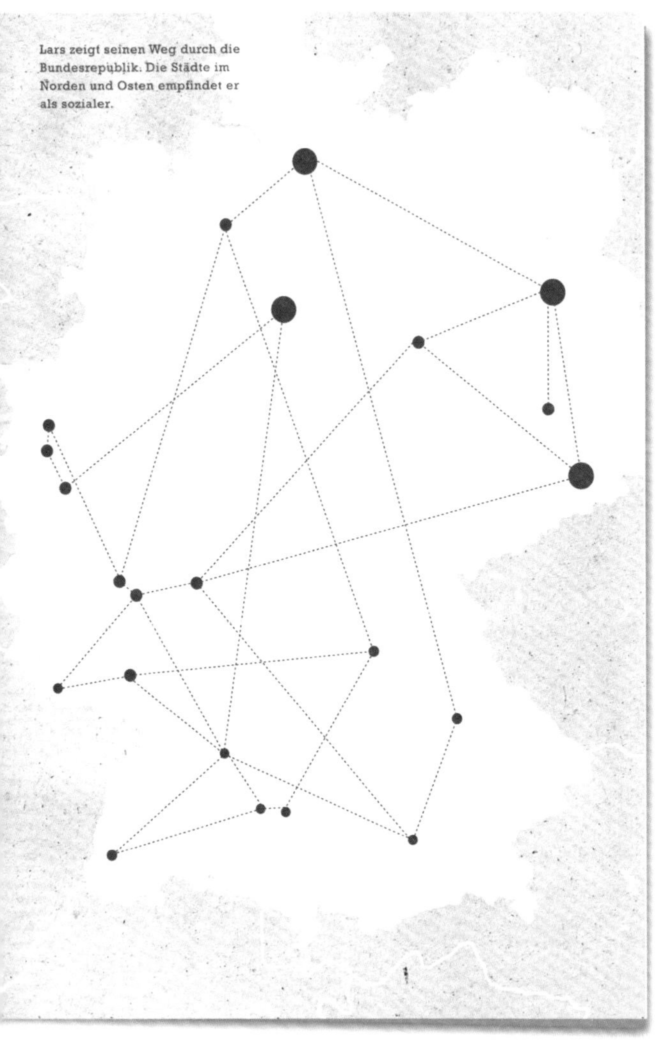


这是一个对于“少数，少量”一词的衍生发展的课题，设计师通过探讨和沟通，试图把这项目作为一个社会课题来思考，通过设计的语言和方式直接介入“流浪汉”这一设计公共热门话题，从而让观众和读者更加深入地了解“流浪汉”的生存状态。

选择“流浪汉”这一特殊群体作为设计课题的主要对象，因为“流浪汉”对于物质极为匮乏的占有，以及在社会群体中为极少数，而且在社会的发言权极为微弱，他们被视为社会的边缘。但是对于设计师个人经验来说是敏感的，因为在柏林的很多地方都可以见到很多的“流浪汉”，这些以乞讨，捡破烂为生的人群，在这个发达国家是格格不入的。

设计师对于“流浪汉”聚集的地方进行采访并对 4 名“流浪汉”进行长时间的跟踪采访，通过对于这些对象的详细采访摄像、交谈，对于这个课题产生了非常深厚的理解。

106

»ICH BRAUCHE EINE WOHNUNG. ICH WILL

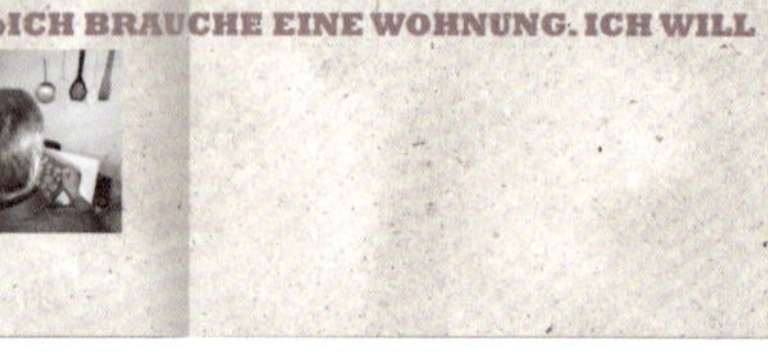

»WIE HIESS ES SO SCHÖN AUF DEM PLAKAT: BERLIN IST IMMER EINE REISE WERT.«

»IRGENDWIE BIN ICH DANN AUF DIE SCHIEFE BAHN GERATEN – BEKANNTSCHAFT GEMACHT MIT TEGEL UND MOABIT: KNAST.«

24

»HABE ORDENTLICH BESTELLT – VON WEGEN MAN HAT JA GELD – UND DANN ABGANG.«

26

»ICH HABE ZU ALLEN FREUNDEN, DIE HÄRTERE DROGEN NEHMEN ODER REGELMÄSSIG KIFFEN, DEN KONTAKT ABGEBROCHEN.«

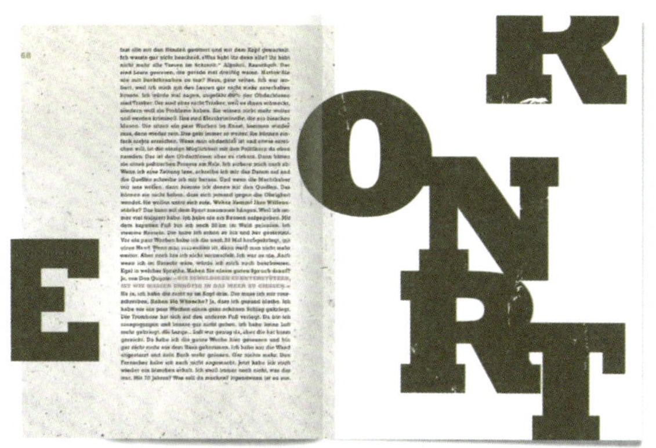

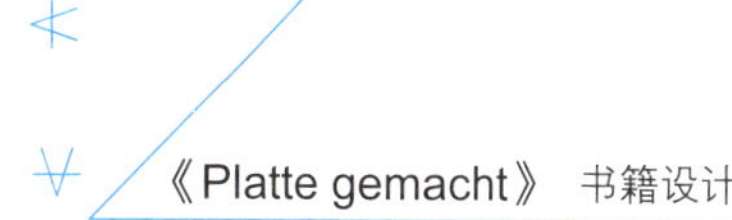

## 《Platte gemacht》 书籍设计

49

# Gesellschaft im Wandel

China zwischen Vergangenheit und Gegenwart

1949 2006

50

## 《回忆》 书籍设计

项目：社会变迁，中国从过去走向现代
客户：柏林艺术大学
课题指导：Melk Imboden 教授

尺寸：148mm×210mm
页数：112
完成时间：07.2006

社会变迁，中国从过去走向现代。

回忆对于很多人来说可以是纯粹为个人行为，这点在他人作品可以很明显感觉到，但是我想把这一课题从纯个人的记忆扩展到以及集体记忆的范畴，通过课题唤起人们对于记忆碎片的整理和重新疏理。

这是一个关于中国历史的课题，因为在德语中墙壁（Wand）和变迁（wandel）非常接近，所以在标题和课题的阐述方面玩了一次文字游戏，而课题本身也通过墙壁（Wand）上的“标语”，墙壁文字，或者是墙壁上的“招贴”，广告横幅，店面招牌，后来延伸到其他的物体这类承担文化和历史载体，试图通过不同以往的方式和语言来反映中国半个多世纪的历史，文化，社会的变迁（wandel），并寻找其中的内在关系，比如经济和文化，社会和日常生活，社会和文化之间的关系。

其中我们可以很明显看到这些载体上的文字，图像在过去的半个多世纪中所出现的其形式，内容甚至是表现方式的变化。而这种变化正是我们整个社会的巨变的一个缩影，从一个有许多诟病的计划经济到另一个并不十分完全的市场经济，从完全服从政治宣传到商业广告的泛滥，以及各类历史事件的回放等。

# Reform und Öffnungin China

Ab 1978 leitete die KPCh - nun unter Deng Xiaoping mit den so genannten "Vier Modernisierungen" vor allem wirtschaftliche R e f o r m e n ein, die auch zu einer Ö f f n u n g Chinas gegenüber dem Weltmarkt führten. Allerdings schlugen sich diese Reformen kaum auf die Innenpolitik in China nieder, wo die KPCh weiterhin allein herrschende Staatspartei blieb.

1978---

Nach dem Tod Mao Zedongs wurde ein Wandel des Wirtschaftssystems eingeleitet. War anfangs der wirtschaftliche Kurs wie beispielsweise die Aufhebung der Volkskommunen und die Wiederzulassung von familienbezogener Landwirtschaft sowie die beschränkte Zulassung von Preisen und Märkten lediglich ein Weg, die Planwirtschaft mit der natürlichen Regulierung durch den Markt zur Schaffung von Produktionsanreizen zu ergänzen, so ist seit dem XIV. Parteitag der Kommunistischen Partei Chinas von einer sozialistischen Marktwirtschaft mit chinesischen Merkmalen die Rede.

Die R e f o r m - und Ö f f n u n g s p o l i t i k bewirkte natürlich nicht nur einen Wandel des wirtschaftlichen sondern auch einen Wandel des Rechtssystems und des politischen Systems.Die exportorientierte Wachstumspolitik und die beabsichtigte Förderung ausländischer Investitionen brachte die Notwendigkeit der Rechtssicherheit mit sich, das heißt, die KPCh bemüht sich, sowohl wirtschaftliches Recht als auch das Justizsystem zu reformieren, jedoch nicht mit dem Ziel, eine bessere Regierung des Rechts sondern eine Regierung mit dem Recht als besseres Werkzeug zu schaffen.

Der w i r t s c h a f t l i c h e Aufbau begann mit R e f o r m e n in der L a n d w i r t s c h a f t. Bereits seit Ende der 1970er Jahre wurde auf regionaler Ebene mit Haushaltsverantwortlichkeit und ähnlichen Systemen experimentiert. Es stellte sich heraus, dass die Bauern ohne staatliche Einmischung die höchsten Produktivitätsgewinne erzielten. Bis zum Januar 1982 wurden die Volkskommunen aus der Politik der vier Banner abgeschafft, anstelle dessen hatten die Bauern Mieten und Steuern abzuliefern, während sie bei der Bebauung ihres Landes relativ freie Hand hatten.

Eine weitere bedeutende Neuerung, die maßgeblich auf Deng zurückging, waren die S o n d e r w i r t s c h a f t s z o n e n , die seit 1979 zunächst in vier Küstenstädten eingerichtet wurden. Sie stellten die Umkehrung von Maos Autarkiepolitik dar; gleichzeitig erlaubten sie der chinesischen W i r t s c h a f t, ausländische Investitionsgüter und Know-How zu importieren und eigene Produkte zu exportieren, womit die Zahlungsbilanz durch die Importe weniger belastet wurde.

79

80

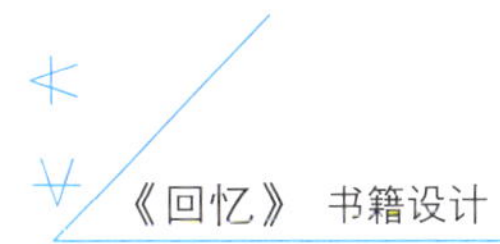

《回忆》 书籍设计

# Ein-Kind-Politik

1979/80---

Die Ein-Kind-Politik wurde 1979/1980 eingeführt, nachdem schon vorher versucht worden war, die Zahl der Geburten auf zwei pro Familie zu begrenzen. Eheleuten, die sich nicht daran halten, drohte eine Geldstrafe. Kritiker berichten außerdem von staatlich erzwungenen Abtreibungen sowie Sterilisationen. In der Praxis zeigte sich allerdings, dass die Ein-Kind-Politik nur in den Städten weitgehend durchgesetzt werden konnte, während sie in den ländlichen Regionen schon von Anfang an nur bedingt erfolgreich war. So gab es Ausnahmeregelungen, dass Bauernfamilien ein zweites Kind haben dürfen, wenn das erste ein Mädchen ist.

Die nationalen Minderheiten waren gänzlich von den Einschränkungen der Bevölkerungspolitik ausgenommen. Die umstrittene Regelung hat nach Angaben der chinesischen Regierung in den Jahr Bevölkerungszahl Chinas auf maximal 1,2 Mrd. Menschen zu begrenzen, wurde dennoch um etwa 70 Mio. überschritten.

101

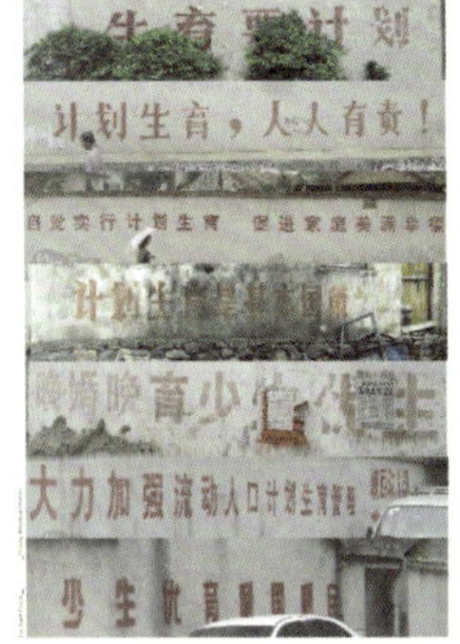

# 蒋华

设计师、策展人、设计写作者。
中央美术学院设计学院教师。
AGI 国际平面设计联盟会员。
设计研究组织 OMD 创始人。

研究方向为文字设计与跨媒体艺术创作。
先后策划“社会能量——当代荷兰交流设计”展。
历届宁波国际海报双年展。
“POST——当代国际海报回顾展”。
“No Paper”实验海报 12 人邀请展。
“Commun—”中岛英树设计研讨会。
“D DAY”设计展等。

## 探寻中国文字设计的范式

在从事设计实践10年之后，2006年蒋华走进中央美术学院，成为当年王敏教授招的唯一一位博士生。在此之前，蒋华是宁波大学的老师，亲自创办和策划了中国大陆首个具有国际水准的设计双年展——宁波国际海报双年展，并持续至今。2007年蒋华同清华美院教师李德庚一起创办了OMD当代设计中心。这是一个连接策展、出版、设计和研究的工作平台与协作网络，拥有开放的工作边界与不限定的协作领域，寻求一切的可能性来为当下的设计拓展更大的社会能量。蒋华他们通过OMD试图主动介入社会生产的诸多层面，并寻求在各种新的领域与节点中发挥设计的作用及探讨设计的意义，以多重身份致力于当代设计研究、实践与推广。第一个以中国视角来对一个西方国家的设计进行梳理的大型展览“社会能量——当代荷兰交流设计”就是OMD的令人称道之作。此后的POST——当代国际海报回顾展、“TYPOSTER100”国际字体海报展、“No Paper”实验设计12人邀请展等重要设计事件也出自OMD之手。

蒋华对基础设计课题的研究并没有因为他繁忙的展览策划而停滞或忽略，相反他对海报设计、字体设计的兴趣和研究程度依然饱满和深入。2009年蒋华设计了齐豫北展演唱会的海报。这只是蒋华众多设计作品中的普通一件。但却很鲜明地代表了蒋华本人的艺术设计理念，蒋华说：“我从很小的时候就开始听齐豫，她的歌曲对我影响很大。可是在设计海报时，我面对的已经不是齐豫个人，做的是记忆中的齐豫的过去现在和未来，是她最美好的一面。我觉得设计本身就是追求创新和感受，对于平面创作者，对他的判断和喜好，个人的想法和情感，是一个项目设计的内核。把齐豫的海报设计如此，我希望更多的是和看者内心的一种交流，用齐豫曾经触动过我的精神去触动他人。海报是一种情感的对话，而不是简单的信息的告知。”2009—2010 年他还为多部电影设计了海报作品，显示了蒋华作为平面设计师的实力和执着。

字体设计更成为蒋华近五年来一直没有舍弃的课题。2006 年他将“中国美术字”研究作为博士主攻课题，明确指向了中国汉字语境下的设计方法问题。通过设计研究和展览产生大量的作品和成果，蒋华执着地探寻着具有中国文化特质的文字设计范式。蒋华说：“设计没有规范可言，每个个体意义都不尽相同。尽管我们模仿过某个人，但最终我们会成为自己。及早觉悟到这一点，才能展开属于自己真正的设计实践。对我来说，实践的支点是汉字，这是我进行设计研究创作的核心，通过这样一条路径，我才能够真正深入我想建构的实践体系。”在“中国美术字”的课题研究中，蒋华明确地切分了汉字同拉丁文的区别与联系。蒋华认为，在近现代以来的一个世纪里，我们一直是匆匆地向西方学习现代设计，迫不及待地改变设计的方向，在平面设计领域同样引入西方的字体概念。作为平面设计的基础，西方意义上的文字设计就是借助网格系统，选择字体进行信息编排。而中国文字设计却并非如此。中文的可选择字体很少，中文字体的设计方法也没有被很好地梳理。更重要的是，中国文字设计不能与英文字体编排简单地对应。异于西文字母逻辑的中国文字设计自身该有怎样的创作范式？作为视觉传达设计最基本的问题之一，对文字设计问题的讨论也将直接引向中国汉字语境下的设计方法问题。这既是基于自身文化传统的中国平面设计面对全球化潮流的应对策略，也是在技术媒介变革时代中国设计师必须面对的未来。蒋华认为对于设计来说，提出问题有时比解决问题更重要，所以面对字体设计的范式，他先向自己发问：中国平面设计是否能发展出属于自己的文字设计体系？它将如何影响中国设计的创作方法，又将对世界平面设计作出怎样的卓越贡献？

中国美术字成了蒋华自我追问的切入点。在研究生的课题中，蒋华提出 20 世纪 30 年代的现代美术字是有现代性意义的，在现代中国产生的现代文字设计受到西方影响，源于书法传统，基于汉字基因。几何形有关的形式语言，与现代生活方式的现代媒介（如杂志、黑板报、宣传标语、电影等）息息相关等，都证明这是一种现代中国文字设计的早期实践。与西方文字设计体系不同，它是动态与有机的，针对每个笔画进行风格设定，并敏捷地根据不同媒介需要与不同内容主题来进行灵活创作。这是一种基于中文语境的现代文字设计方法。这个课题将现代美术字作为梳理中国现代文字设计发展线索与独特路径的一个切入点，“美术字计划”正是基于这样两部分的研究：什么是基于中文语境的文字设计，以及什么是作为设计方法的中国汉字。这既是对中国文字设计现代史的致敬，又是将中文语境下设计方法的实践与研究梳理，预示着中国文字设计自身范式的觉醒。

对中国美术字及其背后蕴含的中国文化的研究让蒋华充分体会到设计的无

限可能性。蒋华说："从一开始，平面设计就是一个交叉学科，是基于一种日常生活实践体验的艺术。借用一位欧洲学者的话，设计的意义不仅是创造更多的物件，或去解决问题，其本身也是一种人们努力寻找某种方式去体验、感受以及扩展事物发展的可能性。这个观点似乎非常接近中国传统艺术的学习方法，即由日常生活实践的修炼与顿悟，达致一种对世界本质的理解而引发艺术格调的提升。"

从设计本身探寻到文化上，蒋华认为，古代中国文人的日常生活方式指向了一个非常有趣的方向，古人所说的人生赏心乐事 40 项，包含了几乎所有的美妙体验，他们往往同时在诗歌、写作、绘画、书法、造器、筑园等诸多方面，同时用日常实践来展开他们的这种个人体验，并由此臻至人生新的境界。对于东方艺术而言，世界观决定了创作观，创作是技和道的统一体，没有技的积累，就没有道的飞跃。因此，作为一位东方设计师，蒋华希望自己的工作成为一种日常生活的实践性研究亦或研究性实践，与科学实验一样，通过一个个实践项目来深入探索这个问题的边界。

蒋华给人的感觉非常斯文，平时的话也不多，所以我们的采访就像是在猜谜，我只能在他的只言片语中揣测和猜度，好在他是个喜欢用作品说话的人，而他的作品也从来没让我们失望过。

**新锐成长：** 谈谈您接受艺术或设计专业教育的经历吧。

**蒋华：** 学校教育未必是人成长最决定性的要素，日常生活本身就是最好的老师。

**新锐成长：** 谈谈您现在的工作状态或创作情况。

**蒋华：** 写作，协作，创作，日常生活。

**新锐成长：** 生活中有哪些对您的人生或设计影响深刻的事情吗?

**蒋华：** 2007 年底我成为一个父亲，一个不同的世界。

**新锐成长：** 谈谈您比较认可或推崇的艺术家或设计师吧。

**蒋华：** 八大山人，杜尚。他们的工作与生活方式都令我向往。

**新锐成长：** 您怎么看待所谓设计的“创新”？

**蒋华：** 创新并不总是设计的目的地。

**新锐成长：** 您如何看待或处理艺术或设计创作中“民族与世界”“传统与现代”的关系问题的?

**蒋华：** 人无法逃离他的时代，我们时刻都处在不同的张力场中。

**新锐成长：** 请您谈谈目前您正在关注或思考的问题吧，您认为如何解决这些问题?

**蒋华：** 设计往往被认为是“解决问题”的，而实际上，我们能提出问题就已经意义非凡了。

**新锐成长：** 您目前关注或思考的这些问题会影响到以及会如何影响到您的艺术或设计创作?

**蒋华：** 万物联系，皆有因果。

**新锐成长：** 您认为我们应该从哪些角度去评价和判定一个好的设计师?

**蒋华：**“铁肩担道义，妙手著文章”，设计师应该是兼具批判性态度与实践性方法的人。

**新锐成长：** 对于目前学习设计专业的大学生您有什么想跟他们说的?

**蒋华：** 热爱你的热爱。实践你的实践。独立精神，自由思想。

**新锐成长：** 请您给自己做个评价或者总结吧！

**蒋华：** 在路上。

≯ 46–47

《07 间》 2007 中央美术学院设计学院毕业设计展

Photography
Products
Fashion
Digital
平面 首饰 摄影
产品 时装 数码

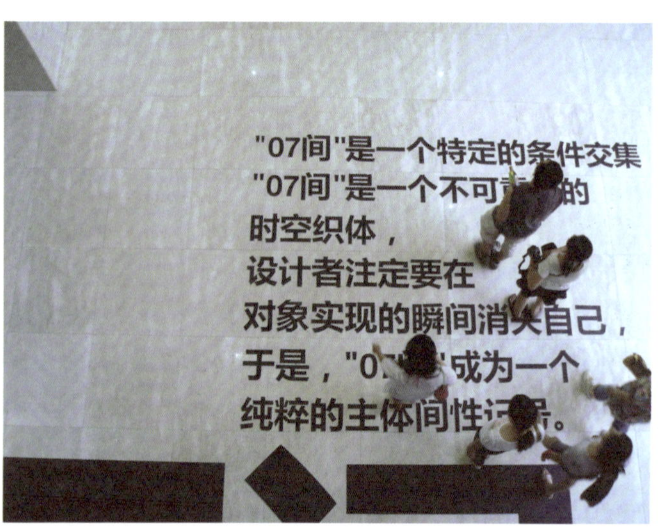
"07间"是一个特定的条件交集
时空织体，
设计者注定要在

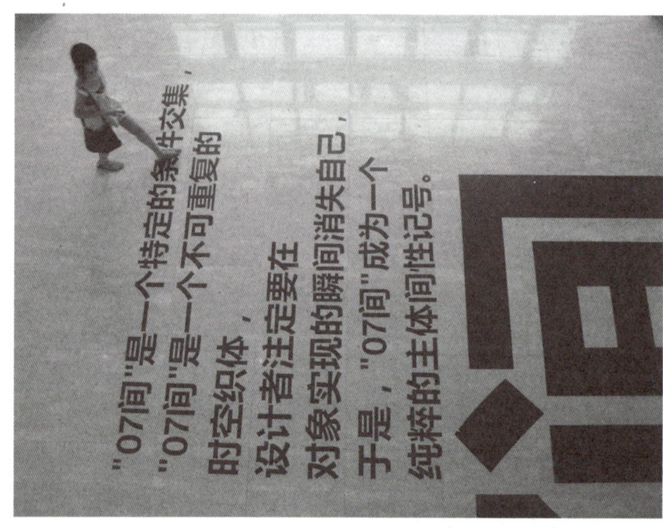
"07间"是一个特定的条件交集，
"07间"是一个不可重复的
时空织体，
设计者注定要在
对象实现的瞬间消失自己，
于是，"07间"成为一个
纯粹的主体间性记号。

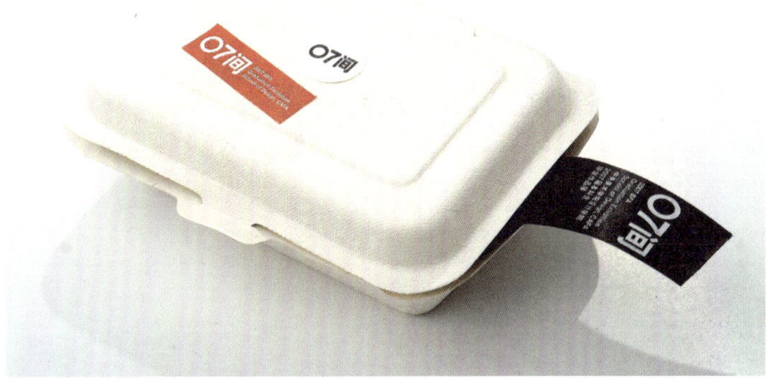

07间

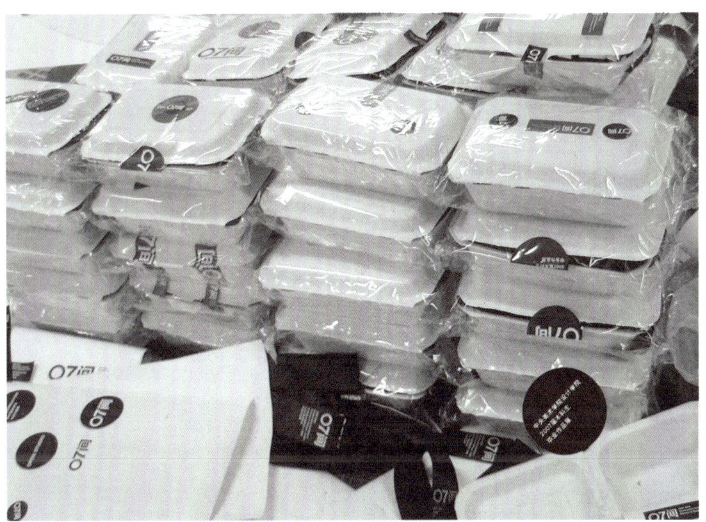

07间

2007 BFA
Graduation Exhibition
School of Design, CAFA
学院设计学院
本科生
作品展

⊁ 52–53

寧波市文物考古博物館學會會刊
封面題簽啓功　執行主編董貽安
出版寧波市文物考古博物館學會
地址浙江寧波市解放北路九一號
電話零五七四—八七三四九九四

Eastern Zhejiang Culture

浙東文化

**靳埭强 KAN TAI KEUNG**

创意的寻求

**卡里碧波 KARI PIIPPO**

MY VISUAL IDENTITY

**肖勇 XIAO YONG**

平面设计

**名家大讲堂 SCHOLAR FORUM**

CONGRATULATION ON REMOVING OF FACULTY OF COMMUNICATIONS AND ARTS, NINGBO UNIVERSITY

ORGANIZE: FACULTY OF COMMUNICATIONS AND ARTS, NINGBO UNIVERSITY

蒋华 致敬美术字 HOMAGE TO MEISHUZI 2005年 11月12日 珀丽酒店 首届中国书籍设计家广州论坛

# Silver Screen

Part I [银幕 I]

SuperGanBei (UCCA) & 86/33 Present
Dead J 邵彦鹏 (Live Act) with VJ Chen Xiongwei 陈雄伟
and Mr Soon (DJ Set)
Date: Thursday 18th December
Time: 9:30-11:00 Dead J 邵彦鹏
11:00 till late Mr Soon (Deep Space Mafia)
Free Entry
Shuttle bus from 798 gate to SuperGanBei all day till 2am
Address: 798 Art District, No. 4 Jiuxianqiao Lu, 100015,
Chaoyang District, Beijing P.R.China
北京市朝阳区酒仙桥4号798艺术区100015

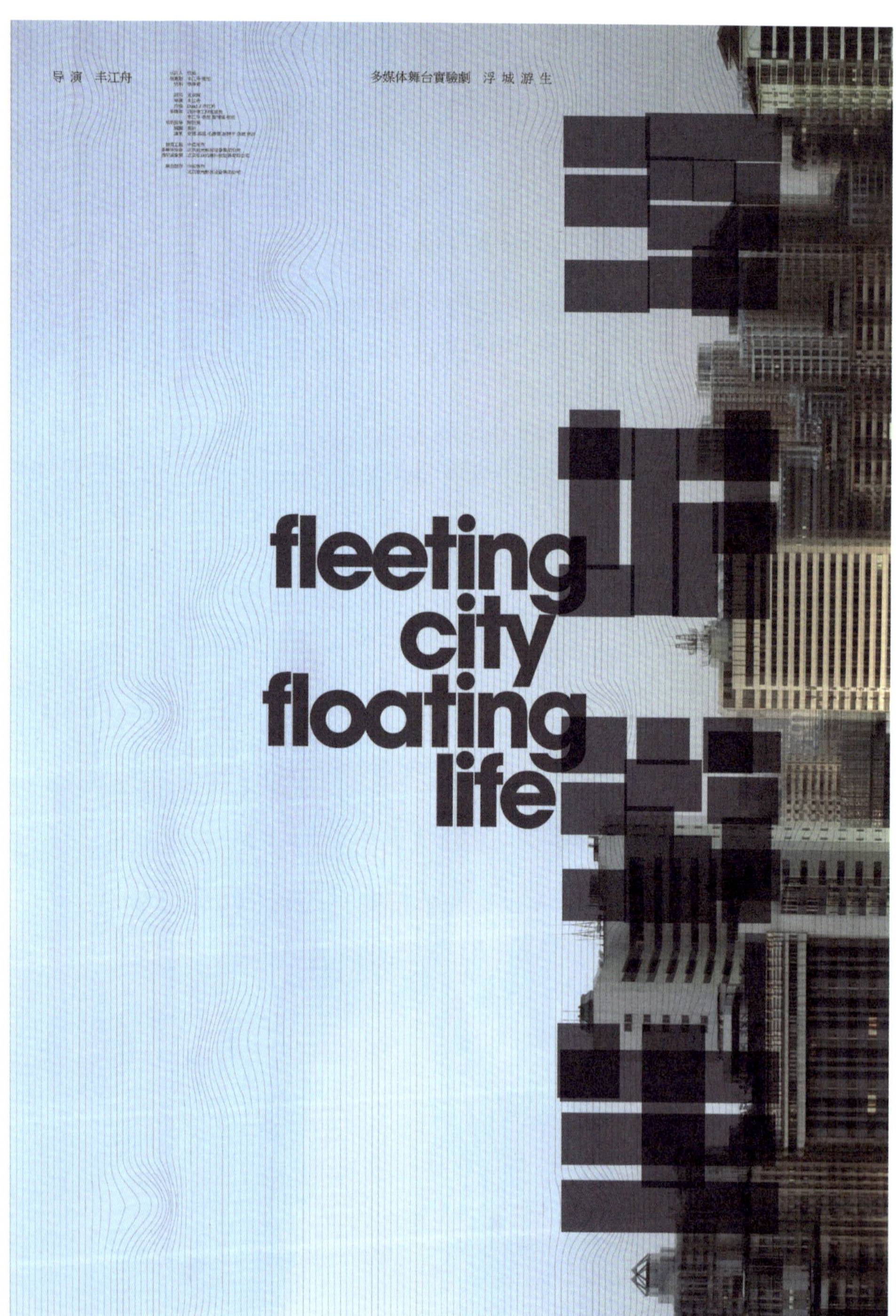

导演 丰江舟
多媒体舞台實驗劇 浮城游生
fleeting
city
floating
life

2009 浮城游生 fleeting city floating life 戏剧海报

导演 丰江舟

多媒体舞台實驗劇 浮城游生

fleeting city floating life

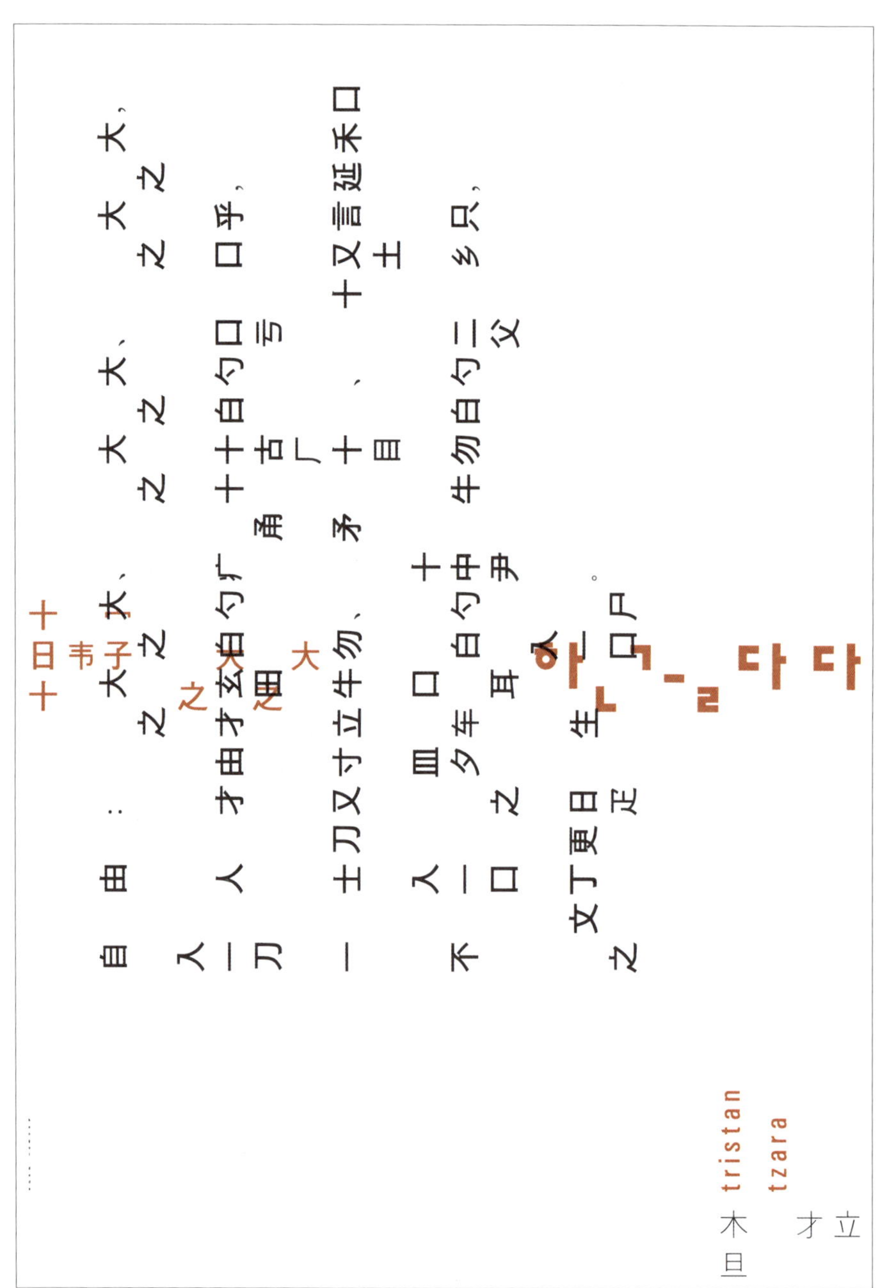
tristan
tzara

十日十
韦
日
手戈耳　女子白勺丁乍口
又　口口

之
日　手戈白勺生　大王舌。
疋
之
十　大十十
手戈豆　又欠三舌　者，　口乎口及，
口

十
其　于　豆　又欠工　丁乍。
匕　口

하ㄴㄱㅡㄹ다다

木 marcel
土 duchamp
口门小

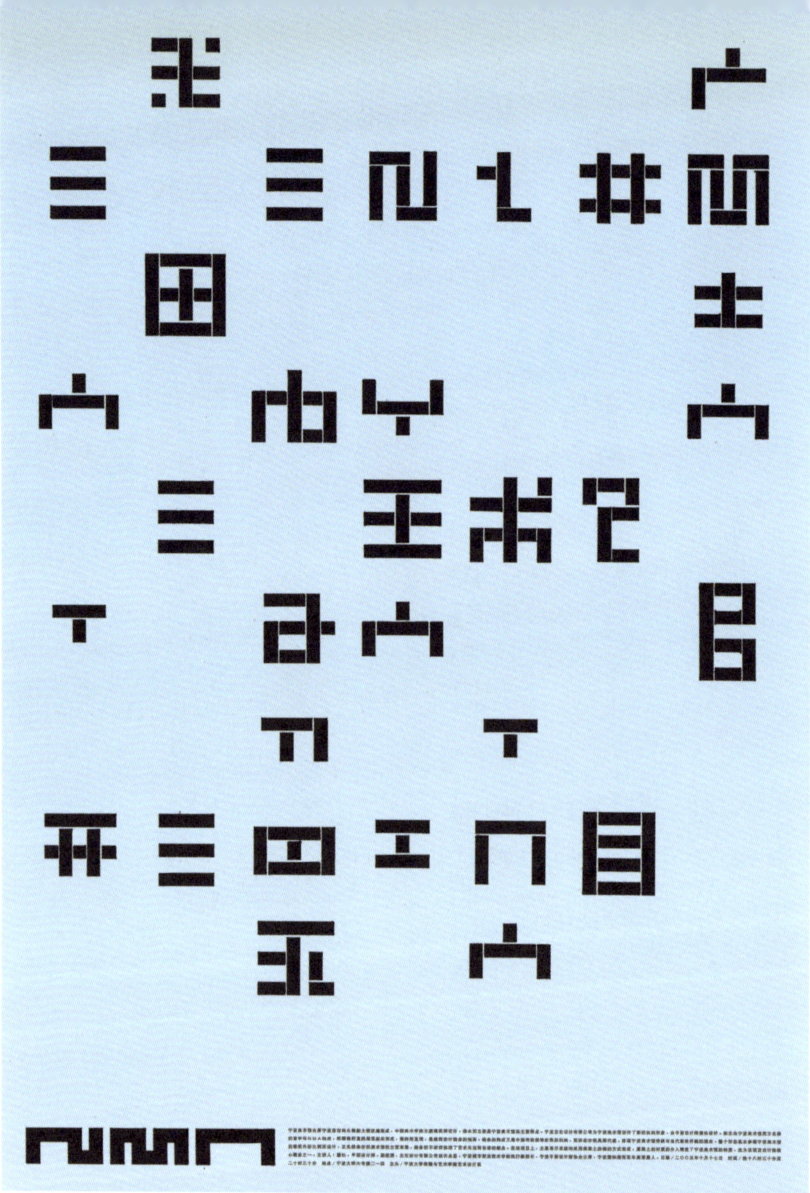

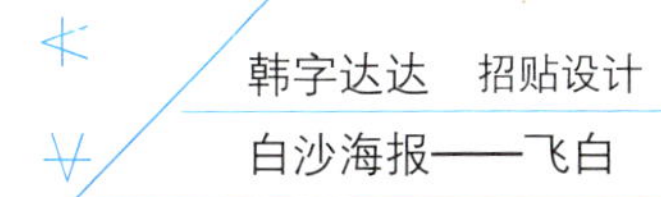

韩字达达 招贴设计
白沙海报——飞白

老地方见

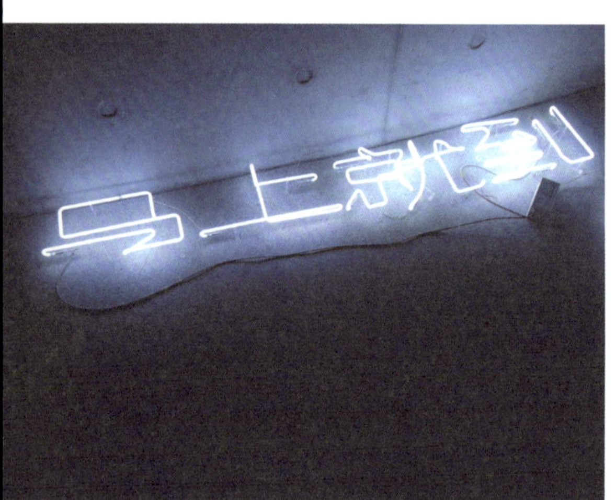
马上就到

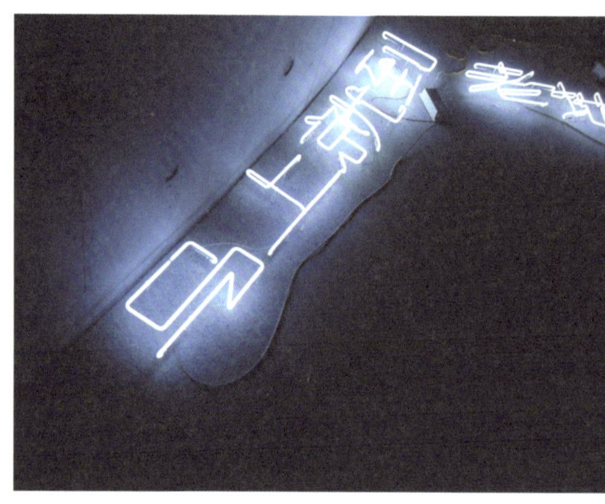
马上就到

亲爱的

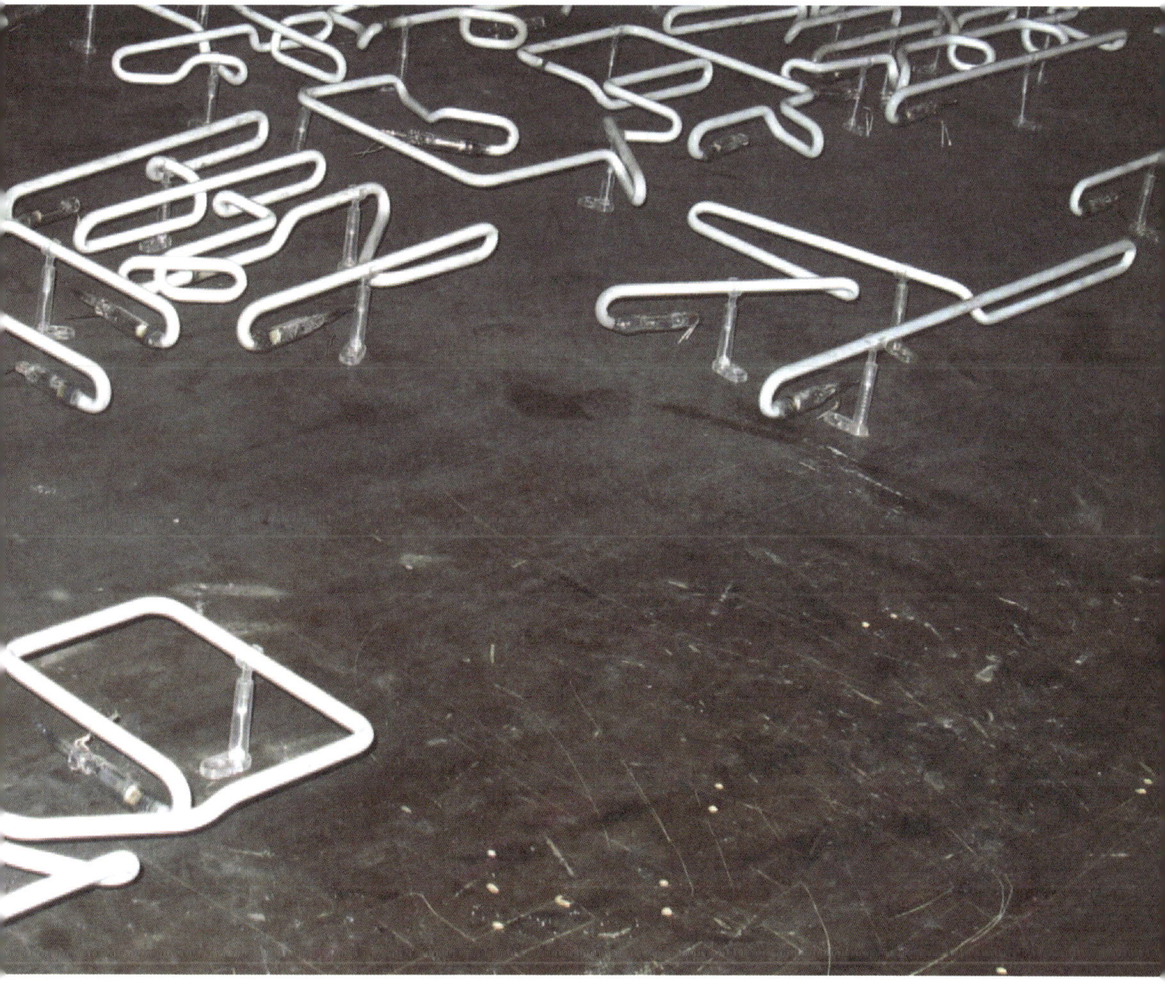

1979-
2009
当代
国际海报
回顾展
POST
Contemporary
International
Poster
Retrospective
adi
tdc.
TOKYOTDC
GDC
SGDA
OMD
miniminigallery

2000
1990

IN 11 Forward
11
PARIS
モリサワ

2000

≯ 72–73

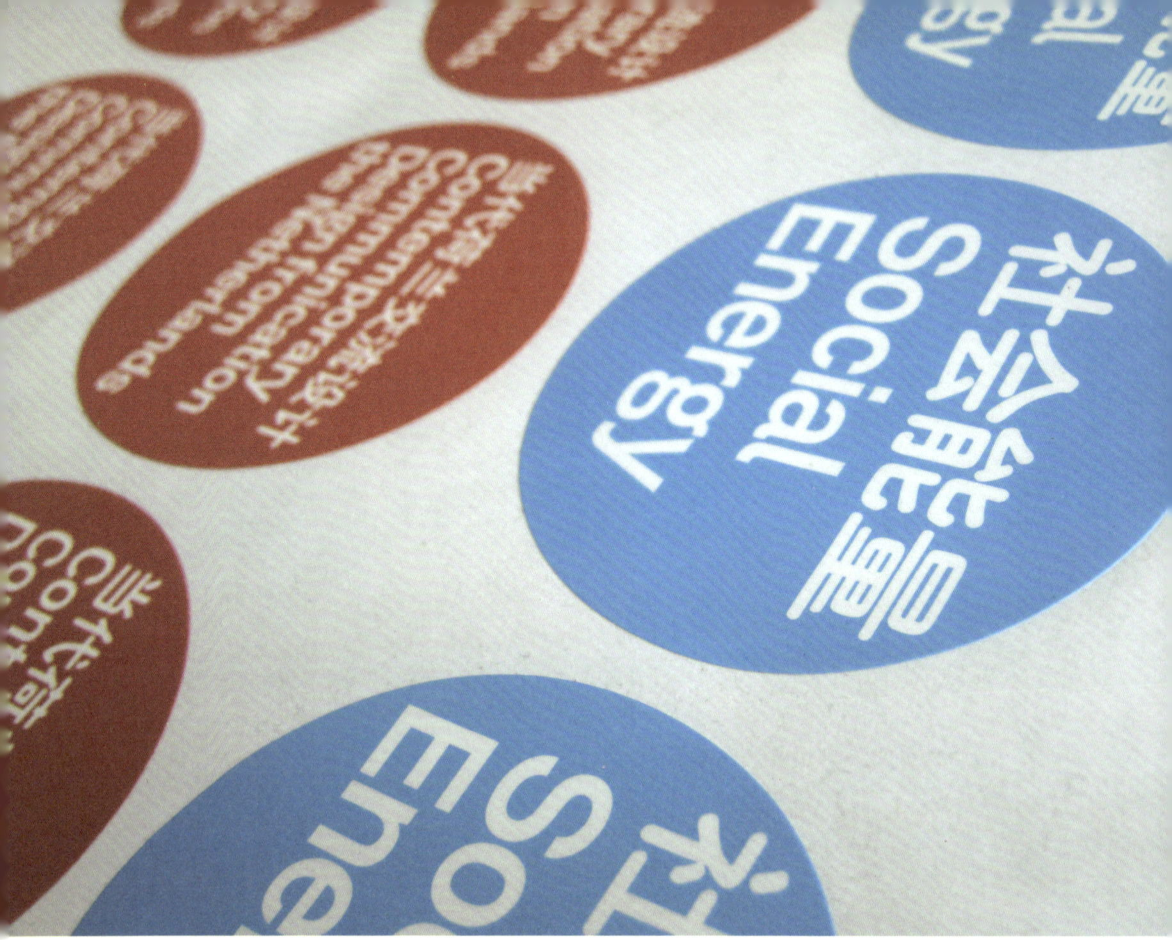
社会能量
Social
Energy
当代荷兰交流设计
Contemporary
Communication
Design
from
the Netherlands

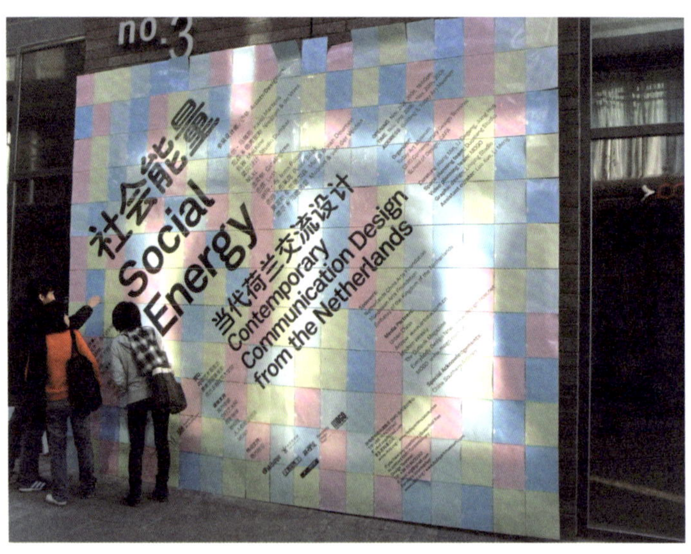

no.3
社会能量
Social
Energy
当代荷兰交流设计
Contemporary
Communication Design
from the Netherlands

设计生成
固态阅读
行者无疆
形意新生

245-284
莫斐斯&范德尔森
Mevis & van Deursen

社会能量
Social
Energy

HOLLAND
FESTIVAL
形意
新生

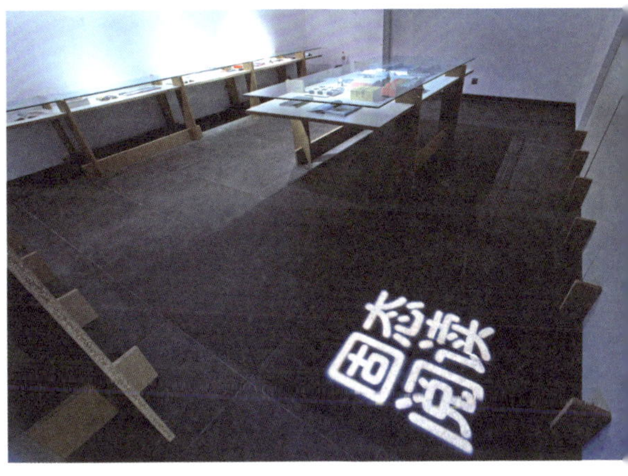

# 高岩

1980 年，生于中国河北。
2005 年，毕业于法国敦刻尔克美术学院，艺术学士学位，摄影（DNAP）。
2007 年，毕业于法国里摩日国立高等美术学院，获硕士研究生学位，摄影（DNSEP）。
2008 年，毕业于法国里昂国立美术学院第三阶段（Post-dipl·me），师从于法国马赛国际电影节主席让 – 皮埃尔·莱姆，学习研究当代实验影像艺术。

2007 年 3 月，在法国利穆赞当代艺术中心作为德国波谱大师托马斯·拜勒的助手，帮助完成展览“la vache qui rit”。
2008 年 5 月，作为策展顾问在上海美术馆参与策划法国一年一度的《约会》年轻艺术家展。
2009 年 7 月 8 日，被法国罗那 – 阿尔卑斯大区邀请参加 2010 年上海世博会罗那馆艺术评审委员会成员。
2009 年 10 月 28 日，在北京师范大学举办“En Transit——夹层”摄影讲座。
2009 年 12 月 24 日，在山东工艺美术学院举办“En Transit——夹层”摄影讲座，并讲授一周的《影像表达》课程。
2010 年 5 月，参与策划 6 月初在上海美术馆举行的《变奏的身体》（从印象派到当代）的法国馆藏展。
2010 年 1 月 11 日至 4 月 10 日，在里昂 Saint-jean 社会教育中心讲授以“城市之间”为主题的摄影课程。

# 好设计师同样是好艺术家

高岩是第一个接受我们采访的设计师，他一直感觉这个对话是个难题，因为他始终觉得自己不是一个设计师。2008 年高岩在巴黎 4003 工作室参加一个小型艺术沙龙时看到的一件作品叫“后极简主义的桌子”。这件作品是一个有功能性的，并可重新组装、介于绘画和雕塑之间的产物。这件作品对他触动很大，促使他开始思索艺术和设计领域的界线究竟在哪里？如果这条“线”已经开始模糊，那它的方向和新的可能性会有多少？他开始觉得这些问题是作为一个视觉艺术家应该去思考和讨论的。德国艺术家 Tobias Rehberger 在 2009 年威尼斯双年展上展出了金狮奖作品“回收材料咖啡厅”。这使高岩意识到，在一个空间里，所有可以使用的物品都转换成为了抽象绘画的元素，在正常观念里“无用”的艺术作品开始具有功能性了！

作为 80 后设计师的代表，高岩很早就开始接触国外艺术与文化，他 19 岁来到法国，经过一年多的语言学习之后进入了法国北部一所专为研究观念艺术而建立的敦刻尔克美术学院学习。这个初学阶段对他的艺术经历尤其重要，他坦言自己从这里开始了解印象派，了解杜尚和艺术史进程中发生的许多事情，这促使他对当代摄影及图像问题产生了浓厚的兴趣。本科毕业之后高岩又进入了法国里摩日国立高等美术学院，最后毕业于里昂国立美术学院第三阶段 post-diplôme。

在高岩的求学生涯中，让他难忘的课程有很多，但最特殊的还是在里昂国立美术学院经历的深入研究阶段（diplôme）学习。这是一个让刚从美院毕业的学生认识什么是艺术生涯，以及确认研究方向和“字体”的过程。所有的课程都是在旅行和举办展览的过程中展开的。2008 年初学校在日本广岛当代文化中心为高岩他们这一届学生组织的了一个展览《Le vide n’a pas de porte de sortie——虚空无出口》。那是高岩第一次开始思考作品与空间的关系，以及如何在展览中制造“状况”，而不仅仅是把一定时期完成的作品来做定期陈列。

自 2005 年开始，高岩先后参加了国内外举办的多个摄影个展和群展，包括了 2008 年在法国里昂 Le bleu du ciel 画廊举办的高岩——夹层个展；2010 年法国巴黎摄影中心 Nulle part est un endroit 主题展；2009 年中国连州国际摄影年展《真实的现实》；2008 年日本广岛当代文化中心 Le vide n’a pas de porte de sortie（虚空无出口）展览，中国上海美术馆“约会上海”展，法国米鲁兹公园展览中心欧洲美术学院青年艺术家提名展，mulhouse 008（米鲁兹 008），法国里昂当代美术馆国际青年艺术家展，rendez-vous08（约会 08）；2007 年巴黎 4003 工作室 l’ Automne（秋）主题展览；2006 年法国里摩日 La vitrine 画廊举办的 Faut pas lé cher！（不要去舔）主题展览，中国平遥国际摄影展“体验过程”；2005 年法国激浪派艺术家 Jean Dupuy 在里摩日联合戏剧院组织的行为艺术表演；不断穿梭于各个艺术群落之间并没有让高岩变得浮躁和圆滑，相反倒让他越发地认为“创作的概念是长期的，做好一系列作品应该要有 5～7 年以上的时间”。

每一名艺术家在创作的时候都离不开他真实的生活状态，身在国外，高岩认为自己一直生活在一种“随时准备出发的状态”，也正是这样的经历促使他开始关心生活在临界状态的移民群体，并完成了一系列摄影作品《夹层》，作品以影像的形式试着来探讨法国移民内心的乌托邦和社会空间的关系。

在高岩艺术创作中观念艺术对其影响较深，他经常将观念艺术创始人 Joseph Kosuth 的一句话挂在嘴边，Joseph Kosuth 说：“杜尚之后的全部艺术是观念性的，因为它只在这种语境里生存。”当代艺术这个结构是复杂而多元的，高岩说不同时期自己所关注的艺术家也不一样。他比较喜欢在选择材料和方式上比较简单的艺术作品，比如 Gabriel Orozco。纽约现代美术馆在 1993 年邀请 Gabriel Orozco 做展览，可 Gabriel Orozco 却选择了在美术馆对面的居民楼里每家窗台上摆放两个橘子。一次对现实简单的介入使观众们改变了对展览的“看”法，橘子的第一属性也随之改变，从远处看一片橘红色悬浮在城市的皮肤之上。还有 Fran・is Al・s 的行走的绘画——Walking a painting。Fran・is Al・s 找人拿着自己的一幅油画在城市中以散步的方式来展示，这次行为提问了绘画作品的传播方式，展现由作品传播静止转向流动的创新过程。

对于许多艺术家和设计师来说，“创新”是个非常时髦的话题，高岩却不这么看。高岩说，谈创新不如来谈创作，谈什么是“创作思维”和如何搞创作与如何提出“问题”等。高岩称自己对这样的话题也很关注，有一次在北京今日美术馆他同法国画家 Marc Desgrandchamps 聊这个问题的时候，后者告诉他，作为今天的艺术家应该懂的艺术或设计的界限在什么地方，还有自己的界限。在这两个前提下来谈如何“创新”。想要出现不同的东西，关键在于“游戏规则”的不同，建立新的规则后所孕育的产物才是创新的艺术或设计作品。

作为一个长期受东方文化浸润的中国人，身处西方文化圈多年，高岩又是如何处理艺术或设计创作中“民族与世界”、“传统与现代”的关系问题的呢?高岩说，如果将“传统与现代”比喻成一张城市设计图纸，那图纸上已经存在的建筑群就代表了历史上发生过的事情。现代的艺术或设计作品自然是延续性的，在之前的建筑结构里所吸取养料之后衍生的“新建筑结构”，也是传统文化的新一环。“民族与世界”对高岩来说就是“个性与共性”的问题。高岩认为，在创作过程中首先要明白的应该是“自己”有什么?有什么历史，什么文化特性，什么社会特征、人文、习俗、……有了个性特征之后再来谈与周边事物关联存在的关系。高岩这几年四处奔走，不仅仅为学业，也为寻找更多的艺术灵感，他说自己最近关心的问题是关于纪实摄影的，是纪录和虚拟的关系。纪实摄影如何通过艺术手段来捕捉现实真相?用什么样的传播方式展现纪实摄影才能使观众更直接的进入作品?如何再定义“文献”等。当然视觉艺术创作只解决艺术本身的问题。而这些他关注或思考的问题会以各种形式影响他的创作，包括创作过程中的主题选择以及展览的每一个环节。比如他所选择拍摄的一个移民生活空间的主题，在处理图片的时候为了突出它的社会性而故意降低图片色彩纯度，在展览方式上也做了很多不同的尝试来改变观众阅读作品的方式和时间。

我们在对话临近结束时，请高岩给我们推荐一两位他推崇的设计师或艺术家，他向我们道出了他大学时的故事。高岩说，大学一年级的时候他的摄影老师把他带到图书馆之后给他看了一本《Bernd Hilla Becher》的摄影画册，那是高岩看到的第一本当代摄影画册，而且当时也并没有明白为什么他们的摄影作品在威尼斯双年展上获的是雕塑奖。作为德国新客观主义摄影的代表人物，Becher 夫妇用了 30 多年的时间以类型学的拍摄方式记录了德国的工业建筑（水塔，高炉，……）。在拍摄过程中有着极其严谨的态度和明确的观念。比如只在没有云的阴天的去拍，并且每一张都保持同样的角度和构图，用大尺幅机器在远处用长焦镜头拉近主体物（为了防止建筑变形）…… 最终画面内出现的是一座座简单、立体、重复出现的“匿名雕塑”。 这种有观念介入的摄影作品让高岩看到纪录摄影还可以有很多新的出口。

2008 年 9 月，高岩的作品“En Transit——夹层”获得在罗那－阿尔卑斯 laur é at 举办的法国第五届里昂九月摄影节一等奖；2009 年 3 月，高岩获得了法国罗那省颁发的里昂当代美术馆和北京尤仑斯当代艺术中心交换艺术家项目奖学金 3 万元，并获准在北京尤仑斯艺术中心驻馆期间做摄影创作，同时被首席策展人杰罗姆・桑斯和郭晓彦邀请参加连州国际摄影年展。高岩说，相信好的设计师在解决功能问题的前提下，也同样是一个好的艺术家。

## 作品解析

高岩的“En Transit——夹层”系列摄影展现了没有人物的室内场所，一些看上去不很舒适的简单生活状态。可有时装饰品的味道转移了这些空间本身的含义。艺术家即没有使用人工照明也没有对拍摄场所的物品、家具、装饰做改动。作者所寻找的拍摄角度通常是正面，有一些延承了德国新客观主义摄影（la nouvelle objectivit é ）的姿态。这种严谨的态度构造出一部探讨法国移民问题的摄影纪录片。

这套系列摄影作品的主题选择远离了艺术家自我传记的路线，图像所呈现的大多是外国人接待处的状况。对他来说移民生活在一种随时准备离开的“夹层”状态之中。到达一片理想中的国土却又无法融入，照片中文化、行政、商业场所和私人空间无休止的在提示这种不稳定感觉。每幅作品都好像一张清点库存时使用的清单。

对空间和物品的正面取景具象化了临时滞留人群的居住时间。高岩的作品提出了一个介于公共空间和私密空间，家庭性和流动性，匿名和个性化之间无法实现的平衡的问题。作者在进行创作之前，有一段时间用来向法国的社会保障机构申请拍摄许可。在得到机构同意之后镜头跳跃了移民群体的日常生活，而投向了他们的生活痕迹。按快门的瞬间只是作品的开始，图像还需要一个根据内容调整色彩的过程。这个过程是从数码相机传感器所带来的商业色彩到更接近眼睛所看到的实际光线与颜色的变化，并且消除了曲解作品的错误信息，从而给了它文献的身份。

他在探索摄影纪录片新的可能性，“En Transit——夹层”经常被阅读而非被观看，甚至摆放在桌子上，展柜里，或者以互动的方式让观众在展览过程中将照片拿在手中。每一次展览的过程都是对这类人群矛盾生活状态的重新提问。好比高岩所说：“一个在结束和开始之间的空间，一段悬浮的时间，一个非此处也非他处领土之上的，新旧更替之际的临界状态。”

帕斯卡尔 . 泰弗内

Vittel

En Transit——夹层 摄影

L’armée du salut 是给生活出现断点人群栖息的一座桥。里昂 ATD 第四世界组织行动是一次捍卫人权的行动。在里摩日乔治大仲马街的天空下，非洲移民生活在街边每座楼的顶层里。

≯ 90–91

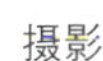

摄影

我经常有朋友搬到法国别的城市或者回到他们的故乡。通常，这些分散在城市里的节日大厅是我们相识，也是我们分别的地方。

Bonne assiette 是法国里摩日的一个主要面向社会底层人群的餐厅。在这里，大部分的顾客都是移民。餐厅里弥漫着一种介于公众和私密空间的混合气氛。

绿洲是一个协会的名称，那里的工作人员主要照顾被逐境中的外国家庭。国土这个概念在这些没有身份的人们身上有些模糊不清。

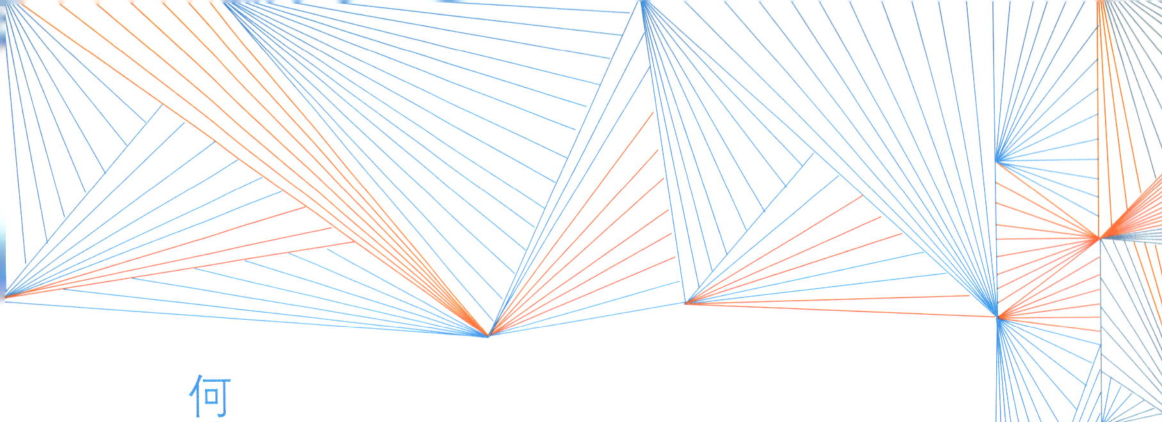

# 何浩

1975 年 7 月出生。

2001—2003 年，英国伯明翰艺术与设计学院视觉传达专业，主修互动多媒体，获硕士学位。

1994—1998 年，中央工艺美术学院平面设计专业，获学士学位。

2006 年，国际青年旅社中国区 UTELS 整体视觉识别设计。

2003 年，中国人民银行北京票据清算中心视觉识别系统设计。

2001 年，惠普与中国民航行业解决合作研讨会整体视觉设计。

2001 年，惠普中国客户部形象设计。

2000 年，包装及书籍整体设计刊登于韩国权威杂志《设计》。

1999 年，设计“首届中国食品会议”的整体视觉传达设计，包括招贴、宣传册、标志等。

1998 年，设计“98' 中国食品展”的整体视觉传达设计，包括招贴、宣传册、门票、请柬等。

1998 年，招贴设计在德国科特布斯市的第七届招贴艺术展中参展。

1998 年，《数字化生存》书籍整体艺术设计获“中国出版工作者协会，装帧艺术委员会，中央各部门委员会”书籍艺术设计展新人奖。

1997 年，为利生体育用品商店利生牌体育用品设计了英文标准字体及标志。

2003 年 4 月至今，中央美术学院城市设计学院实验媒体工作室主任。

2000 年 3 月—2001 年 9 月，PMG Worldwide Co. Ltd 北京公司艺术指导。

1999 年 7 月—2000 年 3 月，华阳房地产公司艺术指导。

1998 年 7 月—1999 年 6 月，中轻美林广告公司艺术指导。

曾服务的客户：惠普，英特尔，国际橄榄油协会，雅诗阁，字与道中国合作协会，中国纺织音像出版社。

## 不断寻找自我改变的方法

与何浩的沟通非常顺利，在我们将采访提纲发给他没几天，5000 多字的访谈内容就整整齐齐“躺”在了我们的邮箱里，内容翔实、效率之高令我们咂舌。何浩说他真正意义上的艺术设计专业教育应该是从高中时代开始的。1991 年，何浩考入了中央工艺美术学院附中学习。那时的课分为专业课和文化课，每周有两天的专业课时间，剩下的全部是文化课。那个时候所谓的专业课其实也就是为了能够应付考试的素描、色彩和速写。但就是这简单的专业课为他今后的发展潜移默化地铺好了道路。在高中时代为了能够考入自己理想中的学校——中央工艺美术学院，也就是现在的清华大学美术学院，每次的专业课何浩都非常的用功，那种简单和执着的热情令何浩终生难忘。1994 年何浩顺利地考入了那时的中央工艺美术学院装潢艺术设计系（其实就是视觉传达设计系 Visual Communication），真正开始了所有关于设计的学习。2001 年何浩在毕业工作 3 年后毅然申请去了英国伯明翰艺术与设计学院互动多媒体专业（Interactive Multimedia Design）攻读研究生学位，从此开始了自己的海外留学生活。

留学生活新鲜而充实，何浩觉得每一门课程都好像是他生活和学习中的一个点，当他把这些点用线穿起来的时候会发现他们对自己成长和帮助的特殊意义。何浩说，如果没有素描课他可能就不能将脑海中的概念准确有效地表达出来，如果没有色彩构成课他也不能将色彩对人的影响和做出行动的知识很好地应用到自己的设计中。何浩认为在英国念书时的研究课程真正让他改变对设计的态度。在英国研究生分为两类：一类是和国内差不多的讲授类课程，这类的学生会根据学校安排的课程学习下来；另一类是研究类课程，这种学习方式和国内有非常大的区别，研究生的学习全部需要由学生根据自己的研究方向安排自己的学习计划、学习方法、时间规划等所有和自己研究相关的事。这样的学习可以最大程度地推动学生向前拓展，完成自己的研究计划。当然前提是学生对自己的研究有兴趣，并有充足的热情。

何浩读书时的生活非常简单，每天都是想尽办法来完成自己的课题，每天都在发现新的问题和寻找新的更好解决方案中度过。但在不停地学习和研究中有非常重要的一件事他会经常去做，那就是和朋友聊天并通过聊天再结交新的朋友。这些朋友来自世界不同的地方，具备不同的文化背景，何浩则希望通过语言交流了解不同文化圈内不同的思维方式，从而获得更多有趣的设计问题解决方案。何浩说这是他留学生活中最宝贵的财富！简单的生活因为这些交谈变得丰富多彩起来。

留学经历让何浩深深体会到中外设计教育完全不同的观点和方法。因为何浩念的是研究类研究生，所以他会根据课题需要来参加自己想上的课程。有一次，何浩参加一门本科一年级的课，当时的课程是老师要求学生用自己的方法来描绘伯明翰，然后把自己的作品展示出来做汇报。那个班上有位四川美术学院转过来的学生，在一周后的汇报会上他展示了自己的速写作品。用中国学生的观点看他用非常娴熟的技巧，准确地描绘了伯明翰的风貌，建筑、树木和人物都画得非常精准，绝对体现了深厚的绘画基本功。结果他的分数却是全班最低分，而最高分的学生是用一张纸在城市的不同角落拓回来的古老墙砖上的纹样。老师的解释是："如果你有非常娴熟的技巧可以再现已有的场景，这是很了不起的技艺，但是你能够比照相机更精准地再现吗？我们更关注的是如何思考和怎样运用自己的能力来解决问题。拓来图案的同学用自己寻找来的纹样讲述了伯明翰城市发展的过程和这个过程中经历的故事。中国同学的作品是很好的速写练习，但没有更多的思考。"这件事对何浩冲击很大，他从中体悟到：技巧和技术必须在思想的指导下才有意义，而且中国学生对语言理解缺乏想象力和深层次思考，当时老师课题的要求是描绘（Draw）而并不是绘画。

留学期间，何浩完成了他的 Fish Project 设计。Fish Project 是一个专门为英国 8 ~ 11 岁孩子设计的儿童互动教育程序，隐藏在这个程序背后的教育理念是"寓教于乐"。作品目的是为了让孩子了解海洋污染方面的有关知识，孩子可以通过自己在这个虚拟环境中的探索充分了解有关海洋污染的基本知识及如何清理这些海洋垃圾的方法，同时他们还可以学习到更多运用键盘、鼠标等计算机的基本常识，而教师也从传统的传授知识的角色转化为辅导学生成功学习的角色。

2003 年何浩在英国拿到了硕士学位，并回到中央美院工作。除了完成好学校的各项教学工作外，何浩现在主要负责"实验媒体工作室"的运营和创作研究。这个工作室的目标是为那些有意愿去发现、研究和纪录最新技术及发展的大学阶段的设计师和艺术家提供工作和学习的机会。与许多其他本科学位不同的是，这是一个专业工作室学习，并可以作为研究生预备阶段及以研究为指导的学习。这意味着每个学生都具有单独进行调查研究数字艺术、新科技技术、实验媒体及发现问题并尝试解决问题的基础能力。学生通过学习为继续深入发展数字及实验媒体在艺术与设计中的创造与调查研究做努力。由于数字学科具有非常强的跨专业和跨领域特点，所以在课程设计和安排的时候需要付出更多的思考。在对学生进行设计辅导时也需要付出加倍的努力才能帮助学生梳理问题，很多时候甚至要尝试同学生一起寻找解决问题的方案。但何浩乐在其中，他说这些对他来说也是学习的过程，在教学过程中与学生一起学习给他自己很多的启发，他觉得帮助学生建立良好的工作方法并最终完成作品，实在是一件非常有成就感的事情。看到学生有出色的艺术设计作品，而且很多作品比自己做的还要好，何浩说这种成就感用语言很难形容。

能有现在的创作状态和成果，何浩说受到余秉楠先生很深的影响。余先生曾是何浩大学本科时书籍装帧设计课程的老师。老先生的作品《我们与艺术》曾经获“全球最美的书”殊荣，老先生本人也获德国莱比锡市政府颁发的“谷滕堡”终生成就奖，并成为获此荣誉唯一的亚洲人。何浩说他们那一级同学上课前都满怀崇敬和惴惴不安的心情，课后被老先生讲课时的认真、亲切和严谨所打动。余先生每堂课都用非常多的范例为他们讲解一本好书是如何构成的，从书的材质、版面，到书的空间布局、形态设计等。在他详细地讲解和高标准的要求下班上每位同学都可以在设计的草稿上纯手工地制作完成了一本精装书。

余先生用自己的认真感染了所有学生并让大家都感受到认真做事的快乐。何浩从那里深深体悟到了认真的魅力。

何浩喜欢 Philippe Starck 的设计作品“Juicy Salif”榨汁器，甚至对它有些痴迷。何浩说这是一个艺术与设计完美结合的作品。如果作为一件艺术作品，它具备了异乎寻常和幽雅的外形，可以马上引起人的兴趣和注意，引起观者的好奇心，然后迫切地想知道这是什么？为什么是这样的？想表达什么？那这一定会是非常优秀的艺术作品。作为设计作品“Juicy Salif”榨汁器能够很好地解决问题——帮助使用者顺利完成榨汁任务，它符合设计用最简单的方法解决问题的要求，它将一个简单的榨汁经历变成了一段特殊的经验。它告诉使用者平常生活中的物品也可以是如此有趣，平常的生活变得不平常。任何一位拥有这个榨汁器的人都会用它来向别人炫耀因为拥有它而带来的榨汁的快乐！

回国后，何浩完成了“菁提郡”视觉形象的设计项目。“菁提郡”是一个在广东连平的高级度假村项目。它的基本目标及概念是为了展现华夏文化的传统魅力。旨在通过让人们去发现中国鲜为人知的自然景观，进而赋予中国传统文化新的魅力，释放居者的爱心和关怀，领悟身心的欢乐。在标志设计的时候为了体现中国传统文化的魅力，何浩采用了魏碑这种极具传统意味的书写方式，并采用共用笔画的方式重新组合字体，使字体形态形成统一的整体性和紧凑感。在项目视觉形象网络推广中，何浩希望用户浏览网站时的感受像看一部童话故事，并在浏览结束后能够对“菁提郡”这个度假村有一种向往。所以在设计的时候，网站突出童话故事的仙境感受，脱离传统导航菜单的导航方式，将其设计成通过鼠标控制就可以旋转的效果，让观众游历在网页中，来发现和体会自然带给自己的身心欢乐。图形的应用突出发现自然的效果，给观众心理暗示：在菁提郡度假村可以更好地亲近自然，同时也体现度假村对顾客，人类对环境的双重关怀。

传统民族文化与现代普遍形式在“菁提郡”这个设计作品中得到了很好的融合。何浩说，他从不觉得“民族与世界”、“传统与现代”它们之间的关系有任何问题。我们有自己的文化背景，我们成长在这种特有的文化环境中，从老祖宗流传下来的智慧潜移默化地渗透在我们生活的方方面面，所以我们的设计或艺术中会很自然地体现出我们民族的特性，而这种特性也是构成世界的一个部分，这并不矛盾。之所以会有民族的与世界的问题是因为不了解造成的。关键是创作什么样的设计或艺术作品建立良好的沟通，让观众能够理解。当理解了就无所谓民族的或世界的了。“传统与现代”也是，如果能够对传统有很好地理解，再用传统中的智慧运用到现代那将是很好的事情，怎么会有割裂的问题存在?

有人说何浩在“菁提郡”的形象设计中很好地诠释了“创新”的概念，他却不认账。何浩说创新是一个非常宽泛的概念，对他而言创新是无时无刻不在发生的。事实上大家都非常具有创造力，因为对于我们在不停地改变我们对于整个世界的想法。创新并不是一定要为这个世界创造什么新的东西，而是为我们自身创造什么新的东西（思想或概念）。当我们改变了我们自己，这个世界也会随着我们的改变而改变。“创新思维我认为是一个过程，是将不同想法结合起来的过程。是你将别人的想法作为刺激物，结合自己想法产生新的想法的一个过程”，何浩说：“从我从事的设计领域看，我个人认为能够改变应用者对待世界和生活态度的作品就是有创新的设计作品。因为他改变了人（也就是我们）的态度和观点，而这些态度和观点是创新的基础。”

设计师也是普通人，所以何浩说他也越来越体会到物价的膨胀和生活的琐细与艰辛。2011 年 4 月何浩参加了 50 多位字体设计师发起的“弘扬中华文化，保护计算机中文字体”倡议活动，呼吁加强对计算机字体版权的保护。面对庞大的经济形式以及由此带来的各种次生问题，他说自己实在是考虑不明白也没有什么解决之道，毕竟不是这个专业领域的。他关注最多的还是如何能够把教学搞得更好，让学生有更好地积极性参与到课题中来，用更好的方法激发学生的创造力，让学生能够明白他们学习的不是简单的设计个作品，而是如何思考和设计的方法。在这个过程中，何浩也觉得自己学习到了很多原来不懂的知识，这些知识改变了他很多的设计观点和艺术态度。

何浩觉得一个好的设计师是非常热爱生活的人，在这个基础上他还需要非常的勤奋和认真。他能够很好地观察生活、发现问题并用自己的办法很好地提出解决的方案，他可以通过自己的作品改变别人的观念和生活态度。比如何浩很推崇的美国西北大学计算机和心理学教授 Donald A. Norman，他是 Nielsen

Norman Group 咨询公司的创办人之一，曾任苹果电脑公司先进技术部副总裁。在英国的时候何浩读到了诺曼最著名的著作《The Design of Everyday Things》，这本书在设计界影响很深，美国伊利诺科技大学设计系主任 Patrick Whitney 评价这本书说它“是一本很有价值的书……它会帮助设计界完成所有伟大的工作。”何浩认为，不仅仅那些专门从事图形或广告设计的人才叫设计师，其实设计师从事的工作范围远大于这种界定，对于什么是设计我们需要从新认识，而诺曼的这本书就给了他重新认识设计的机会。何浩说：“如果我能再早 10 年读到，我相信我能做好更多的事情。”

我们邀请何浩评价下自己，他显得有些局促。他说：“如果给别人做一个总结可能还比较容易并且客观和准确，但是给自己做个评价真的是太难的一件事了。中国古话说‘旁观者清，当局者迷’嘛。所以我只能说我还是一个正在成长，努力理解知识和智慧寻找自我改变方法的人。我还处在不停的变化当中，希望我能一直保持变化，这样才有持久的创造力。”但何浩并不讳言成为一个优秀设计师的渴望和信心，他说：“最能展现一个设计师未来潜质的因素应该是因人而异吧。不同性格特点的设计师都有各自的潜质。我自己的特点和我的经历有很大关系。我的经历使我明白如何才能处理好工作中与人的沟通——不光与学生、客户口头上的沟通，还要用视觉作品解决他们需要。相互理解是很关键的，理解别人、理解生活，然后尝试着用自己的设计让别人和生活也理解你。这是我比较多关注、也必须努力去做的，更是我下工夫比较多一个特点。”

Lead: It is a kind of heavy metal, Which is very harmful to living matters.
MORE

d Guy No.1: The X
. It may result in
nage to cells of
ep-sea creatures.
MORE
Bad Guy No.2:
Carbon monoxide guy.
It looks nice but it is a
kind of poisonous gas.
MORE

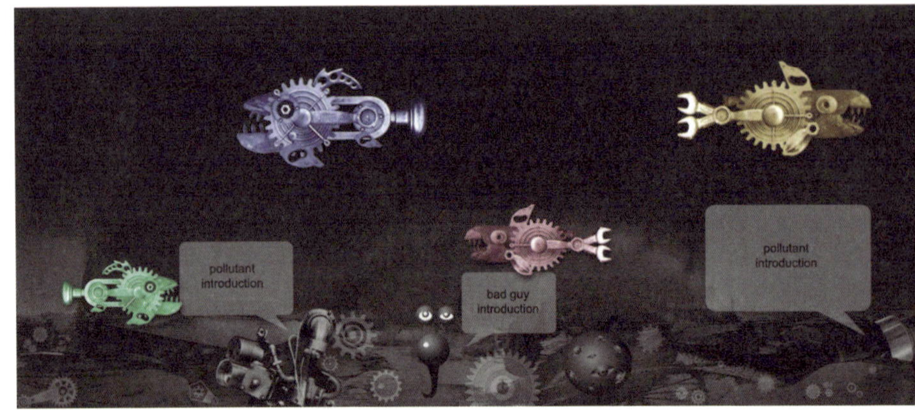

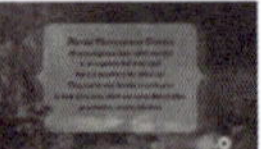

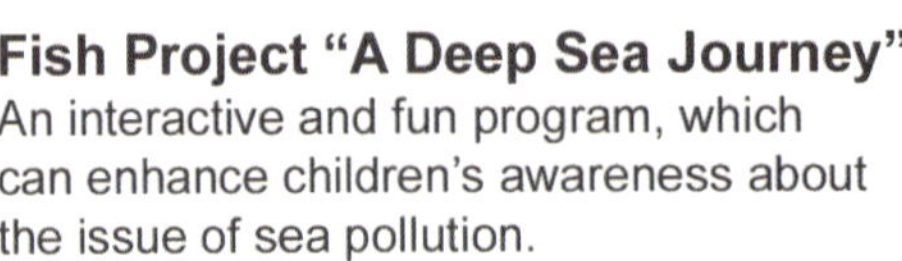

**Fish Project "A Deep Sea Journey"**
An interactive and fun program, which can enhance children's awareness about the issue of sea pollution.

bad guy
introduction
bad plant
introduction
bad plant
introduction
bad plant
introduction

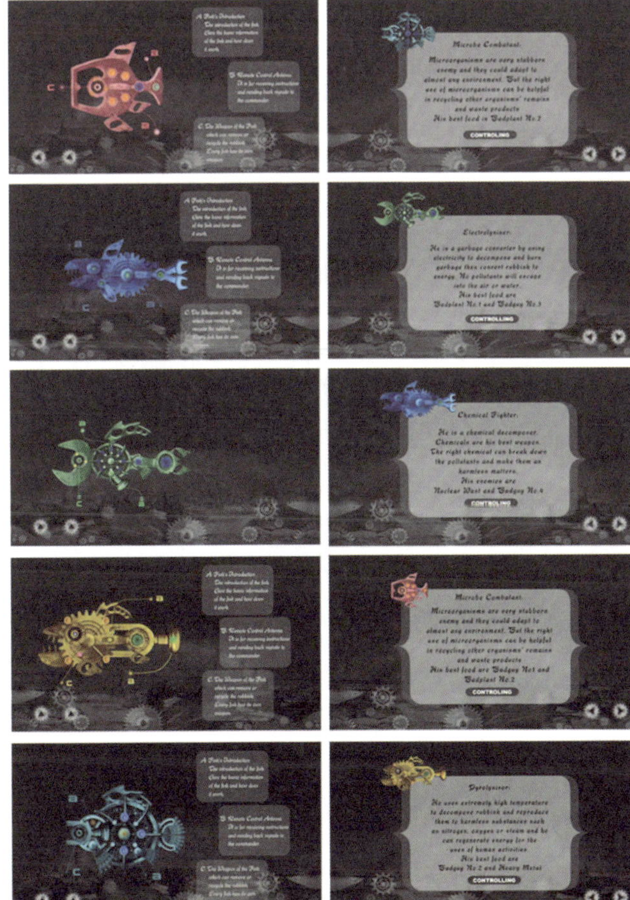
Microbe Combatant
CONTROLLING
Chemical Fighter
CONTROLLING

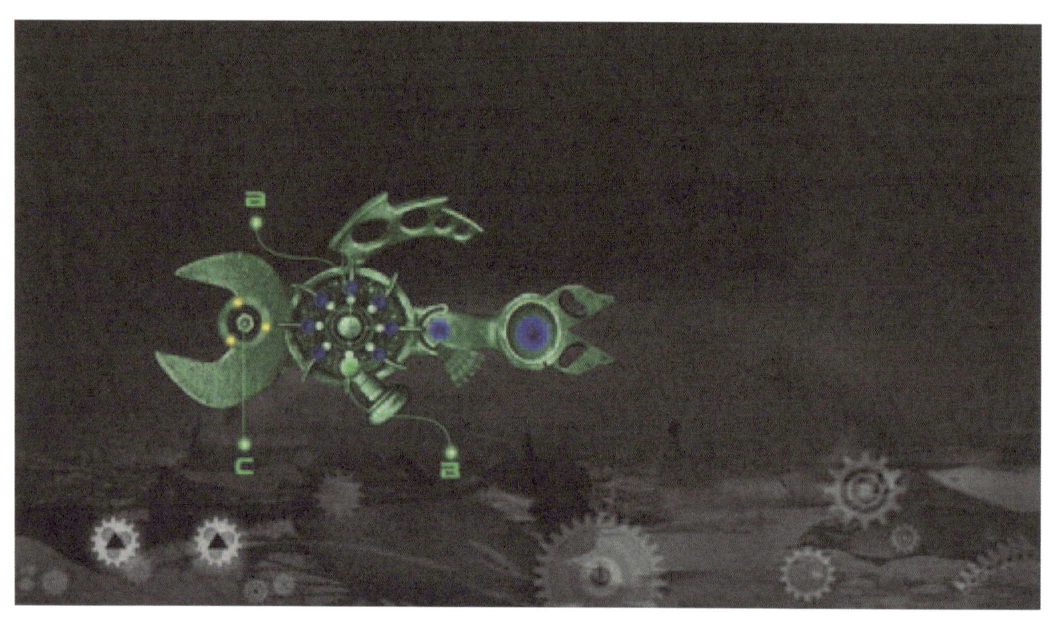

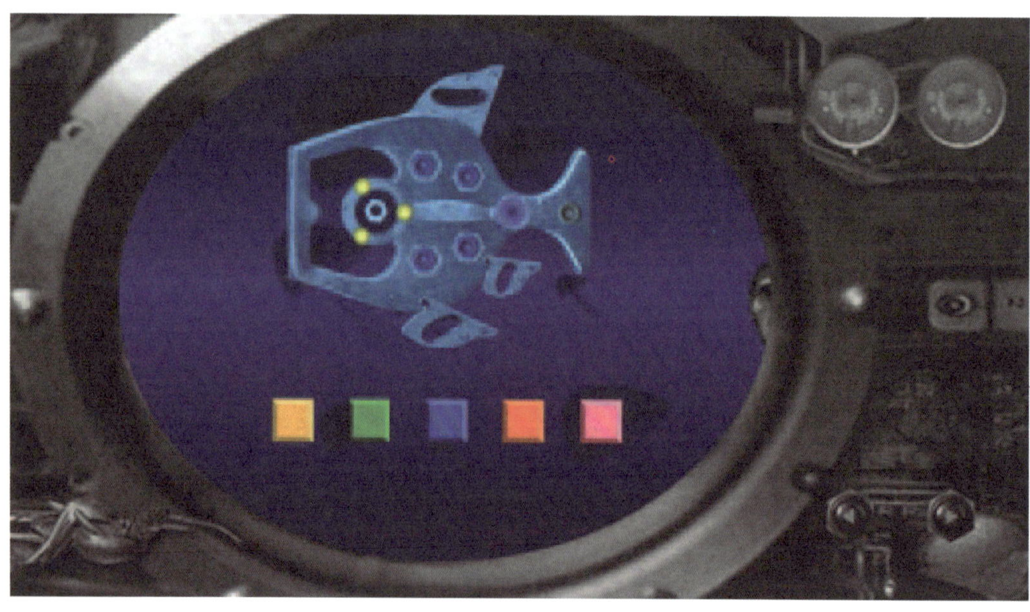

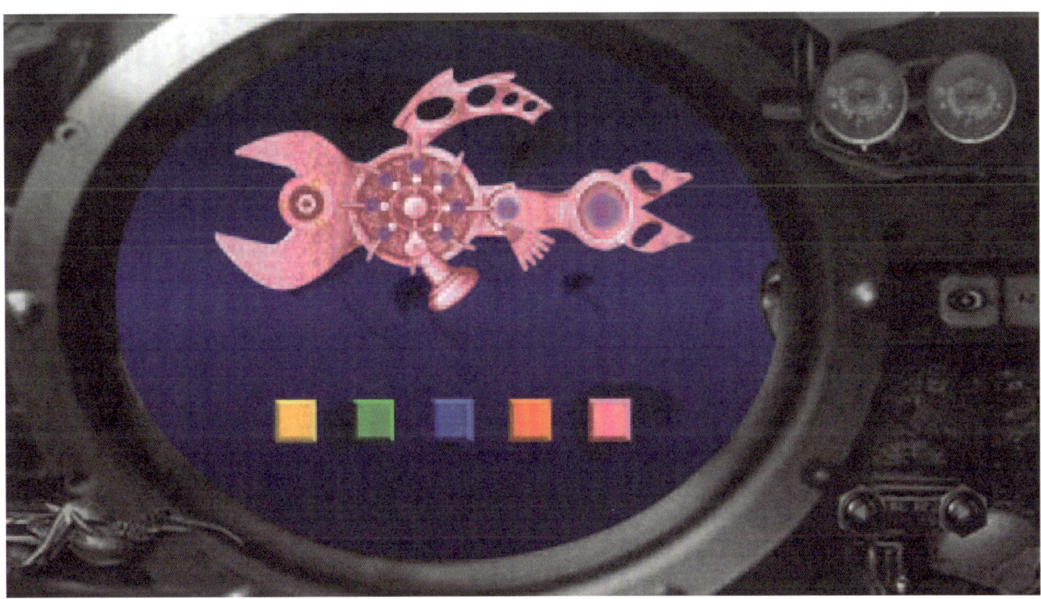

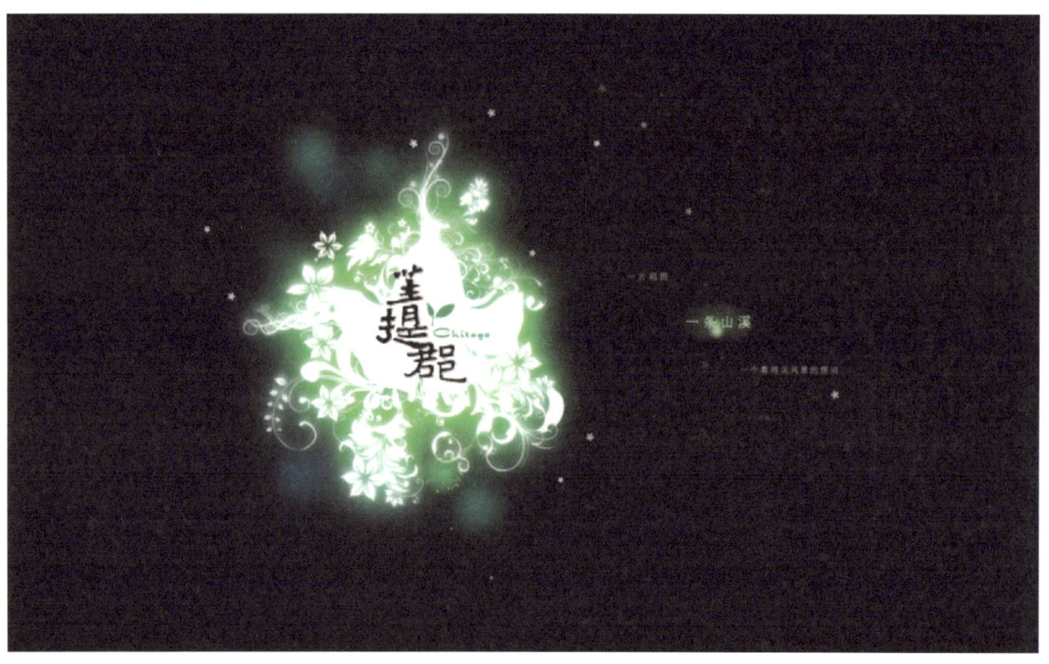
菁提郡
一条山溪

Chitage
We will leverage our marketing assets through Strategic Partnerships and Marketing Alliances. Like-minded partners will be selected and cultivated to create exciting and innovative products that will appeal to our respective databases. We will refrain from awarding points and participate in similar rewards programs along the vein. We shall instead focus on recognition programs that will delight and surprise our customers. We will refrain from discounts but prefer to provide value adds to solicit trial of our properties.
Catering for niche market only China/International. Hotel Training School as affiliation of the hotel. Labeled with National Geography Scenic Spot & China Cultural Heritage Spot.

Chitage
What We Do

王瑞

1980 年，生于中国河南。

2005 年，毕业于中央美术学院，获学士学位。

2009 年，毕业于中央美术学院，获硕士研究生学位。

2010 年，就读于美国艾尔佛雷德大学。

# 优美地提出问题

采访王瑞的时候，她正在美国做交流学者，所有的沟通和交流都是通过邮件完成的，连电话都很难有机会打上一通。缺少了面对面的互动，让我们的采访显得过于简单和凝练，但这都没有影响王瑞每一句话、每一个字的力量。

王瑞起先是不愿意接受采访的，这在她下面的问题回答里也看得出。王瑞在美国做的项目是关于多媒体艺术的，她说自己已经很长时间没有从事平面设计了，她甚至都没有把她以前做过的平面设计作品带到美国。王瑞说她忘了，我却很怯怯地想：她是在用一种新的媒体向旧的自我告别吗？难怪她说自己“越来越不像设计师了”。

她的刻意躲闪和回避却更加激发了我们了解她的兴趣，我们相信一个愿意探索如何“优美地提出问题”的人，无论她作为艺术家还是设计师都是一个真诚的人、丰富的人，一个“脱离了低级趣味的人”。

让我们从她的惜语如金的只言片语中感受一点她“优美地回答问题”吧！

**新锐成长：**谈谈您接受艺术或设计专业教育的经历，您读书时的生活是什么样的？

**王瑞：**误打误撞，浑水摸鱼。

**新锐成长：**谈谈您现在的工作状态或创作情况。

**王瑞：**几近焦虑，期待豁然开朗。

**新锐成长：**很多人当下的生活或工作状态都受到以往生活经历的影响，在您以往的人生经历中有哪些对您影响比较深的人或者事？

**王瑞：**进入中央美术学院学习后……

**新锐成长：**谈谈您比较认可或推崇的设计师和设计作品吧。

**王瑞：**Tom Friedman，对我有所启发。

**新锐成长：**谈谈您怎么看设计作品的所谓“创新”。

**王瑞：**“创新思维”将“创新”具体化了。有创新的设计作品不一定就是好作品。

**新锐成长：**您如何看待或处理艺术或设计创作中“民族与世界”、“传统与现代”的关系问题的?

**王瑞：**民族就是民族，世界就是世界。传统是传统，现代就是现代。

**新锐成长：**请您谈谈目前您正在关注或思考的问题，社会的、政治的、经济的或者艺术的都可，您认为如何解决这些问题?

**王瑞：**艺术家解决不了社会及政治、经济问题，只是尽全能地去优美地提出问题。这也正是我一直在关注的。

**新锐成长：**您认为我们应该从哪些角度去评价和判定一个好的设计师? 您觉得自己具备哪些?

**王瑞：**无法用一种角度去评价和判定好的设计师。设计师不被客户所设计，就是有未来潜质。我自己越来越不像设计师了。

**新锐成长：**对于目前学习设计专业的大学生您有什么建议，或者想跟他们说的?

**王瑞：**勇敢做回自己。

**新锐成长：**请您给自己做个评价或者总结吧!

**王瑞：**一无所获，继续执着。

≯ 118–119

## D–Scars

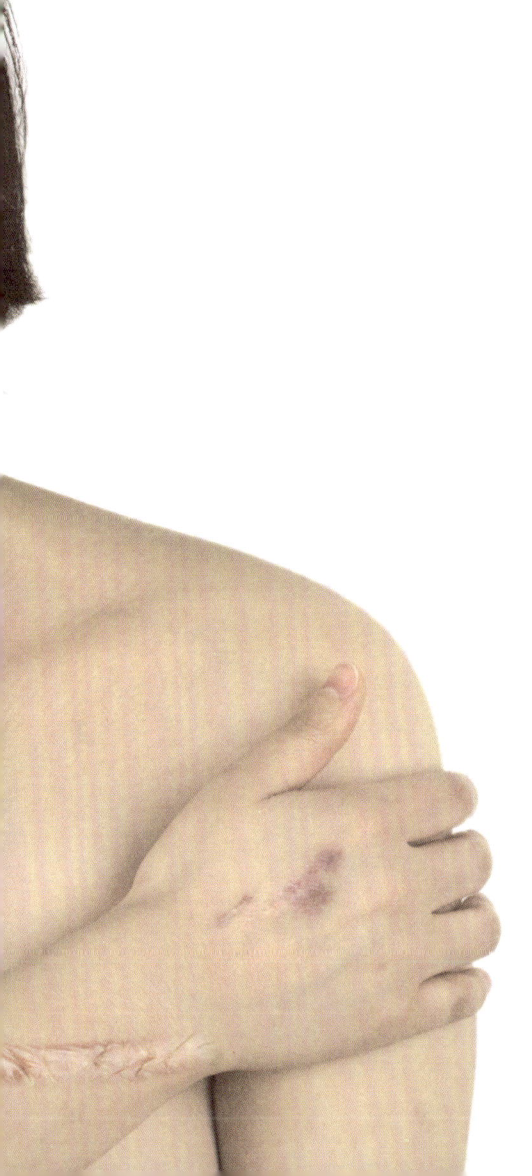

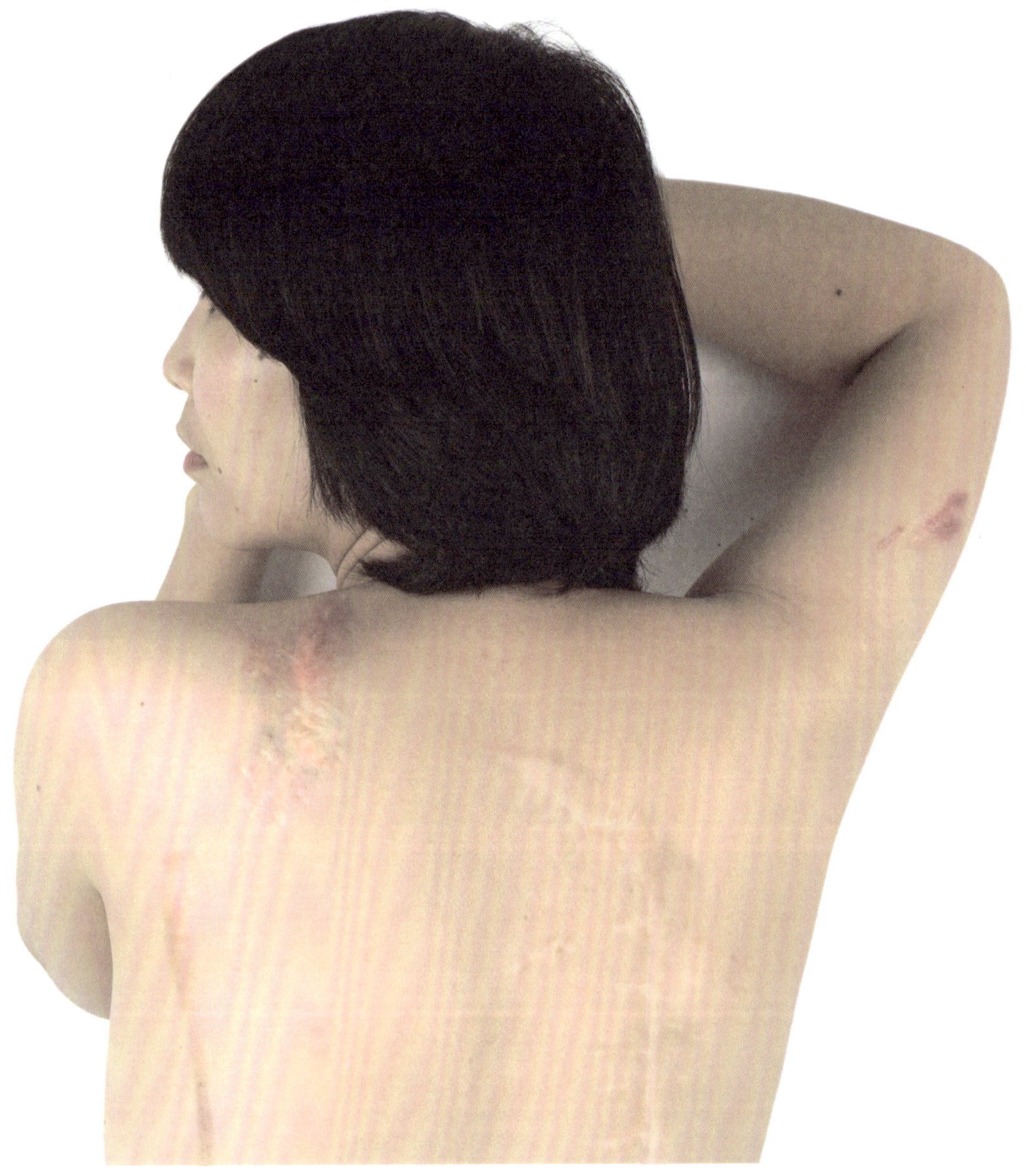

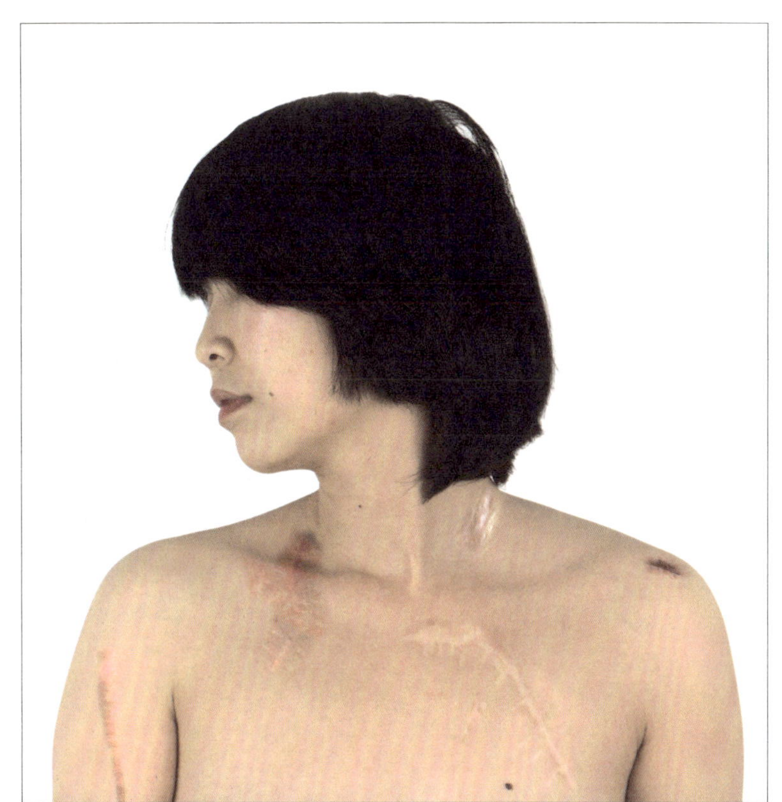

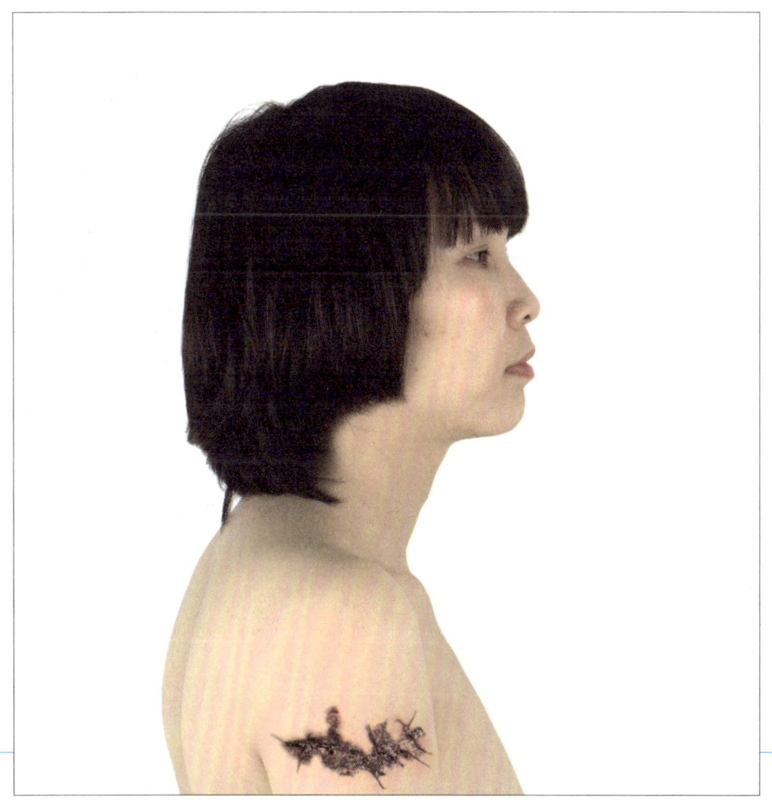

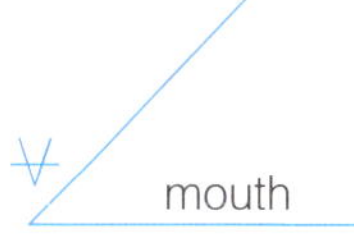
mouth

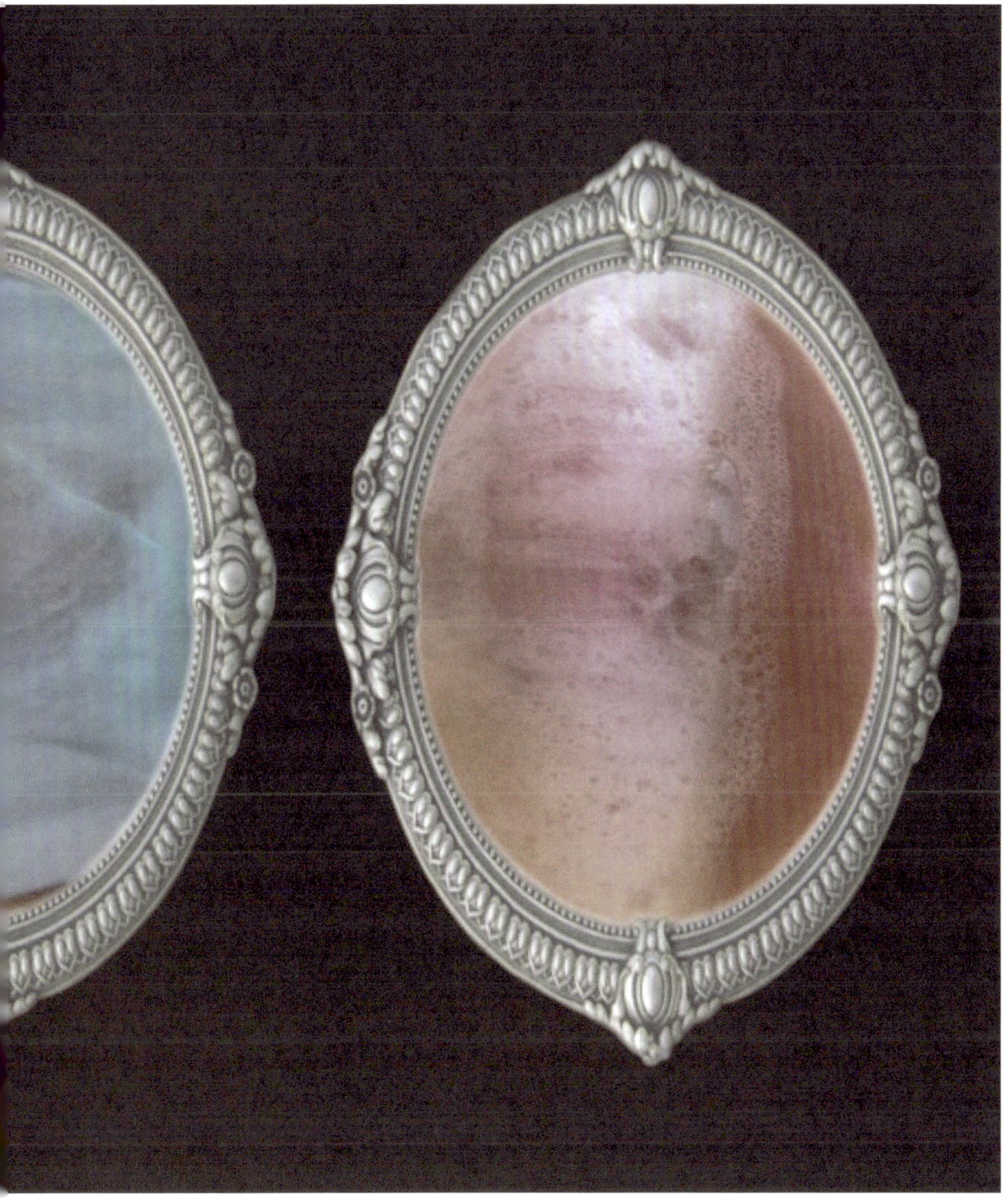

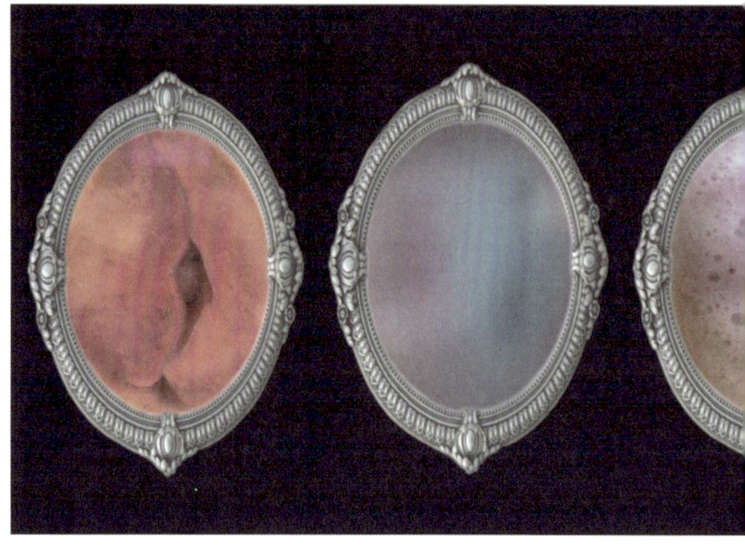

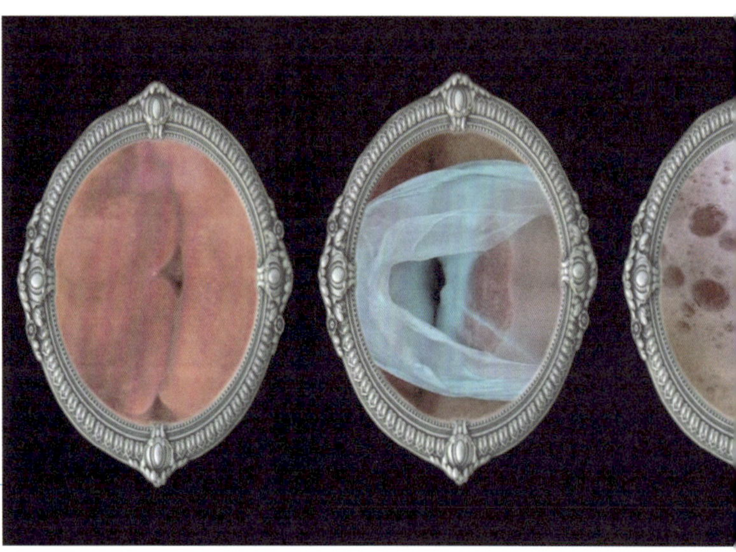

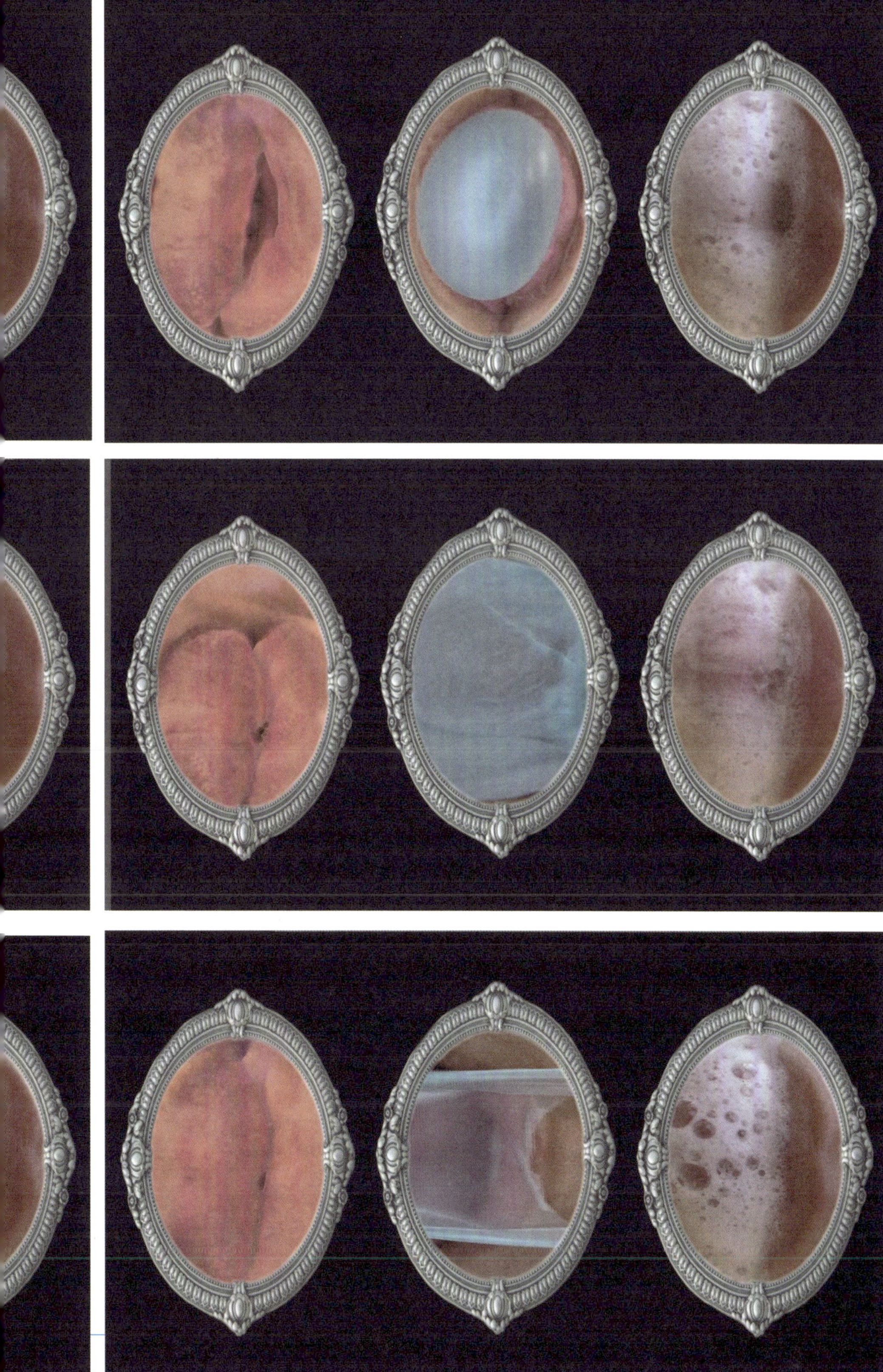

# 王捷

中央美术学院设计学院博士，奥运艺术研究中心艺术总监。

1979 年 8 月，出生于山西省太原市。

2004 年，毕业于中央美术学院设计学院并获学士学位。

2007 年，中央美术学院设计学院硕士研究生毕业留校任教。

2006 年 7 月，“北京 2008 年奥运会体育图标设计”。

2007 年 1 月，《北京 2008 年奥运会电视转播商使用指南》设计规范制定、手册设计。

2007 年 2 月，作为原创设计师中标北京 2008 年残奥会体育图标设计方案。

2003 年，为《2003 全球人类抗击 SARS 网上招贴设计公益大赛》设计优秀作品画册，并被北京艺术博物馆收藏。

2003 年，盛世长城广告公司《媒体术语字典》设计。

2003 年，《藏青诱惑》书籍装帧设计。

2005 年，8 月触动动画杂志双月刊整体设计。

2005 年，“小面人”快餐连锁标志设计。

2006 年，设计并中标“ WAPI”中国国家无线安全协议 logo。

2006 年，设计“艺术石”设计公司 logo。

2005—2006 年，参与了北京 2008 年奥运会早期核心图形和交通标志的设计。

2006 年 8 月，参与了《北京 2008 年奥运会体育图标使用指南》和《北京 2008 年奥运会体育图标宣传手册》的设计及其发布会设计。

2007 年 3 月，参与了《北京 2008 年残奥会体育图标使用指南》和《北京 2008 年残奥会体与图表宣传手册》的设计。

# 奥运设计师

2007 年王捷参与中央美术学院奥运设计团队并中标体育图标设计后，他便为设计界所熟识和称道。2000 年他考入中央美术学院设计学院视觉传达专业学习时，中央美术学院正值由王府井中转他处办学在“二厂”尾声与新校搬迁全新发展的转折期，王捷本科的学习就在这个转折的不确定期展开的，正因为不确定性，提供给他多样化的设计学习经验，同时期现代设计与当代艺术正在中国蓬勃发展，所以那个时候学习设计是满怀憧憬的，感觉可以大展拳脚。2004 年王捷考入第六工作室宋协伟教授的硕士研究生，继续从事设计研究学习，并迎来了他人生的重大事件——参与奥运会形象景观设计。

2005 年中央美术学院成立了以教师杭海为首的奥运设计竞标团队。这个团队由年过 40 的杭海带领一帮 20 岁左右的学生组成，团队成员最盛时有四五十位同学。杭海在接受记者采访时曾说，因为是竞标，就必须考虑到竞争对手想什么，必须把所有“坑”全占住，你想到的我也想到。所有与传统文化沾一点边的，能干的全给它干了，不给对手任何缝隙。由于工作量异常庞大，大家每天夜里 3 点钟回去休息，早上 9 点再过来开工。总共只有 4 周的时间，不做出竞标提案就意味着出局，不玩命是不行的。经过 4 个星期左右的“鏖战”，几乎所有学生全部病倒。由于奥运设计工作非常繁忙，参与的学生几乎没有业余时间。有时候半夜做好了设计方案，就得在半夜找人打印，在这样的工作状态下，没有恋人的同学没时间谈恋爱，好些有男、女朋友的吹了，有不少人因此离开了。最后坚持下来的几个人，都是因为难以割舍这份兴趣，其中就有当时中央美术学院平面设计专业的研究生王捷。

出生于 1979 年的王捷是个体育迷，篮球、足球、乒乓球和羽毛球是他的最爱。1990 年，亚运会在北京举行的时候，王捷就在学习绘画。对于那届亚运会，王捷对比赛已经没什么印象，但是吉祥物熊猫盼盼却一直深深印在他的脑海里。命运就是这么神奇，王捷竟然成为替奥运会服务的设计师！

王捷对当时的创作情境依然记忆犹新：他当时看到毛公鼎拓片和一些西周时期的拓片，就想能否将千变万化的体育图标与中国的传统文字联系起来，之后才联想到用大篆这种汉字形式来表现体育图标。他大概前后用了两个月的时间，翻阅了篆字字典，“提取”研究篆字的每一个部首，从中获得启发，然后按照当时北京奥组委体育图标公开招标的要求，最初设计了 9 个项目的体育图标，并成功入围。

在全部入围的 35 个奥运体育图标中，王捷最满意的是马术图标，这也是第一个诞生的体育图标，在以后的若干次图标的改动和完善中，这个图标基本没有改动过。王捷说马术图标与篆书结合得很完美，也很简单。其实，它就是篆书中的马字和人字，基本不加改动结合在一起的结果，已经相当完美了。就是这么一个简单的图形却给他和整个创作团队后来的设计带来了很大的鼓舞。王捷也因为他出色的设计留在了中央美术学院任教，如今已成为中央美术学院奥运研究中心的艺术总监，一边承担中央美术学院设计学院的教学任务，一边继续追寻他的体育设计梦想。

王捷的工作很忙，很多我们关心的问题他只能零星地回答，所以我们决定把采访的内容直接呈现出来，希望能让大家看到一个真实的毫无加工的奥运设计师。

**新锐成长：** 很多人当下的生活或工作状态都受到以往生活经历的影响，在您以往的人生经历中有哪些对您影响比较深的人或者事？

**王捷：** 参与奥运会体育图标设计项目持续两年多的设计竞标周期并最后中标，对于个人对于设计的看法起到了很大的影响。

**新锐成长：** 谈谈您比较认可或推崇的几件艺术或设计作品，自己的或别人的，艺术的或非艺术的，设计或非设计的，以及您对这些作品的评价或推崇他们的理由。

**王捷：** 视觉传达是个快速消费品，碰到网络时代的快速信息传达，基本什么设计都很难在较长的时间里持续留下印象。

**新锐成长：**“创新”是当下非常时髦的话题，您是怎么理解“创新”与“创新思维”的？从您从事的领域看，您认为什么样的作品才是“创新的设计作品”？

**王捷：** 创新就好像扮酷，越扮就越不酷。当下设计师需要的更多是平和的、严肃的对待设计的态度，而不是一味求新求变。态度对了，哪怕做的是旧事也有新花絮出来。平和的心态、锐利的视野，以及对于自己文化与自我位置的正确审视才能有所谓“创新的设计作品”诞生。

**新锐成长：** 您如何看待或处理艺术或设计创作中“民族与世界”、“传统与现代”的关系问题的?

**王捷：**“传统”不是包袱，基于对传统的完整理解内化到设计中，才有可能建立独立的有内涵的设计价值，之后“现代”的问题就自然有了答案。

**新锐成长：** 您目前关注或思考的这些问题会影响到以及会如何影响到您的艺术或设计创作?

**王捷：** 设计捆绑在经济快速发展的节奏下，多了些求新求怪少了些深刻平和，在设计师与设计市场慢慢趋于饱和的情况下，设计师需要主动“慢”下来，多一些思考。

**新锐成长：** 您认为我们应该从哪些角度去评价和判定一个好的设计师? 您认为最能展现一个设计师未来潜质的因素在哪儿?

**王捷：** 好的设计师应当具备足够的社会责任感，“瞻前顾后”——设计前瞻的高度和设计反思的深度。设计师的潜质在于犀利宽阔的视野；重视设计方法；精益求精近乎偏执的对于作品的无限完美化的追求；独立的设计见解；阶段性的设计反思。

**新锐成长：** 请您给我们推荐一两位您推崇的设计师或艺术家以及您的理由?

**王捷：** 施德明（Stefan Sagmeister），对于设计问题的解决方法和媒介的完美运用和适当的设计反思。

**新锐成长：** 对于目前学习设计专业的大学生您有什么建议，或者想跟他们说的?

**王捷：** 当下网络生存环境下成长起来的一代大学生，更适应网络思维方式，浅层、多点、发散的思维方式是新一代大学生的长项，对于网络工具的协同思考、帮助记忆和信息之间的比较、勾连都能很好地运用。需要补足的是对于纸质书籍的线性阅读和对于一个问题的深入发掘思考，同时线下的面对面的活动要多参加，锻炼自己的沟通和表达能力。

**新锐成长：** 请您给自己做个评价或者总结吧！

**王捷：** 这才刚刚开始，如何做总结，评价还是让别人来写吧。

≯ 134-135

Pictogram of Beijing2008 Olympic Games | Jie Wang

皮划艇静水
Canoe/Kayak Flatwater

乒乓球
Table Tennis

帆船
Sailing

射箭
Archery

The Games of XXIX Olympiad

轮椅橄榄球
Wheelchair Rugby

轮椅篮球
Wheelchair Basketball

举重
Powerlifting

田径
Athletics

半程马拉松
Half Marathon

20 公里竞走
20km Race Walking

游泳
Swimming

水球
Waterpolo

跳水
Diving

帆船帆板
Sailing & Surfing

网球
Tennis

高尔夫
Golf

羽毛球
Badminton

射箭
Archery

柔道
Judo

沙滩排球
Beach Volleyball

自行车
Cycling

跆拳道
Taekwondo

国际象棋
Chess

足球
Football

健美操
Aerobics

排球
Volleyball

篮球
Basketball

竞技体操
Artistic Gymnastics

艺术体操
Rhythmic Gymnastics

举重
Weight Lifting

击剑
Fencing

乒乓球
Table Tennis

射击
Shooting

SHENZHEN 2011
从这里开始

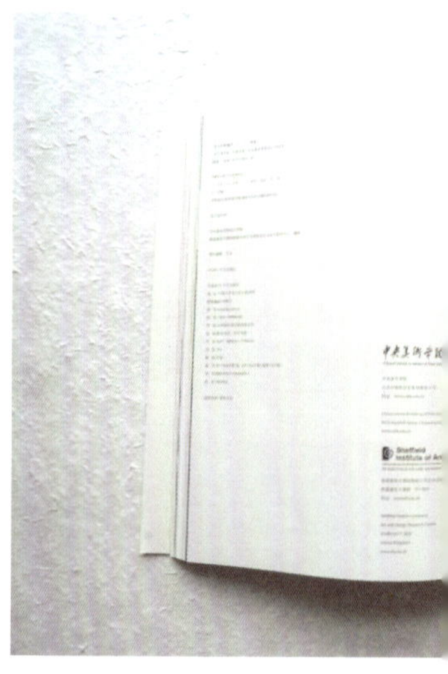

XIII
13

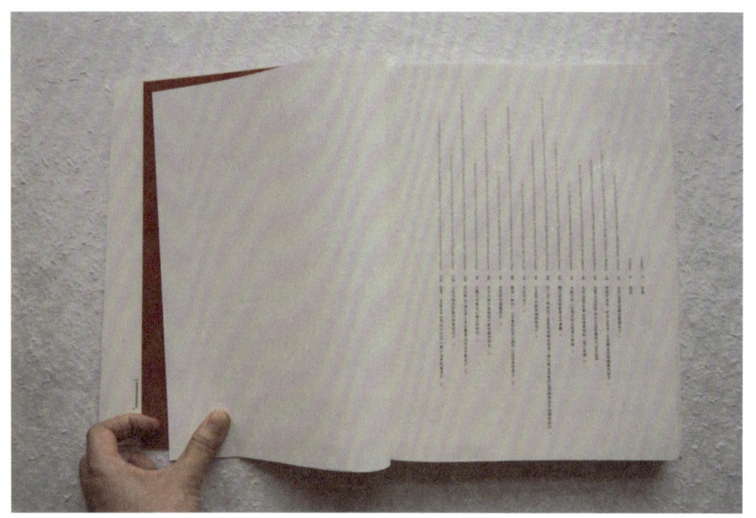

设计进行时
DESIGNING
IMPACT!

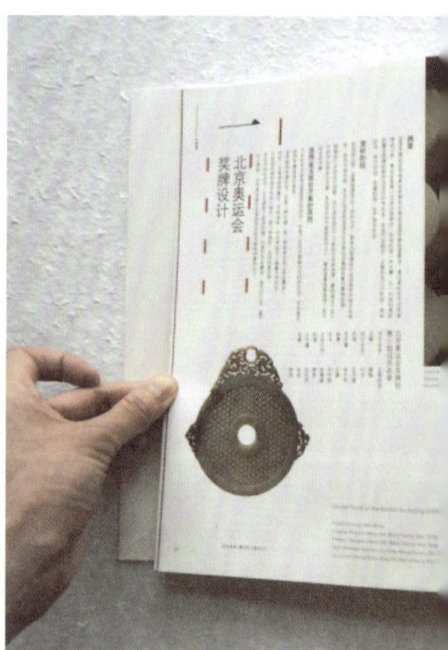
北京奥运会
奖牌设计

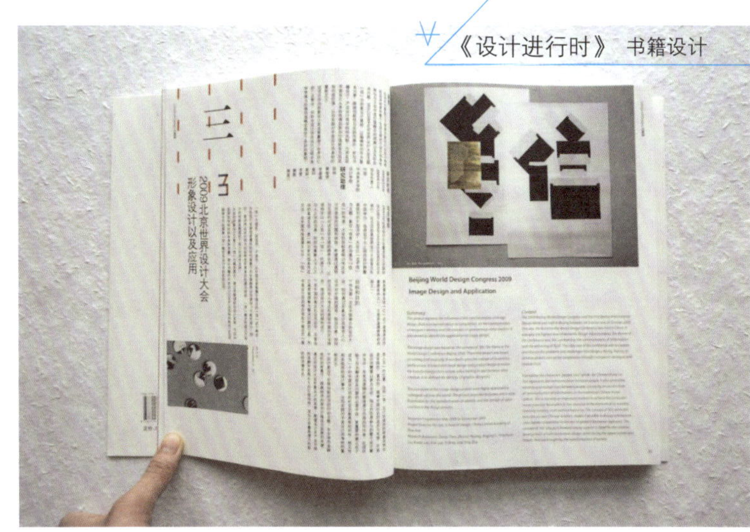
2009北京世界设计大会
形象设计以及应用
Beijing World Design Congress 2009
Image Design and Application

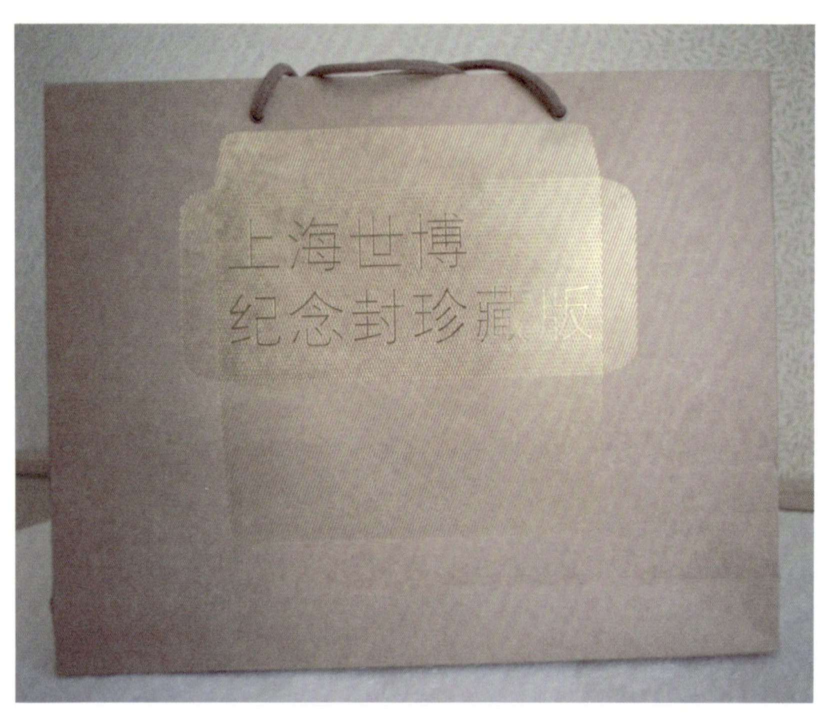
上海世博
纪念封珍藏版

EXPO

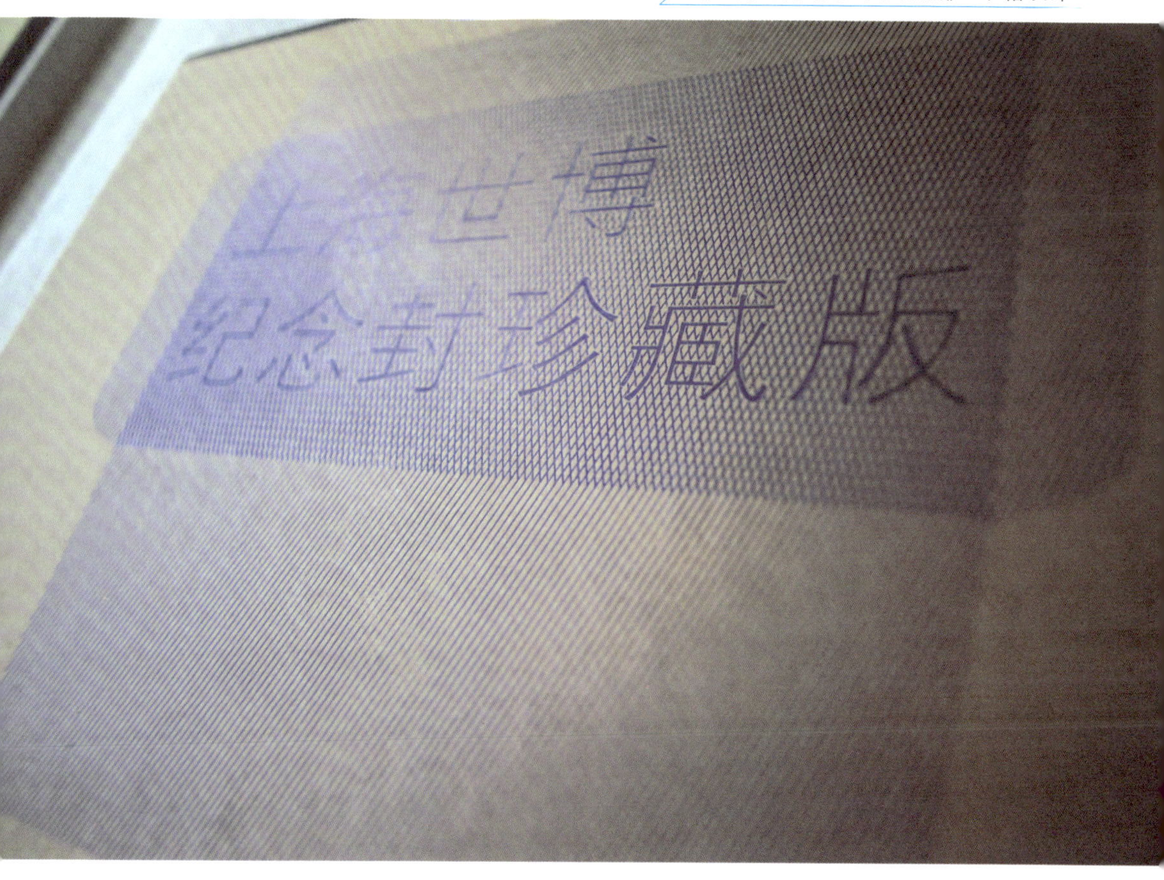
上海世博
纪念封珍藏版

EXPO
2010
EXPO
2010

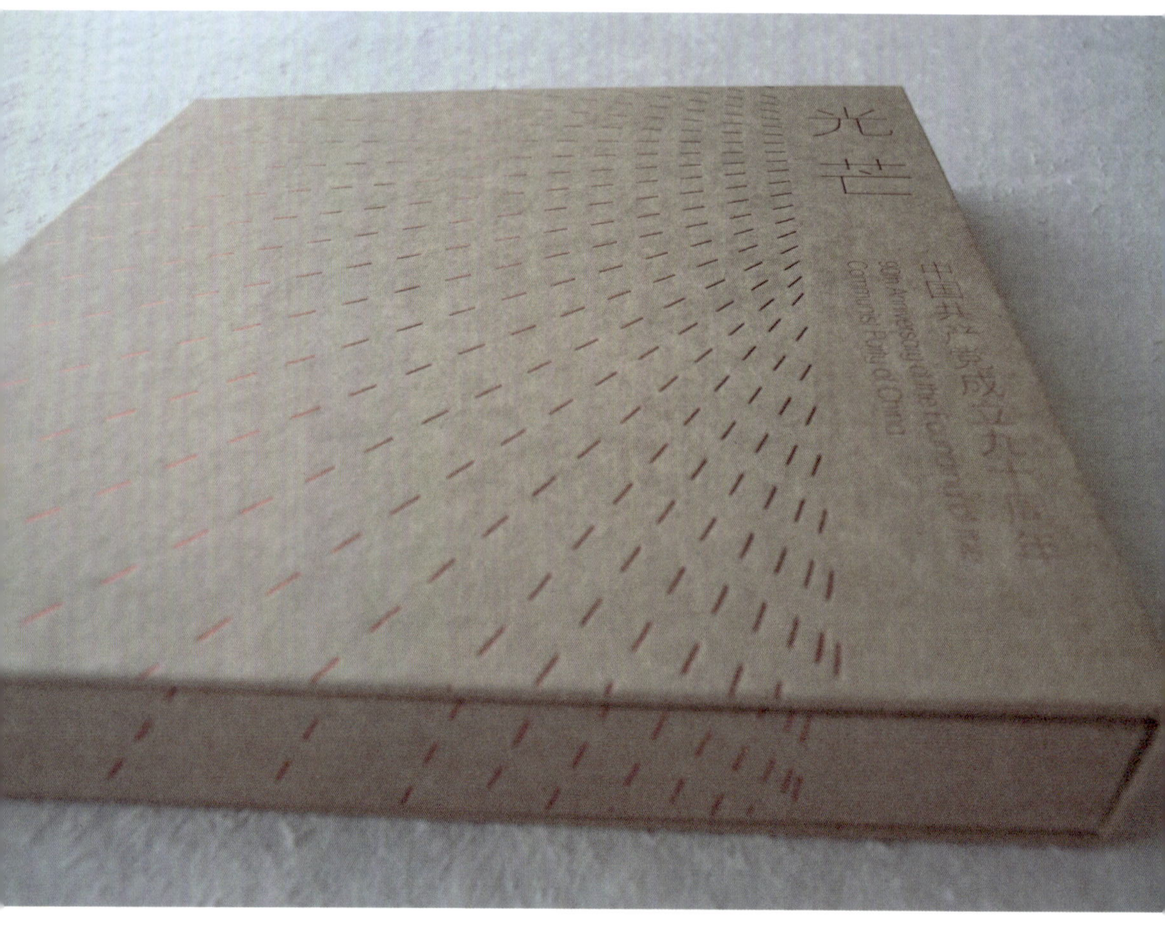
光芒

1977 年 12 月出生，河北人。

2002—2004 年，维也纳艺术学校，平面设计专业。

2004—2009 年，就读于奥地利维也纳应用美术大学，平面设计专业。

Prof.Fons Hickmann/Prof.olibver Kartak/ Prof. Walter Lurzer。

视频“Voice print”获得欧洲 Languages through Lenses 协会奖学金，并在柏林入选“欧洲大奖赛”。

2008 年 9 月—2009 年 1 月，工作于 Kognito Gestaltung，柏林。

2006 年 9 月，工作于 Young&Rubicon，维也纳。

标志：“VFA”奥地利维也纳工业大学校友会标志。

视频：“Self-Realization”，编入书籍《beyond graphic design》，并且发表于奥地利应用博物馆 the Essence 07。

视频：John 14：6，发表于 Ursula Brick 维也纳艺术大厅。

海报：From hort to heart，展览于维也纳应用美术大学。

视频：2008，发表于“Maximize The Minimum”维也纳艺术大厅。

## 李岩岩

## 啃着苹果坐在地板上

李岩岩大概是我们采访的设计师中真正接触美术最晚的一位了。虽然岩岩从小就很喜欢画画，而且画得还不错，但她从来没有想过那会成为自己的专业。岩岩的大姐是个老师，可能是因为常常接触学生的缘故，很会发掘人的特长和潜力。岩岩 16 岁的时候，闲来无事，对着大明星的照片临摹，竟然画得有板有眼，因此被“好为人师”的姐姐发现，并把她介绍给所在学校的一位美术老师——梁老师。从此岩岩开始懵懵懂懂地踏进艺术的大门。

之所以说是懵懂，因为岩岩本以为美术就是描描明星画那么简单。在学习的过程中她才慢慢发现，美术里原来还有这么多不同——有这么多的领域和分类。岩岩第一次了解了设计，随着时间的推移越来越热衷于设计。2000 年李岩岩从河北省工艺美术学校平面设计专业毕业后开始了她在北京打拼的一年。李岩岩说，这段时间对她来说是个非常大的转折——在实践中她发现了自己的不足，与此同时又有了更多的追求和梦想。

第一个梦想在 2002 年底得到了实现——李岩岩成功争取到了去奥地利留学的机会。2004 年她考入维也纳应用美术大学，正式开始了自己的“设计生活”。进入大学后最大的感受就是自由——不论是学时安排，教学方法还是设计理念，都非常的开放和自由。学习过程中没有古板的套路，教学与设计创作崇尚创新和任意发挥，同学们的创意尺度常常大得让李岩岩吃惊。然而，他们的创意灵感又常常来自于生活中很小很真实的一个细节，他们可以把那个细节的全部潜力挖掘和表现出来。李岩岩说，那是可以啃着苹果坐在桌子上或地板上听课的时光。

啃着苹果坐在桌子或地板上的自由深深影响了李岩岩的生活与工作。2009年夏天硕士毕业后，李岩岩加入自由设计师的行业，成立了自己的设计工作室。李岩岩说，想法常常会有。无意间做什么事情，看到什么情景，都会使她突然间产生一些念头，然后就会不断地尝试做这做那。

自由开放的性格让李岩岩很注意吸收身边人的优点来丰富和提高自己。尤其是接触最密切的同学朋友对她的影响很大，她的大部分同学都过着超级潇洒的设计生活，他们从不被时间和环境限制。李岩岩觉得每个都很不同，而且，在不同的时间段，她对同学和朋友会有不同的感受。在2008—2009年期间李岩岩曾有5个月的时间在柏林的一家设计公司Kognito Gestaltung实习，这段经历让她感触良多。同事Mac hoffmann是个非常敬业的人，对他来说上班时间一定是要准时，但是下班他却比大家都晚。一个项目他会反复思考琢磨，但不管是怎样的情况，你有问题他都会幽默的解答。

实习期间，李岩岩还很偶然地认识了香港设计学院的讲师何美玲，何美玲是来采访这间公司老板的。之后的一段时间她们俩总是一起看展览。何美玲也会经常给岩岩聊起她最近又采访了某某人，他的哪些方面比较突出等设计行业里的事情。虽然何美玲的工作很忙，但她依然很热衷于这份设计采访的工作，这份热情和干劲让李岩岩既感动又羡慕。

不仅业界的前辈会给李岩岩指导和帮助，身边同学也会给她不尽的启迪和感悟，这里面有平面设计专业的，也有非设计专业的。Martin Wunder 同学来自德国，刚开学第一次作品讲评中就给李岩岩留下了很深的印象，他的作品有很浓烈的德国味道，干练，简洁，并且强烈；Christof Nardin 有很多张获奖海报，其中 cut 最为突出，表现手法纯粹而直接；Astrid Seme 是个比较低调的人，但她设计的足球海报却把普通人对足球和偶像的崇拜融汇一体，尤其是球衣进球一刻的设计，给人留下了深刻的印象；Marcel Neundoerfer 的作品充满趣味性，岩岩说第一次看到他的作品是在大学的开放日，他讲解他的作品“on target”时，赢得了全场的欢笑声和掌声；摄影专业的日本同学 Yuko Ichkawa 是李岩岩在上公共课的时候认识的，Yuko 的宗旨是绝对地互相帮助，各方面的信息她都主动告诉岩岩，当然岩岩也同样地回报她。Yuko 在学校里上所有可以选的课，她的成绩单早就超过了学校的必修要求，但她仍不放过每一个学习的机会。这些来自世界各地的同学既让李岩岩获得最新鲜的设计视野和思维，又深深地理解了设计艺术中“民族”与“世界”相互并存、共同促进的辩证关系。

虽然学的是平面设计专业，但李岩岩的设计作品却涵盖从平面、影像到网络的多种媒体形式。李岩岩认为创意不应该受到形式的限制，创新是人类特有的认识能力和实践能力，是每个人都有的本能。当我们的意识促使我们完成一件新事务时，我们就完成了一件新作品。做自己的作品而不囿于形式和他人的影响，这就是创新。李岩岩说读书时她的周围有很多这样的教授。Fons Hickmann 曾是李岩岩的导师，现在在柏林艺术大学任教。李岩岩说他的每一件海报作品都有很强烈的个人风格，没有办法被埋没，你必须驻足欣赏思考他的作品。何见平是一位留德的中国籍设计师，也是一位对国内设计学者有特别贡献的设计师。李岩岩第一次看到他的名字是在“100 Beste Plakate”的海报展上，一连好几张入围作品，李岩岩仔细看名字才知道是个中国人，后来李岩岩也在网络上看到很多他的作品，尤其是他编辑的海外设计类书籍对国内学者产生了不小的影响。另外还有 Stefan Sagmeister，曾是维也纳应用美术大学平面设计专业的毕业生，奥地利人，现在在纽约发展。2006 年他的字体设计作品 Being not Truthful，充满趣味的人与作品的互动，着实是一个让人震惊又流连忘返的优秀作品。在李岩岩眼中，这些设计师的创新正是因为他们忠于自我的信念和设计理想的结果。

设计是同社会发展、经济水平以及文化背景紧密相关的，甚至从一件艺术设计作品中可以体现出宗教和政治。李岩岩说，现在的欧洲人们似乎更加关注未来，关注 50 年后、100 年后的社会、人类以及环境等。李岩岩说自己也常常会想，到那个时候不知自己所学的专业是否还是一个专业？抑或像驾驶一样，慢慢地变成每个人都有的普通技能？真若如此，那设计又是被什么取而代之的呢？海报设计程序？ logo 设计程序？广告设计程序？甚至电影设计程序……还是由一个机器人全权代理……李岩岩说这些貌似天马行空不着边际的想法也会影响到自己的设计，她希望面对这些挑战她可以积极地迎着风奔跑，可以为自己赢得一些时间，可以更好地与环境互动，自我更新。

我们请李岩岩说说她判断一个优秀设计师的标准，她却说，其实很难用好和坏来评价设计师，有些设计师每一件作品都被世人认可，有些一辈子就一件让人赞不绝口。谁能说前者就一定比后者优秀呢？当你被一件设计作品吸引时，它的潜质和标准就在那儿了。对于自己希望属于哪一类？李岩岩只是笑笑，却避而不答。她说自己很喜欢欧洲设计领域里的这种自由，她很愿意继续在当中畅游，继续创作更多的作品，尝试更多的表现方式。

BEFÖRDERUNGSPROGRAMM DES IFG ULM · ÖFFENTLICHE, INTERNATIONALE AUSSCHREIBU

Designing politics – The politics of design 海报设计

ULM PROMOTION PROGRAMME · INTERNATIONAL PUBLIC ANNOUNCEMENT

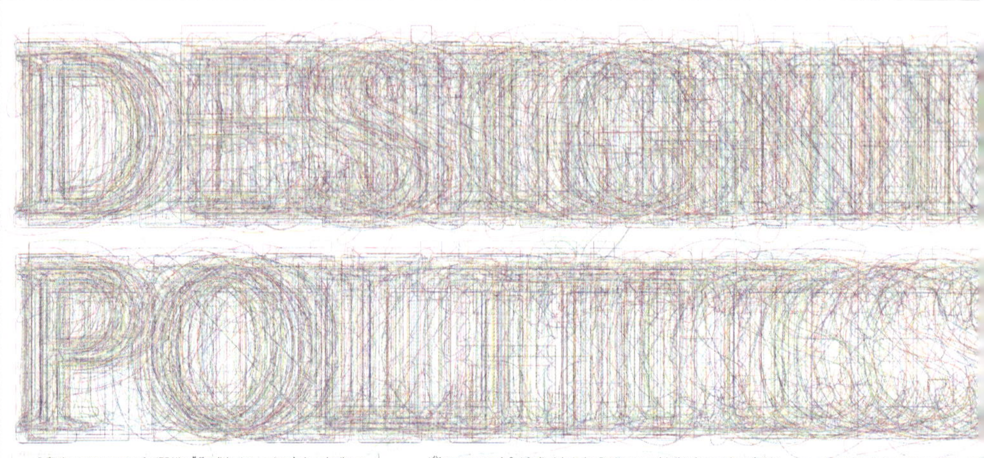

*Beförderungsprogramm des IFG Ulm Öffentliche, internationale Ausschreibung*

## Designing politics – The politics of design

»Kultur und Politik [...] gehören zusammen, weil es hier nicht um Erkenntnis oder Wahr¬¬heit geht, sondern um Urteil und Entscheidung, den vernünftigen Meinungs¬austausch über die Sphäre des öffentlichen Lebens und die gemeinsame Welt, ferner um die Ent¬scheidung darüber, welche Handlungsweise in der Welt zu wählen ist, und auch darüber, wie diese Welt künftig auszusehen hat, welche Arten von Dingen in ihr er¬scheinen sollen.«

Hannah Arendt
(The Crisis in Culture: Its Social and Political Significance, in: Between Past and Future: Eight Exercises in Political Thought, New York 1968, 223)

Ulm ist weltweit der Ort, der es sich zur Aufgabe gemacht hatte, den Diskurs über die ge¬sellschaftliche Verantwortung des Gestalters zu führen und die demokratische Qualität von Gestaltung zu definieren. Was in Ulm gesucht und formuliert wurde, ist eine Antwort der Gestaltung auf die Verbrechen des Nationalsozialismus: Die Geschwister Scholl haben für das Andere gekämpft; die HfG Ulm hat andere Wege in der Gestalterausbildung eröffnet; darauf aufbauend vertritt das IFG Ulm weiterhin die Überzeugung, daß sich die Arbeit des Designers und Architekten nicht auf ästhetische, technische und kommerzielle Fragen reduzieren läßt. Gestaltung beruht immer auf einer gesell¬schaft¬lichen und politischen Grundlage und sie wirkt auf diese zurück. Welche Bedeutung hat diese Vision heute?

Mit dem Beförderungsprogramm »Designing politics – The politics of design« knüpft das IFG Ulm 2006 an diesen Diskurs an, der vor mehr als 50 Jahren eröffnet wurde, und fragt nach seiner aktuellen Relevanz.

Ulm sucht heute erneut das Andere:

– Wie können Gestalter in Zukunft ihre Aufgabe in einem erweiterten und vermittelnden Beziehungsfeld bestimmen, das auch soziale und kognitive Prozesse einschließt?

– Gibt es für die Gestalter im Feld gesellschaftlicher Transformation einen Weg, Intervention und Partizipation zu initiieren und zu moderieren?

– Welche Gestaltungsmöglichkeiten verbinden sich mit dem Blick auf das Wirken, die Vernetzung und Konditionierung jenseits formaler Anschaulichkeit?

Exemplarisch sucht Ulm nach Projekten, die den Wandel von einer Ökonomie der Ver¬dinglichung zu einer Ökologie der Transformation vollziehen. Projekte, die sich Pro¬zessen des Werdens verschrieben haben. Projekte, die ihren Blick hinter die Ober¬fläche des gestalterischen Schaffens richten und durch die sichtbar wird, daß Gestaltung trans¬formative Handlung in den wirtschaftlichen und politischen Entscheidungsraum diffun¬diert. Das IFG Ulm will mit seinem Beförderungs¬programm

Projekte dazu ermuntern, Kon¬se
physische Umwelt nachhaltig präg

Die Beförderungssumme beträgt
bewilligt. Es obliegt der Entscheid
ein oder mehrere Projekte zu vert

Bei den Projekten kann es sich um

– Stipendien zur Ausarbeitung ein
an anderer Stelle gestellt werden s
Projekte zu ermöglichen, die ohne
alleine die Vorbereitung für eine P
ert;

– Initiativ-Projekte handeln, die au
machen. Das Spektrum reicht von
oder architektonischen Fragen bis
Produkt- oder Kommunikationsge
che Aufmerk¬samkeit gesucht un
itäten anhand der ausgearbeitete

Die Entscheidung wird am 23.9.20
am 22.9.2006 im Gebäude der ehe
Auf diesem Hearing wird eine Vor
stellern präsentiert und mit einge

*IFG Ulm Promotion Programme . International Public Announcement*

## Designing politics – The politics of design

»Culture and politics [...] belong together because it is not knowledge or truth which is at stake, but rather judgment and decision, the judicious exchange of opinion about the sphere of public life and the common world, and the decision what manner of action is to be taken in it, as well as to how it is to look henceforth, what kind of things are to appear in it.«

Hannah Arendt
(The Crisis in Culture: Its Social and Political Significance, in: Between Past and Future: Eight Exercises in Political Thought, New York 1961, 223)

Ulm is the place in the world that has set itself the task of conducting a discourse on the social responsibility of the designer and defining the democratic quality of design. What Ulm searched for and formulated is an answer by design to the crimes of the Nazi regime: The Scholl siblings fought for things to be different, and the Hochschule für Gestaltung in Ulm opened up alternative approaches to educating designers. On that basis, IFG Ulm continues to represent the conviction that the work of designers and architects cannot be reduced to aesthetic, technical and commercial factors. Design always rests on a social and political foundation, and acts upon that foundation in return. What does this vision mean to us today?

With the promotion programme »Designing politics – The politics of design« in 2006, IFG Ulm is taking up this discourse which started over 50 years ago, and is investigating its current relevance.

Today, Ulm is once again searching for what is different:

– How can designers in future define their work in an extended and mediating field of relationships which also includes social and cognitive processes?

– Is there a way for designers to initiate and regulate intervention and participation in the field of social transformation?

– What design opportunities are linked with a view to action, networking and conditioning above and beyond formal clarity?

Ulm is looking for examples of projects which make the change from an economy of reification to an ecology of transformation. Projects which are dedicated to processes of becoming. Projects which direct their gaze behind the surface of the design process and which reveal that design diffuses transformational action into the space occupied by commercial and political decision-making. IFG Ulm's promotion programme is intended to encourage projects to develop consequences which leave a lasting mark on our social and physical environment.

The available grant amounts to EU
upon receipt of applications. IFG's
to one project or distribute it amo

The projects may be

–scholarships for the compilation
to submit to another body (i.e. no
would fail without this promotion
ect grant currently requires an ext

–initiative projects which draw att
extends from town planning, cour
related functions within product c
these projects that public attentio
performed on the basis of the alte

The decision will be made on 23.0
on 22.09.2006 in the building of th
tion of the applications submitted
and discussed with invited guests.

Applications may be submitted by

–academic institutions,

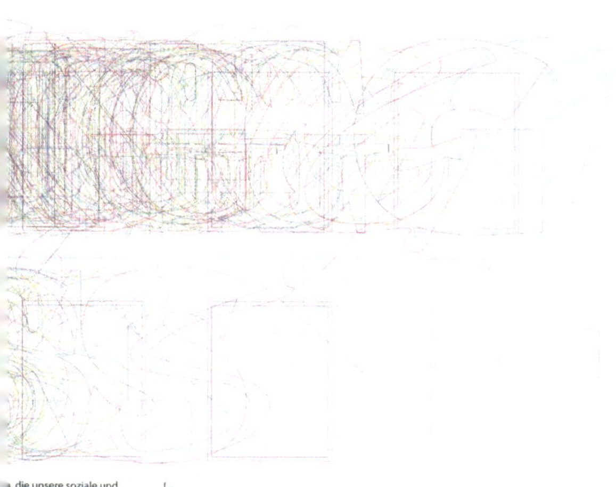

…, die unsere soziale und

…om IFG-Fachbeirat auf Antrag …achbeirats, diese Summe auf

…deln, der von den Beförderten …G Ulm). Das Ziel besteht darin, …ran scheitern würden, daß … sehr hohen Aufwand erford-

…terischen Praxis aufmerksam …schaftsplanerischen und bzw. …gaben innerhalb der …ser Projekte, daß die öffentli- …ung um gestalterische Qual- …wird.

…ein nicht-öffentliches Hearing …ür Gestaltung Ulm voraus. …ten Anträge von den Antrag- …iskutiert.

Zum Antrag berechtigt sind

– akademische Institutionen,

– Publizisten, Forscher und Gestalter, sowie

– Absolventen von Hochschulen jeder Fachrichtung, die eine mindestens dreijährige Berufserfahrung nachweisen können.

Die Mitglieder des IFG-Fachbeirats und die Teilnehmer des Hearings sind von der Beförderung durch das IFG Ulm ausgeschlossen.

Bitte richten Sie Ihren Antrag mit höchstens 10.000 Anschlägen bis 31.5.2006 aus¬schließ¬lich per E-Mail an das IFG Ulm: 2006@ifg-ulm.de. Einsendungen per Post werden nicht berücksichtigt. Formulieren Sie in Ihrem Antrag auch, welche Beförde¬rungs¬summe Sie beantragen. Bis 31.7.2006 erhalten Sie eine Antwort, ob Sie zur Präsentation am 22.9.2006 eingeladen werden. Reise- und Übernachtungskosten für diese Präsentation trägt das IFG Ulm.

Bei Fragen informieren Sie sich bitte unter www.ifg-ulm.de oder senden Sie eine E-Mail an Annette Diefenthaler: diefenthaler@ifg-ulm.de. Wir freuen uns auf Ihre Vorschläge!

…tted by IFG's Advisory Board …es the right to allot this sum

…n which the beneficiaries are …o facilitate projects which …t the preparation for a proj- …f work.

…sign practice. The spectrum …tectural questions to time- …gn. It is a characteristic of …mination of design quality is

…ded by a non-public hearing …ür Gestaltung Ulm. A selec- …at hearing by the applicants

– journalists, researchers and designers, and

–graduates of universities in any discipline who can provide evidence of at least three years' professional experience.

The members of the IFG Advisory Board and the participants in the hearing are barred from receiving grants from IFG Ulm.

Please submit your application (max. 10,000 characters) to IFG Ulm by email only by 31.05.2006. The address is 2006@ifg-ulm.de. Entries by post will be disregarded. Please also state in your application the sum for which you are applying. You will receive a reply by 31.07.2006 indicating whether you are invited to the presentation on 22.09.2006. Travel and overnight accommodation expenses for that presentation will be borne by IFG Ulm.

Should you have any questions, please consult www.ifg-ulm.de or send an email to Annette Diefenthaler: diefenthaler@ifg-ulm.de. We look forward to receiving your suggestions.

Klasse für Graphik Design Prof. Fons Hickmann
Universität für angewandte Kunst Wien
2007

08
Beginn 20:30
Afterparty ab 24:00

AUSGEWÄHLTE ARBEITEN UND PROJEKTE DER UNIVERSITÄT FÜR ANGEWANDTE KUNST WIEN

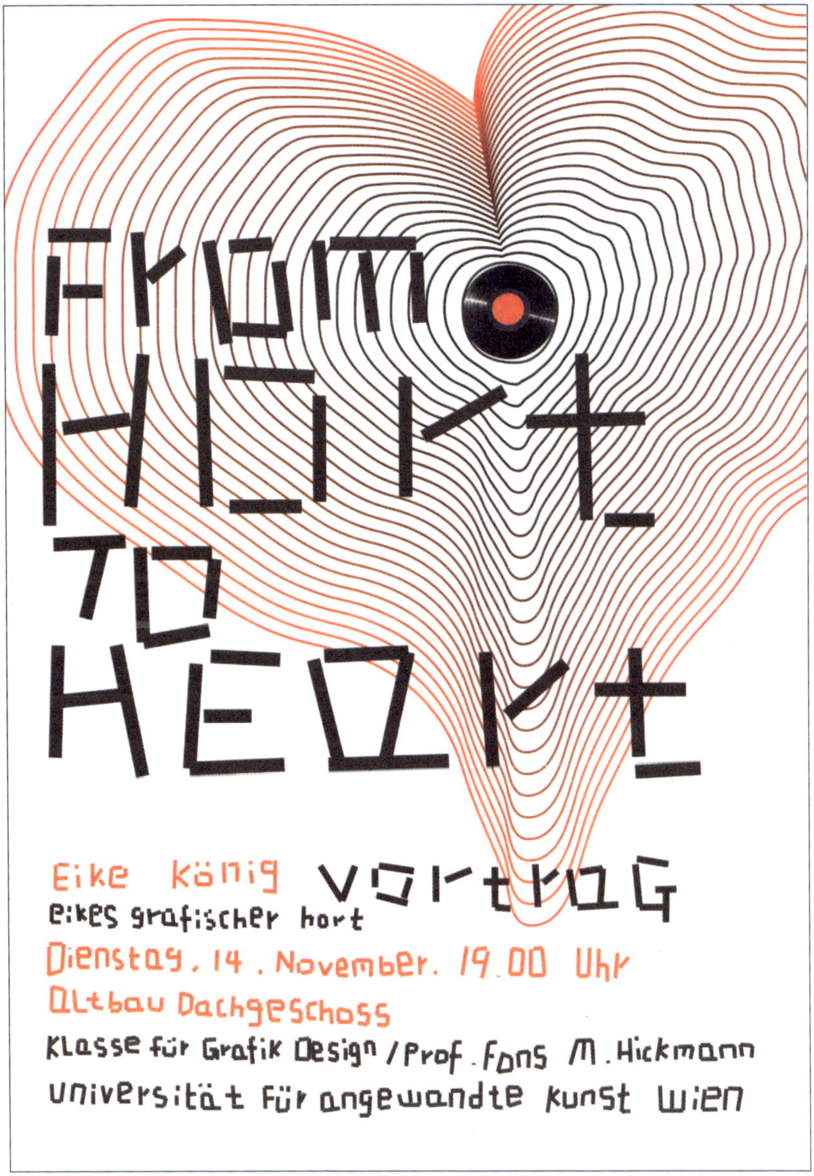

From
Hort
to
Heart

Eike König vortrag
eikes grafischer hort
Dienstag, 14. November. 19.00 Uhr
Altbau Dachgeschoss
Klasse für Grafik Design / Prof. Fons M. Hickmann
Universität für angewandte Kunst Wien

Thanks!

Thanks!

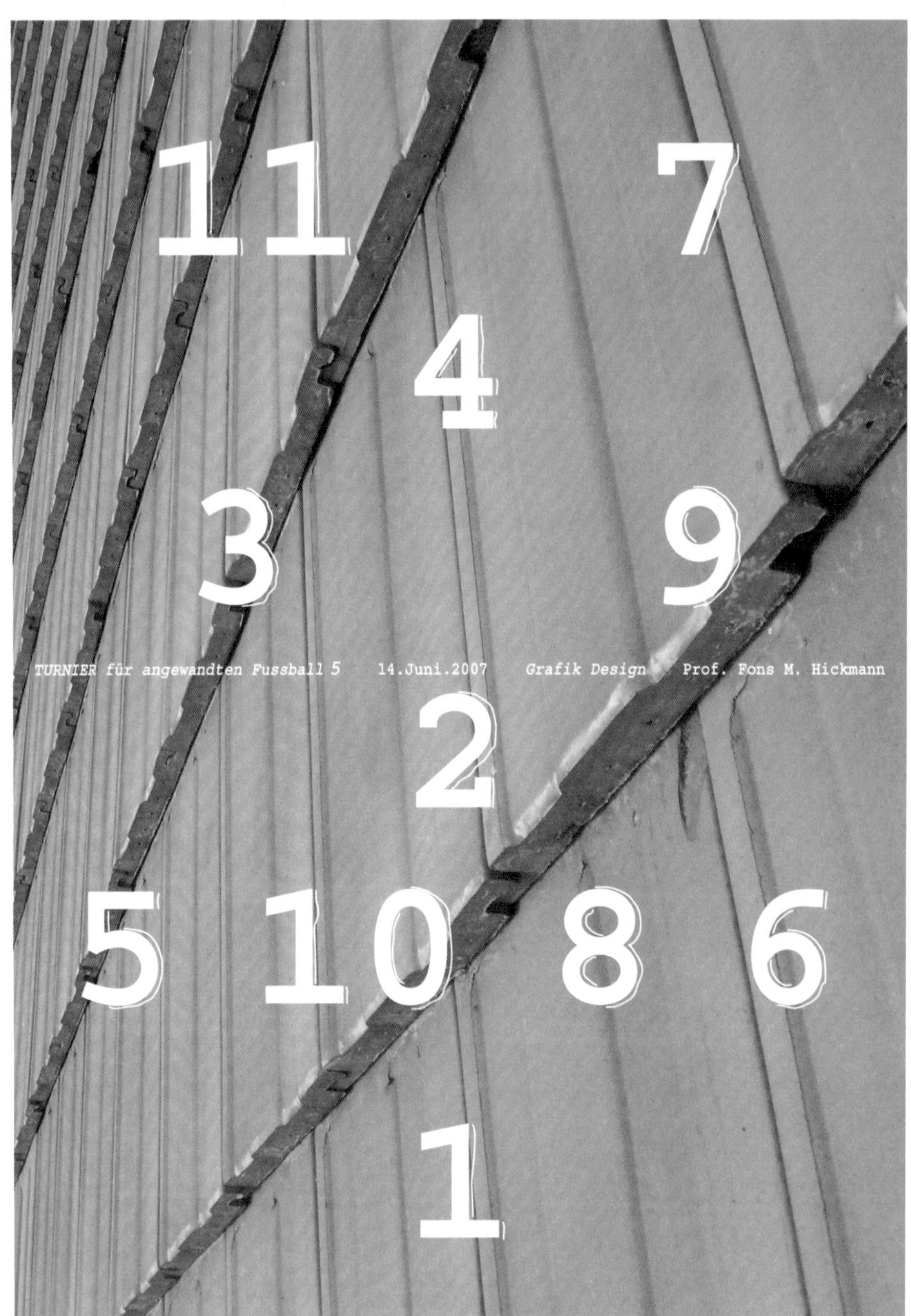
11
7
4
3
9
TURNIER für angewandten Fussball 5
14.Juni.2007
Grafik Design
Prof. Fons M. Hickmann
2
5
10
8
6
1

1
5 8 2
6 3 10
TURNIER für angewandten Fussball 5
14.Juni.2007
Grafik Design
Prof. Føns M. Hickmann
4 9
11 7

11 7
6 3 4 9
Fussball 5
Juni.2007
Grafik Design
Prof. Fons M. Hickmann
5 10 8 2
1

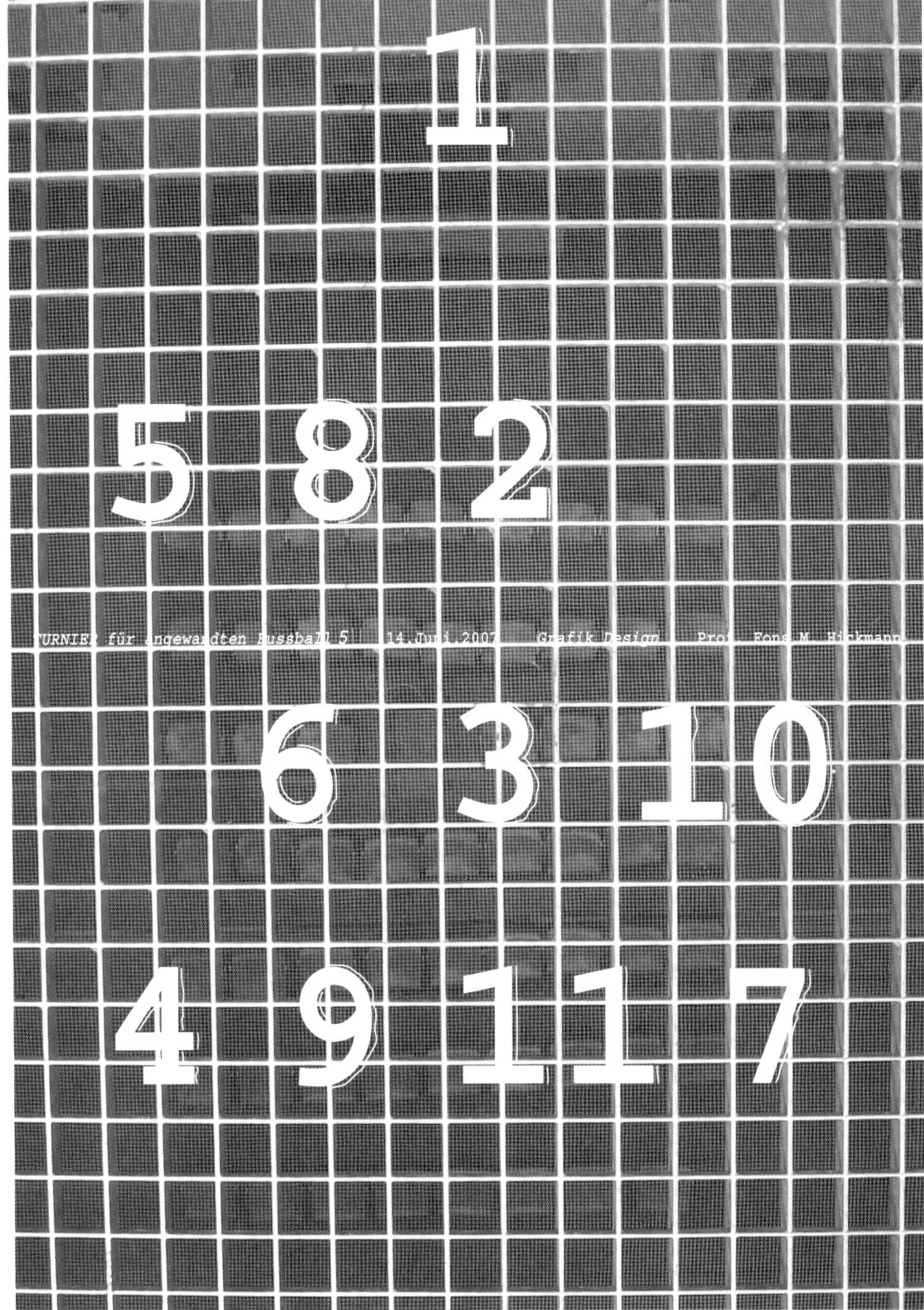
1
5 8 2
TURNIER für angewandten Fussball 5 | 14.Juni.2007 Grafik Design Prof. Fons M. Hickmann
6 3 10
4 9 11 7

# 金行征

2010 年 9 月，就读日本东京多摩艺术大学情报设计系研究生。
2008 年 10 月，就读德国柏林艺术大学视觉传达研究生。
2003 年 9 月—2006 年 9 月，任教绍兴文理学院美术学院。
1999 年 9 月—2003 年 7 月，就读浙江工商大学艺术设计系。

2010 年，电影短片《帅军的童年》14 分钟，彩色，入围第 51 届捷克布尔诺短片电影节。
2010 年，电影短片《那年圣诞节》16 分钟，黑白，在德国柏林艺术大学放映。
2009 年，摄影《北京 • 2008》、《红点》等作品在德国柏林中国文化中心展出。
2009 年，短片《包租婆》在柏林 Schuster 画廊展出。
2009 年，16 毫米电影《Voice》4 分钟，在柏林艺术大学展出。
2009 年，短片《我》、《晚餐》在德国柏林艺术大学展览。
2006 年，海报《We need healthy food》入围韩国国际新生代师生平面设计展。
2010 年，分别在中国驻德国大使馆文化部与柏林中国文化中心讲《摄影艺术》。
2010—2011 年，在宁波理工大学、浙江工商大学、绍兴文理学院、山东工艺美术学院、郑州轻工学院、洛阳师范学院、中原工学院、温州大学等高校巡回讲授《视觉接触》。

# 痴迷游走于电影的视觉设计师

在经历了很长时间的邮件沟通后，我终于见到了金行征本人。作为他国内高校巡回讲座中的一站，2011 年 5 月，金行征为山东工艺美术学院的学生讲述了他对中国、德国和日本基础设计教学差异的理解。此前他先后去了洛阳、开封、郑州、温州、绍兴、杭州、宁波等地高校演讲。作为学者和设计师的金行征喜欢游走和传播，作为求知者的金行征也在不断地感受不同的设计教育文化和实践风格。

1999 年金行征进入杭州商学院（现浙江工商大学）艺术设计学院开始学习平面设计，毕业后金行征到绍兴文理学院教了几年书。2004 年他去参加宁波国际海报节，金行征说那是一个全球顶端设计师的聚会，有很多世界知名的设计师在场，他记得最深的是德国的乌韦 • 勒斯（Uwe Loesch）。金行征看到他们很激动，但就是不会英语，不敢上前与他们搭话。那天之后，金行征做出一个决定：一定要认真学一门外语。后来他选择了德语，放弃了国内舒适但平淡的教学工作，从零开始，选择了去德国留学。

2008 年金行征考入了德国柏林艺术大学，攻读该校视觉传达专业的研究生。后来谈到选择去德国留学的原因，金行征说主要是因为在国内读大学时，受德国著名设计师霍格尔 • 马蒂斯（Holger Matthies）作品的影响，对采用摄影的手法创作海报产生了浓厚的兴趣。其实之前他对德国设计教育了解并不多，只是从书上看到一些关于包豪斯的东西。

金行征所在的柏林艺术大学视觉传达专业，只有一个基础部，学习时间为一年。另外设有平面设计、插画设计、广告设计、信息设计、数码设计、媒体艺术设计、实验电影等工作室。读完一年基础部后，每个人可以选任何工作室学习。每个工作室连同基础部每个学期都有新的课题。不像国内许多学校要学固定的课程，如三大构成，而且把三大构成细化，公式化。金行征说，国内国外不同教育体制下学习的经历和感受区别还是蛮大的。在国内一般是学校安排了什么课程，大家去上课就行，一个班级的同学一起来来回回，做大致相同的事情与作业。而在德国是完全不一样的，你可以做你自己的事，学你想学的课程，自由自在，自由创作。

正是这种宽松的环境和氛围，促使金行征将学习和创作的兴趣转向了电影和多媒体艺术，开始尝试用影像语言来创作和描绘自己的感受。2010 年新年刚过，金行征用 20 多天的时间剪完了他自编自导自演的第一部剧情短片《那年圣诞节》，并在柏林艺术大学举行了公映。这部短片以金行征自己的亲身经历改编，讲述了主人公阿正圣诞节在欧洲的打工经历。

也就是从这个短片开始，金行征说他就进入工作就是学习、学习就是工作的生活状态。2010 年一整年的时间他从柏林、汉堡到东京，不停地思考创作和拍摄短片，这里面有 video、记录片，也有剧情短片，其中就包括了那部入围第 51 届捷克布尔诺短片国际电影节的作品《帅军的童年》。这部 21 分钟的彩色短片，讲述了一个名叫帅军的 5 岁小男孩，出生并成长于中国温州的一个废品收购站里。他的家人来自河南，父母都以捡垃圾和打散工为生。在帅军出生两年后，妈妈病了，治疗费用花了 6 万多，家里再也拿不出钱供帅军上学。影片以寻找、玩乐、发现、吃、学习、他的家庭与期望等几个部分描述了帅军在废品收购站大院里的童年生活。这部影片客观而真实地展现了中国这个当代世界发展与变化最迅速的国家金碧辉煌的高楼大厦掩映下不断扩大的贫富分化。

2010 年 9 月，金行征开始了他在日本东京多摩艺术大学交换研修生的经历。与中国既相似又不一样的生活环境和文化背景引发了金行征电影创作的灵感与欲望。在东京的半年里，金行征一边适应繁忙的学习生活，一边将自己对于人生的思考创作成影视作品，拍成了《邂逅东京》。这部 20 分钟的电影短片讲述了一段寻找的故事：男主角阿风与女主角阿丽是高中时相恋的同学，毕业后在不同的大学就读，各奔东西，一直没有联系。大学毕业后在东京新宿车站拥挤的人群中偶遇。两人相互回忆前几年的经历后，并表白了高中时对对方的爱慕。但在涩谷的十字路口——这个世界上最拥挤的地方，二人又意外分散。最终两人在涩谷的十字路口打转打圈地相互寻找，却始终找不到对方。影片临近结束，阿风给自己拍照，显示屏中又出现阿丽的身影，但他们相互都没有发现对方，继而交错分开，消失在人群中。金行征用相遇（高中）——分离（大学）——再相遇——再分离——影像相遇——最终分离的简单而反复的情节表达他对人生聚散、命运离和的无奈以及对于因缘的思索。影片设置了两个十字路口：相遇在十字路口，又分离在十字路口。预示两人的相遇在交叉点上，注定短暂相见并最终分散，继续各走各方。看完电影的人都觉得片子中微微透出了一种无奈与悲观的情绪，对此，金行征不认同，他觉得那是他对于人生的一丝复杂情感体验，单纯从价值角度评价它是不公平。

金行征不仅关注精神体验，他也关注身边的现实生活。2011 年 7 月金行征游走的脚步回到柏林，并在柏林艺术大学首映了他的三个短片《二号楼》、《邂逅东京》和《推销者》。其中《二号楼》就是他具有现实主义特色的纪录片式的故事影片。二号楼是金行征在柏林住的最久的一个地方——从 2008 年 11 月开始，他就一直住在那里。这栋国际化的公寓有 18 个房间，作为这栋楼里最老的居民，金行征目睹了前前后后二十几个国际留学生的学习、生活、情感、朋友，包括他们的快乐激情和心酸痛苦。在金行征电影中出现的这 18 个人中，男女人数相当，分别来自中国、德国、西班牙、葡萄牙、俄罗斯、乌克兰、约旦、印度尼西亚、蒙古、巴西、保加利亚、波兰、也门 13 个国家，每个人都在柏林不同的学校求学，每个人都有自己动人的故事。

金行征说留德经历对他的设计创作和研究产生了很深的影响，不仅仅让他有了站在国外看中国的机会，也让他拥有了开眼看世界的视角。金行征说旁观者清，如果你站在另一个角度看事物，你就会看到更多的信息。对于他自己来说，在国内读过大学，也当过老师，而又重新来德国学相同领域的专业，这让他首先会常用比较法，从不同的出发点看待同一个问题。

现代设计大师中，金行征很推崇尼克劳斯·特罗克斯乐（Niklaus Troxler）的平面设计作品，他说尼克劳斯的平面创作对自己的影像语言设计启发很大。

尼克劳斯是目前国际上最知名的瑞士设计师之一，现任教于德国斯图加特艺术学院。他的海报与 Willisau( 不到万人的瑞士小城 ) 的爵士音乐节紧密地联系在一起。从 1975 年起，他组织了 Willisau 的爵士音乐节并一直为这个音乐节设计海报。他的每张海报都有新的表现手法，很具有象征性的意义与精辟的表现力，是个很了不起的设计师，真正有不断创新精神的设计师。

金行征对德国设计师马蒂斯 ( Holger Matthies ) 与日本设计师田中一光 ( Ikko Tanaka) 也推崇备至。他说 Holger Matthies 是他了解德国设计的开始，这位被称作视觉诗人的作品对自己的创作影响很大。田中一光则是个兢兢业业的设计师，是把日本的传统与现代艺术结合最好的日本设计师。田中在 20 世纪 50 年代提出了“手法可以借鉴，概念决不混搭”的理念，并感染了整个日本设计。金行征是个很传统的人，因为他推荐的这两个老牌设计师，前者退休了，后者今年刚刚过世，金行征说我们可以看到他们一生完整而辉煌的艺术生涯，在他们的身上有很多东西是年轻设计师可以借鉴和学习的。

当然，对于老牌设计师的推崇并不代表金行征设计观念的守旧，相反他对于创新倒有着自己“创新”的理解。他说，“如果说，‘创新’是当下时髦的话题，这说明时代缺少它”。创新包含了更新，创造新的，还有改变的意思。不同的时代不同的领域都在创新中发展。而相对平面设计这个小领域里，创新的观念极为重要，因为经常要做新的课题与项目。金行征认为“创新”主要体现在“新”，新的形式，新的理念；而它的原动力是“创”，就是实践，一切在实践中体会新的东西。所以他觉得创新要靠投入时间，投入实践，用心去做，要用多方案、多比较、多放弃的实践。有时在创作中会有一时的“想法”，所谓的灵感，但这灵感往往只是一个小点，一个点子而已，还需要大量的深入探讨。

作为身在西方文化圈中的中国人，金行征的很多创作都离不开他生活了几十年的东方、中国等课题，对于民族与世界的关系，金行征看得很淡定。他认为在国际化全球化的今天，很多民族文化被边缘化，这很可惜，但并不代表文化的退步，最主要是怎么看待民族与世界的融合。传统的文化是具有特殊性与民族性的，而现代文化则是具有普遍性与世界性的。所以我们要打破自身传统封闭，使民族文化融入到世界之中。同时也应保持民族文化的相对独立和多样化。

与当下许多设计师不同，金行征坦诚除了自己的创作之外，他对社会、政治和经济领域的事现在还处于旁观状态，因为他现在处于学习与研究自己的专业领域阶段。他说如果你在国外，就会更清楚的看到中国的发展与社会的变革，所谓“旁观者清”，因为你会更多的看到国外与国内的媒体报道，加上亲身的体会，会更客观的看到这个社会的发展变化。当然他现在最关注的还是自己的专业领域——平面设计与媒体艺术的发展。金行征对新媒体艺术的体会更深，他是或现在的媒体艺术由于技术的更新与软件的开发与应用，发展的很快，经常看到新的事物，有时想学都来不及，如 Processing 与 Ardoino 软件的应用，就给视觉设计增加了新的色彩。

临了我想请金行征谈谈他认为的好的设计师是什么样的，他说评价一个好的设计师，本身没有定律可言，但有两点很重要：一要看他或她的作品是否对社会做出贡献，也要看他或她的理念对艺术领域是否有真的前瞻性或起引导作用。对于自己有无这样的潜质，他只是笑笑："潜质要从实践中来。能展现潜质的人肯定是勤于探索研究的人，肯做实验的人。我现在具备的是可以自由发挥我的想法，做我想要做的事。"

≯ 184–185

濒临灭亡　海报设计

≯ 186–187

## 濒临灭亡　海报设计

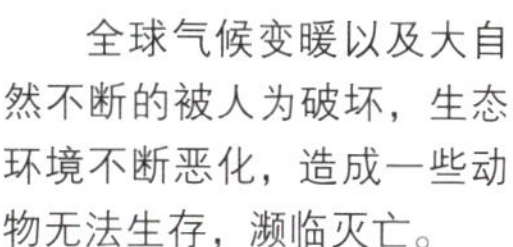

全球气候变暖以及大自然不断的被人为破坏，生态环境不断恶化，造成一些动物无法生存，濒临灭亡。

Alkohol ist
ein Gift
Die Körper von Kindern
und Jugendlichen sind
genauso schwach wie
dieses vom Alkohol
einfach zu verletztende
Papier.

Alkohol ist
ein Gift
Die Körper von Kindern
und Jugendlichen sind
genauso schwach wie
dieses vom Alkohol
einfach zu verletztende
Papier.

## 酒也是毒　海报设计

现在喝酒的人有越来越年轻的趋势，甚至青少年与小孩子酗酒严重。4 张系列海报让青少年与小孩子少喝酒。海报上的德语意思为：青少年与小孩子的身体就是像这些餐巾纸一样脆弱，很容易受伤，一旦被酒侵蚀，将留下可怕的疤痕难以退却。

帅军的童年　电影短片

作品入围第 51 届捷克布尔诺国际短片电影节

导演：金行征　　　　长度：21 分钟
摄影：金行征　　　　色彩：彩色

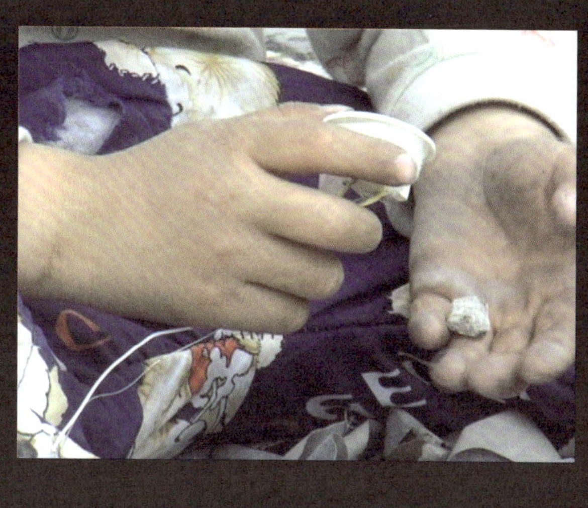

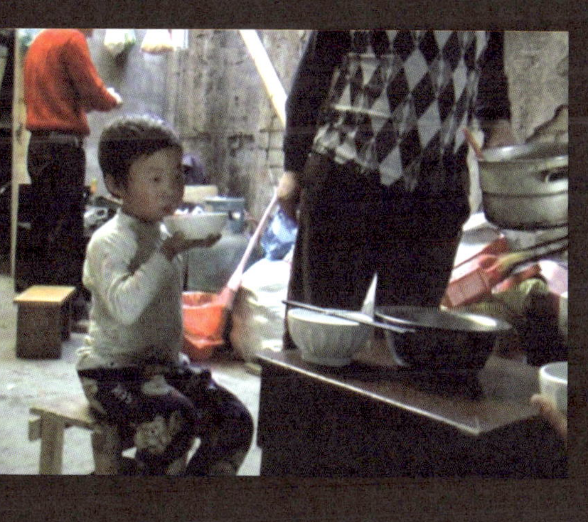

中国是当代世界发展与变化最快的国家，特别是在中国的东部城市。让人印象深刻的城市里的房子拆迁与高楼住宅的建设。然后，经济发展了，但人民的贫富差距在不断地扩大，甚至有些人只能去收集废旧物品为生。

影片讲述了一个 5 岁的小孩子，名叫帅军，出生并长大在一个废旧物品收购站的故事，以真实的记录他在那里玩耍、寻找、吃饭、学习并帮助他妈妈整理废旧物的片段。

## 转折点　海报设计

这是齐达内头攻对方的一瞬间，是这场球生死攸关的转折点，也是他人生的转折点，这个点为一张红牌。这张海报是我 2008 年考进柏林艺术大学的主题作业。

## 初学外语　海报设计

刚刚学习一门外语时，总是这样说话不流利，打岔，这是初学外语的深切体会。

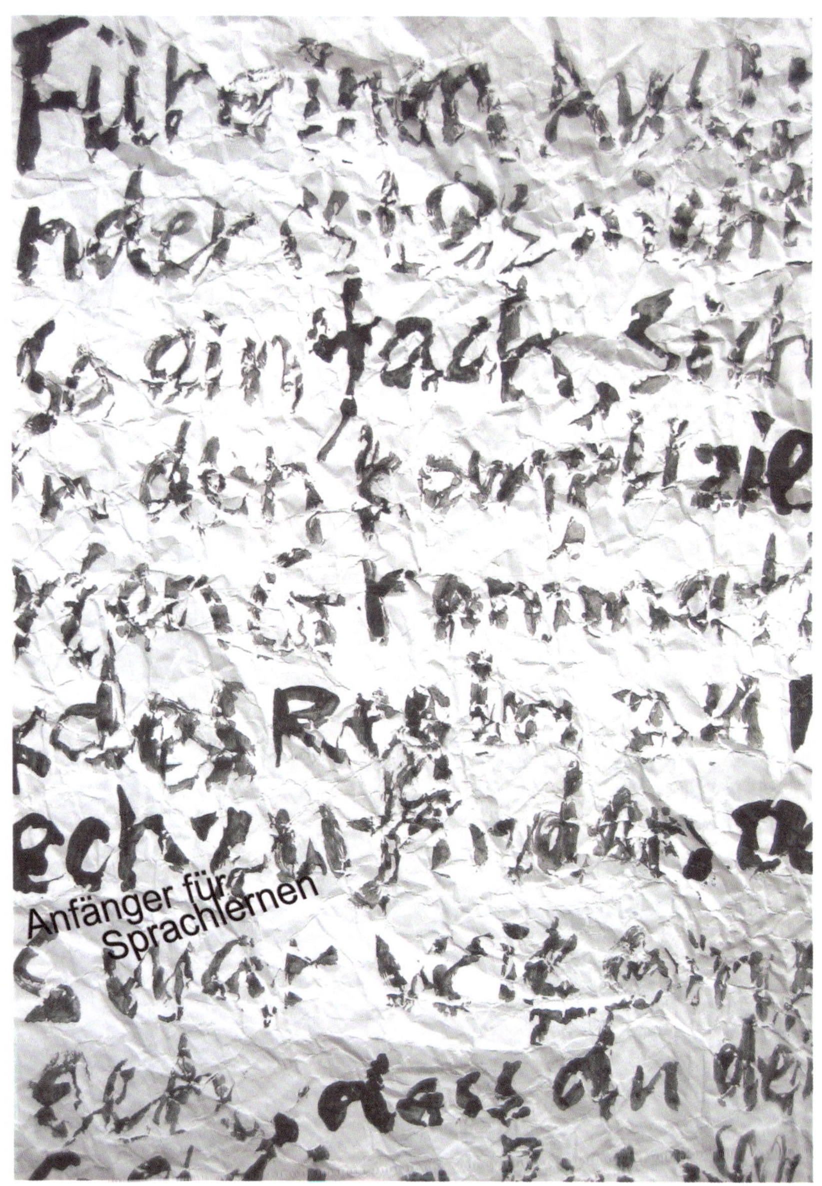

# 辛静

1981 年生于青岛。

设计师。

纽约字体指导俱乐部（Type Directors Club）会员。

2010 年，从纽约回国后创建 jingprojects 工作室。

2008 年，获邀参与“可口可乐 WE8 东西群音绘八方”，并作为中国潮流艺术家代表获颁“live Positively”奖项。

2007 年，2×4 设计事务所任设计师。

2004—2007 年，中央美术学院王敏工作室硕士研究生。

2000—2004 年，中央美院设计学院视觉传达设计专业。

CCTV 新台址指示系统。

NIKE 百战百胜展览。

PRADA 2011 春夏时装秀。

Storm King 艺术中心 50 周年展。

# 从北京到纽约

**新锐成长：** 谈谈您现在的工作状态或创作情况，以及 2×4 的设计理念，工作范围。

**辛静：** 2×4 是一间综合性设计工作室，平面、空间以及产品，甚至时装方面都有涉及。但是最主要的业务还是聚焦在品牌战略，视觉系统规划上面。它的设计理念可以归纳为策略上的极度的理性和视觉表达上的极度“野”性。这个“野”是创意的极致和表现手段的无限可能性。

2×4 的总部在纽约市，因为接到央视大楼的导视系统设计项目，2007—2010 年之间曾经在北京设立过一个工作室，我就是在那个时候加入 2×4 的。央视的项目之后，我在纽约总部工作了一段时间，回国后就着手做自己的工作室了。

**新锐成长：** 您觉得在国内设计团队和国际设计团队有哪些区别，工作方式上有什么不同?

**辛静：** 我想主要是意识形态和文化背景的差别。2×4 的设计师队伍非常国际化，美国、韩国、荷兰、西班牙、中国甚至东欧国家，每年还有很多来世界各地的实习生。这种多元文化的融合和碰撞很有意思，在开创作会议的时候体现的格外明显。

国外的团队通常在一个项目开始前，都会花大量的时间做调研工作，并且有针对性的梳理。这个步骤对于设计师而言是一个很好的参照，在面对客户的时候又是一份非常有说服力的引导，在这个数据面前他们很容易认同你的方案。

**新锐成长：** 很多人当下的生活或工作状态都受到以往生活经历的影响，在您以往的人生经历中有哪些对您影响比较深的人或者事?

**辛静：** 每个阶段都出现对我影响比较深的人和事物。比如我本科和研究生时候的导师，谭平和王敏教授，他们会提供很多机会给学生参与到像奥运这样的设计项目中来。在 2×4 的这段经历对我来说既是工作也是学习，他们的工作思路和方法也会指导我以后的设计。

**新锐成长：** 谈谈您比较认可或推崇的几件艺术或设计作品，自己的或别人的，艺术的或非艺术的，设计或非设计的，以及您对这些作品的评价或推崇他们的理由。

**辛静：** 好的艺术或设计作品其实非常多，或者赏心悦目或者功能不凡。但通常这些东西是在你看到它的那一刹那被触动的，在那个时间点上你会觉得它很好，未必能留下长久的记忆。尤其是在当下这个鼓励快速消费的时代。我在纽约工作期间，曾经被一对夫妇好友邀请回他父母在 vermont 的家中做客，就是那种非常传统的美国家庭。他的父母年纪都很大了，但他们住的房子是老夫妻俩一砖一瓦自己盖起来的，前后加起来一共花了 10 年的时间，甚至到现在，顶楼的工作间也没有完全竣工。家中的摆设很多也是老人闲暇时的手工：门挡是彩绘过的方砖，地毯是废旧衣料和毛线织成的。这个“家”完全就是他们两人的“作品”，虽然朴实无华，但给我的感动是持久的。

**新锐成长：**“创新”是当下非常时髦的话题，您是怎么理解“创新”与“创新思维”的? 从您从事的领域看，您认为什么样的作品才是“创新的设计作品”?

**辛静：** 创新可以理解为创造新的东西，也可以理解为更新和改进。在设计领域比较常见讲法就是“原创”和“再设计”( re-design )。创新的设计作品通常都能够给受众带来耳目一新的感受，为产品带来更大的附加值。

**新锐成长：** 时尚和艺术设计的对接或者说共通和区别？比如前一段的Prada时装发布在美院举行，您是怎么看待的？在参与设计时是怎样考虑把两者结合的。

**辛静：** 时装设计是艺术设计的一个分类。品牌是时装工业的核心，Prada这次的秀可以说是借助美院美术馆这样一个场地优势，结合院校的艺术教育背景成功地提升了自己的品牌价值。这场发布会其中一个环节就是Prada邀请设计学院的学生围绕这次发布会的主题展开创意，制作了几只短片，并在当晚的Party上展出。策划这个学生项目的出发点就是充分发挥到场地的地理优势，并且把品牌乐于吸纳新鲜灵感、资助教育、回馈社会的理念结合到其中的。

**新锐成长：** 现在的时尚和以前所讲的“美”好像有一些不同，很多时尚都超出了一般美的范畴？您是怎样看待的现在的时尚？如Lady gaga？

**辛静：** 现在的“美”好像都是话题性的，比如您提到的Lady gaga。互联网提供给我们无限宽广的舞台和远远超出过往的话题传播速度。由话题引发的美丑议论很快就会过去，被新一轮的话题覆盖。这种存活期的短暂和时尚是很相像的。

**新锐成长：** 请您谈谈目前您正在关注或思考的问题，社会的、政治的、经济的或者艺术的都可，您认为如何解决这些问题？

**辛静：** 最近很大的一条新闻就是关于苹果领袖 Steve Jobs 去世。我想可能再也没有哪位商界人士会像 Steve Jobs 辞世这样给带给社会大众如此广泛的波动和影响了。这种影响的根源在于苹果产品的深入人心，比如 iphone 已经变成街机的代名词一样。苹果的厉害之处就在于它能够透过一款产品影响甚至改变你的生活方式。很多人一边抱怨苹果有这样那样的问题，一边乐此不疲的在 iTunes Store 里下载更多的应用程序，甚至去超市购物都会用 iphone 比价。从价格上看，苹果会比同类产品价格高出一倍甚至几倍，但是它还是买的很好。因为设计给它带来的附加值实现了最大化，这种引导消费的设计是中国目前所匮乏的。

**新锐成长：** 您目前关注或思考的这些问题会影响到以及会如何影响到您的艺术或设计创作?

**辛静：** 这种影响可能并不是我主观意识上一定要怎么样的，它往往是潜移默化，无意识、自然发生的。

**新锐成长：** 您认为我们应该从哪些角度去评价和判定一个好的设计师? 您认为最能展现一个设计师未来潜质的因素在哪儿?

**辛静：** 设计师的心态非常重要。是否能够保持对周围事物的敏感，并且把握这种感受将其转化到自己的设计作品中，是否能够排除外界干扰，一直保持对自己所做事情的热情和新鲜感在我看来是评判一个好的设计师的关键，与人沟通协作的能力也是很重要的因素。

**新锐成长：**请您给我们推荐一两位您推崇的设计师或艺术家，谈谈他或她对您有什么样的影响，您推荐他或她的理由是什么?

**辛静：**原研哉。对美的敏感，对生活的洞察力。

**新锐成长：**对于目前学习设计专业的大学生你有什么建议，或者想跟他们说的?

**辛静：**多思考，多实践。

**新锐成长：**请您给自己做个评价或者总结吧!

**辛静：**能够以爱好作为职业是一件愉悦的事儿，我很幸运。

jingprojects.com
MR.
RABBIG
兔大爺

## Mr. RabbiG　玩偶设计

尺寸：120mm×80mm

兔大爷诞生于2011年，是在中国民间传说“兔儿爷”的形象与风格基础上设计而成，同时做了一些艺术创新。

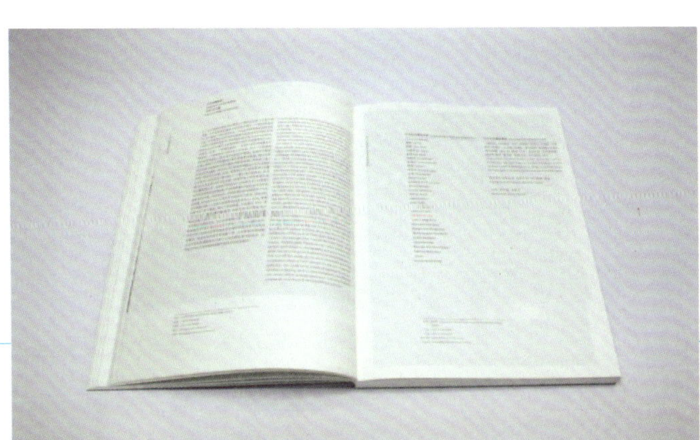

BEIJING
DESIGN
WEEK

## 北京国际设计周 2011　活动宣传

北京国际设计周是一个沟通的平台，是东方与西方、北京和世界、设计师和用户、产品和环境之间的对话。对话是一个可扩展的身份识别系统，可以很容易地让中国的印刷术和各种类型的大量信息同时保持视觉的一致性。艺术总监：Michael Rock

北京国际
设计周
BEIJING
DESIGN
WEEK

北京国际
设计周
BEIJING
DESIGN
WEEK
北京国际
设计周
BEIJING
DESIGN
WEEK

北京国际
设计周
BEIJING
DESIGN
WEEK
BEIJING
DESIGN

北京国际
设计周
BEIJING
DESIGN
WEEK

, Beijing Design
not be a singular event,
a citywide platform,
from exhibitions,
installations and product launches
to workshops, conferences and
a Global Design Summit will be
coordinated with one mission
in mind: to activate the city
with design.
Whether in communication,
industrial and sustainable design
furniture, architecture and
Beijing Design Week will
and deepen ties between
and the design sector,
and designers, brands
ideas and objects.

way forward.

As China enters the next stage in its development, it's seeking new ways to spark creativity, improve lives and share in its responsibility to build a better world. Beijing is taking the lead.
Already a center of contemporary art, film, performance and other creative areas, China's capital is furthering the 2008 Olympic legacy of sustainability, technology, people and culture by looking to design. The time is ripe for growing businesses and engaging the public, sharing ideas and nurturing talent.
Beijing
is
Ready.

in design.

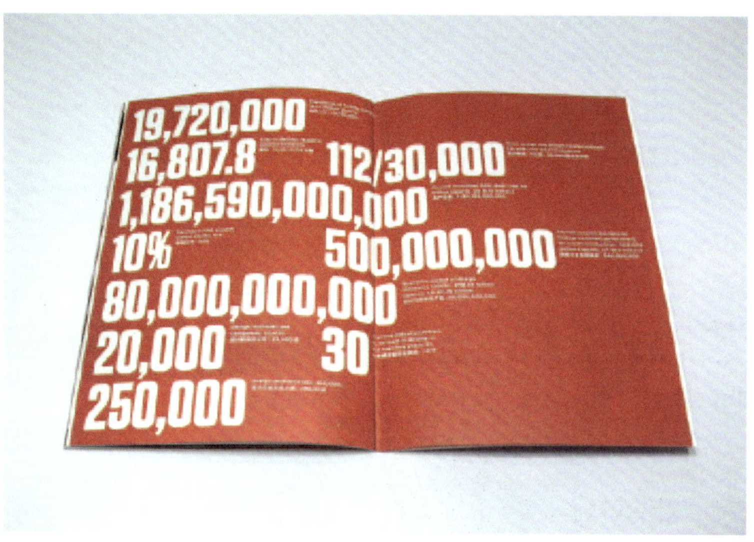
19,720,000
16,807.8
112/30,000
1,186,590,000,000
10%
500,000,000
80,000,000,000
20,000
30
250,000

设计
2011
09.28
10.03
WEEK

# 北京国际设计周 2011　网页设计

2008

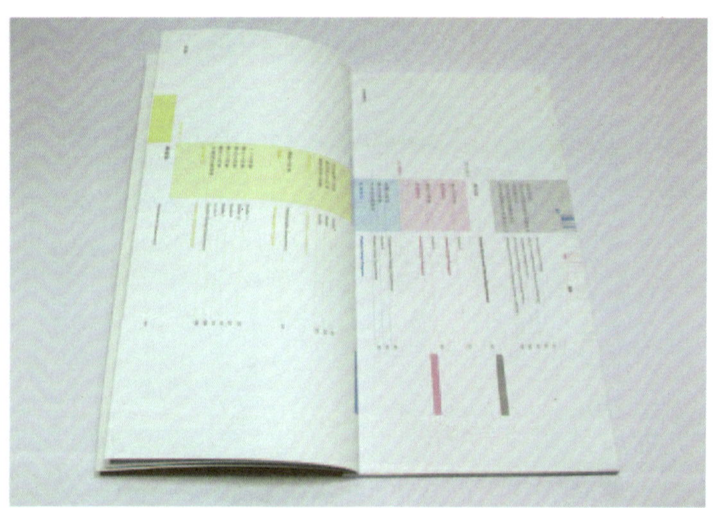

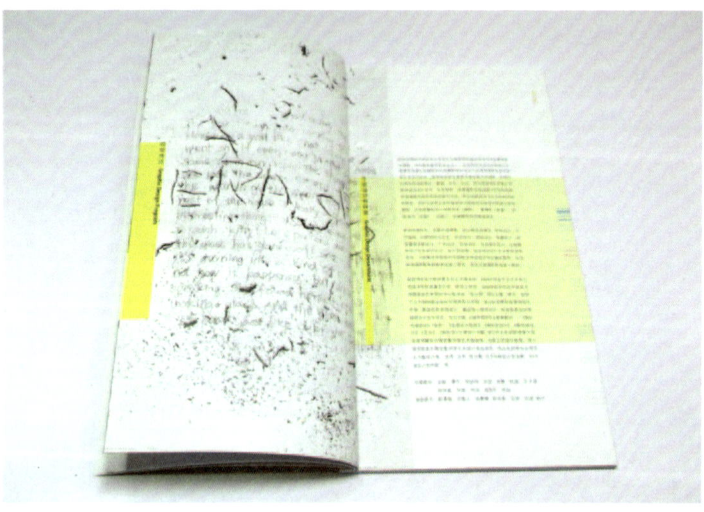

2005 年为中央美术学院设计学院所做的宣传册，在延续旧的开本尺寸的基础上，打破学院固有的灰色基调，运用明快的色彩呈现出设计系转换为设计学院的新面貌。

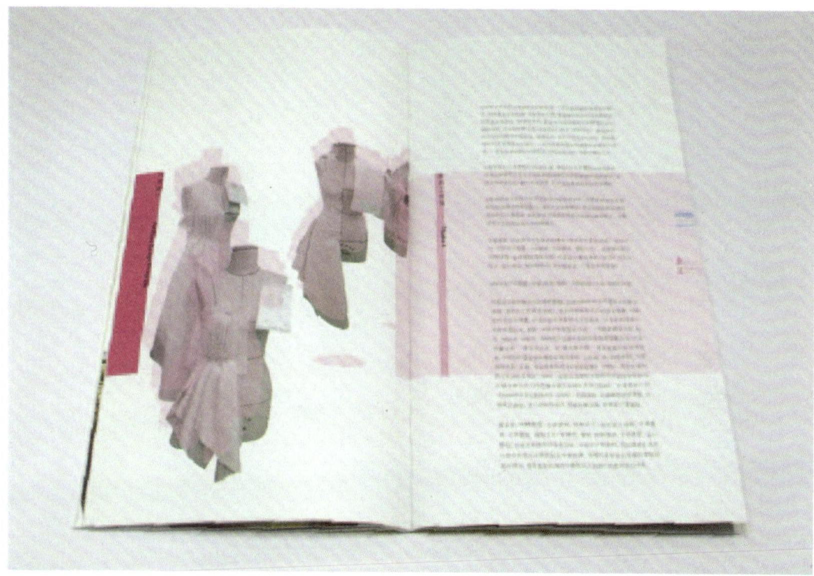

## 奥山清行讲座海报

尺寸：841mm × 594mm/1000mm × 700mm

为汽车工业设计师奥山清行在中央美术学院讲座所做的海报。

英文字体试验。以完整的圆形为基础，在不断开线条的前提下，弯转扭曲为 26 个阿拉伯字母。

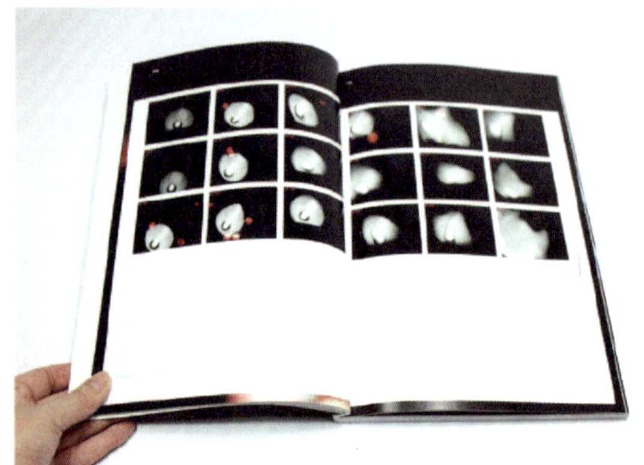

以“夜”作为主题和出发点，这种跨学科的 10 天的设计工作坊为有关专业的学生和教师提供了一起工作的机会。从最初的概念、图像和声音的集合，到最后阐述，这本书完整记录了工作坊的整个过程。

↗ 220–221

ashé
Cool

Ice Cream
ashe

ashé

## Ash é identity 爱匙甜品店

网页设计　视觉识别设计

# 王志

1964 年，出生于山东济宁。

外文出版社编审，中国美术家协会会员，欧美同学会会员。

1987 年，毕业于山东工艺美术学院。

1994—1997 年，留学日本，先在日本东亚学院和东京大学学习，后就职于日本公司。

2009 年，考入中央美术学院数码媒体专业研究生，获艺术硕士学位。

1993 年，在法文杂志《中国文学》发表油画作品《你与我》，并附有画家评论文章。

1993 年，设计作品英文版《三国演义》套书获第四届全国书籍装帧艺术展三等奖，中央展区二等奖。并在 1995 年被评为中国外文局第四届优秀装帧设计二等奖。

整体设计作品英文版《中国民俗》画册获第四届全国书籍装帧艺术展优秀奖。该画册还被选为全国政协领导人出访的国礼。

1995 年和 1996 年，其油画作品《猫与女》、《追》分别入选中日合同美术展（东京日中友好美术馆展出）和亚洲现代美术展、泰国国际展（东京都美术馆和泰国美术馆展出），《追》还获得亚洲现代美术展泰国国际展海外展选拔赛。

1999 年，策划了在中国美术馆举办的《中国——我的梦、我的爱》大型摄影展，并策划出版同名画册。画册获得“2000 年北方优秀美术图书金牛奖”（一等奖）。

2004 年，撰写的《从图书市场看书籍装帧设计风格的国际化和本土化》获第六届全国书籍装帧艺术展优秀论文铜奖。

2004 年，出版中外文版摄影画册《潘家园——东方寻宝乐园》和《带您游什刹海》。

2011 年，创作了影像艺术作品《本命年》。

# 在书籍中找寻设计的乐趣

王志是我们采访的设计师中年龄最大的几位之一，也是我们的老朋友了——过去的几年里我们先后策划的好几本设计图书都在王志的手上美妙呈现。王志现在主要在外文出版社从事出版物的策划、编辑等工作，看似跟艺术和设计相关的事务不多，但王志其实是“根正苗红”的设计师。

王志的艺术设计教育经历可分三个阶段：第一阶段是热情洋溢的大学时期，1983—1987 年他在山东工艺美术学院装潢专业学习。这一时期人们刚开始认识设计，设计院校也凤毛麟角，山东工艺美术学院的老师大部分是中央工艺美院分配来的，有些课程也是摸着石头过河。那时的“设计”和“工艺”是分不开的，但那时开的如“超级写实”、“抽象艺术”和“人体课”等基础课程还是比较前卫的，也对他今天的绘画创作产生了影响。那时的一些课堂习作至今还挂在王志家里。王志读书的学校在济南著名的千佛山上，他们那个班是全校闻名的“和尚班”——全部为男生。当时上人体课时，画室里静得出奇，有的学生画得太痛苦，认为自己的表现技法太拙劣，表现不出人体的自然美，懊恼地把涮笔的脸盆都摔了。别人看后认为这些学生不太正常，甚至有的老师建议以后的招生中应该适当增加女生的比例。王志现在想起这些来还都乐得想笑。

第二阶段是在日本留学时期。20 世纪 90 年代王志先后在东京大学和东亚学院学习日语。1996 年他也尝试重回学校学习设计，于是报考了东京上野公园附近的东京艺术大学设计专业。东京艺术大学是日本最高艺术学府，当时的校长是平山郁夫。王志回忆说东京艺术大学和当年山东另一所艺术院校山东艺术学院有点类似，分南北两个小院，音乐和美术各成一园。当时考生被要求每人需在一间房里布置自己的作品。考试时在一间有很大天窗的教室里任选石膏像画，王志从来没见过这么多石膏像。在色彩考试时，他们每个人面前都放了一个精致的本色的长条木盒子，打开木盒子后面有碎冰覆盖着一条硕大的鱼，考试规定各种表现方法你都可以使用。当时王志印象比较深的是从日本武藏野美术学院毕业的一位韩国女留学生，她画的很是雅致清淡。王志在面试时还要交一篇论文，面试老师是 5 位日本教授，其中有位教授问王志你已经就职于日本公司，为何还要进学校学习？王志回忆说自己当时的回答有点模棱两可，因为对于已经能拿到“人文知识国际贸易”签证的外国人来说是几乎没有再去读书的，他已经算是很另类了。

第三阶段是在中央美术学院读数码媒体专业的硕士研究生时期。从 2009—2011 年，这两年对王志来说是一个不小的跨越。从设计到出版，再到数码媒体，王志不断变换着自己的角色。在这一时期王志接触到互动装置艺术和影像媒体艺术，以计算机“编码”和“解码”进行创作和课题研究，并与一些中外艺术家进行了交流，对设计领域的拓展和艺术的认识有了很大提高。在“熏”的过程中，王志逐步又选择地进入了自己想研究和专攻的方向。王志说和年龄差距大的学生们一起上课，也是挺有意思的一件事情。

王志的工作主要是从事对外出版物的策划、编辑、设计出版，和媒体打交道。王志说这些都是自己喜欢的东西，做编辑也可“自由”地东窜西逛，基本上从选题策划到责任编辑与设计于一身，很多方面是应用艺术设计的思想和方法来进行“创作”，这种理解编辑的区别在于“创作”的成分。其实王志在做一本外文版图书时，基本上也是按一件“艺术设计”作品来完成的。王志认为用自己的设计强项来打造的图书肯定比别的编辑更有优势。王志曾经在地铁里看到两位女大学生拿着他编的书津津有味地看，时不时他还能收到国内外读者的来信，这些都让王志非常得意和满足，他觉得自己的设计在不知不觉中得到了传达。现在绘画也成了王志业余生活的一部分，中央美术学院一位油画老师夸赞王志的状态很好：想画就画，没有压力，很可能会出些好作品。

王志虽然主要从事书籍设计，但他的关注视野却不仅仅局限于平面设计领域，他对纯艺术创作、新媒体甚至艺术策划都有着浓厚的兴趣。王志很喜欢新媒体艺术家缪小春的作品，在中央美术学院也听过缪小春的课。王志觉得缪小春那光秃的头好像是个地球，缪小春的艺术来源于这个“地球”。当听到有同学回答问题时，缪小春总是带着标志性的微笑说：“太有才了。”缪小春在大学学的是德语，在中央美术学院又学的史论，后来到德国卡塞尔美术学院学摄影，回国以后在中央美术学院任教，并创作了很多数码影像作品。缪小春的作品《创世纪》，本身就是运用数码技术对古典艺术的再现，媒介的转变同时也是对艺术和文化的重新思考。王志认为缪小春对这幅作品的沉思引发了更多对自我的重新阐释，缪小春不仅改变了图像的内容，也改变了图像的形式。在这个特定的作品中，艺术和思想的历史成为缪小春自己的——他的历史和他的故事。

在中央美术学院的学习期间，王志也试图通过影像与多媒体的形式阐释他对于艺术创作与设计的思考。2011 年王志创作了影像艺术作品《本命年》，内容主要是讲述主人公在本命年里与兔子的故事，时间定格在 2011 年 5 月 26 日。主人公曾在公园庙会上套圈套到一只小兔子，几个月后兔子长大，家里不能放了，楼道里保安也不让放，主人公只好带着兔子去上班。但地铁安检人员也不允许带兔子，主人公带着兔子走在马路上还看到许多假兔子，偷偷带到单位也怕别人看见。下班后主人公决定把兔子放生，让它回归大自然的怀抱，但最终因不舍而带回兔子。邻居张大妈要求带回兔子替养几天，后来张大妈送来一盘肉馅水饺，主人公边吃边想着什么？最后画面定格，空盘子上出现字幕，音乐响起。这个片子完全是一部意识流的略带荒诞的实验性短片，片子把一些极具生活化的细节常态，运用蒙太奇的手法进行剪接，真实地再现了兔子与兔年人们的生活现状，并从另一侧面讥讽了一些披着斗蓬的假兔子。片子的手法虽然是荒诞不经的，但兔子和生活在兔年的人却都是真实的。王志说，生活和艺术永远都是那么藕断丝连、似是而非，没有必要一定将两者无缝对接或者迥然对立。

从绘画到设计再到影像媒体，这是王志喜欢的一种变化和挑战自我的一种方式，跨越和跳跃会出现新的自我。王志会在自己的绘画中不自觉地融进设计和数字影像的因素和成分，而他从事设计和影像创作时也同样如此。中央美术学院一位教授评价王志“他的思维方式是发散式跳跃性的”。

确实如此，王志很喜欢他周围那些看似不务正业的同学或者朋友，比如两位早年中央美术学院的毕业生董梦阳和翁菱。董梦阳是“艺术北京”的艺术总监，这位画廊人眼中的金牌服务商，正用自己的双手逐步将拥有着庞大数量艺术区和艺术家的古城北京塑造成未来的巴塞尔；翁菱是“前门 23 号”的天安时间当代艺术中心的艺术总监，从画廊总监再到策划和制作中国第一档高端跨界艺术文化访谈节目《艺文中国》，翁菱不断转换着自己的角色。王志很羡慕艺术设计给了翁菱成功“跨界”的资本，当然更钦佩她用别样的精彩诠释了艺术的魅力。王志笑着说他保不准哪一天也会有这样的动作。

王志是做外文图书的编辑与设计的，他又有过日本留学生活的经历，所以他对民族世界、传统现代这些范畴有自己独特的理解。王志说在艺术或设计创作中不应该存在“民族与世界”和“传统与现代”的束缚，而是要不断地去打破这些条条框框。他举例日本设计家原研哉（Kenyahara）的设计作品：原研哉的设计让我们进入了另一个世界，不是过去的世界，也不是今天的世界，而是未来的世界。“认识未知是设计的开始”，艺术家或设计师创作要有前瞻性是非常重要的。王志说，当我们提到“皱纹、褶皱”（Shiva/Wrinkle）时，大多数人的感觉是恐惧加厌恶。原研哉和他的学生们不再将皱纹与人连在一起了，他们给鸡蛋、粉饼、枕头加上皱纹，这些皱纹不再那么恐怖，而是充满了情趣和新鲜感。他们还收集邮寄物的褶皱、河流的褶皱、洗过的衣服的褶皱甚至手的褶皱。如此，当人们再提起皱纹感觉便不再是可怕，而是好奇，那里面可潜藏着一个大大的未知的世界，一个想象的世界，一个通过设计的世界。在王志看来，皱纹是不存在国界和民族，更不因时光的变迁而有所差别。创新的设计正是这样——超越桎梏条框、超越狭隘语境，变为通识的，为多数人所接受和理解的。所以当我们向王志提起创新的话题时，他突然间兴奋了起来，仿佛是憋了很多话在等着我们。王志认为“创新”是时代发展的动力。一个人、一个民族、一个国家都要有创造力，没有创作力就没有生命力，也就没有新的事物产生和社会的发展。不光搞设计的人要有“创新思维”，其实人人都应该有“创新思维”，这对设计者很重要——如果客户没有“创新思维”，那你就无法和他沟通；如果是你的领导没有“创新思维”，你也和他无法交流，更难达成一定的共识。一个人要具有“对世界的想象力”，这种想象力决定了你的胸怀和胆识，也决定了你的思维模式是在哪个层面上的，“创新思维”的基础应该是培养人“对世界的想象力”。如中央电视台的“大裤衩”设计就是一件创新性的设计作品，不管有多少人批评，有多少人不理解，它确实屹立在那里，人们会逐渐欣赏它，最重要和有趣的是它会逐渐改变人们的思维模式。

作为一个出版行业媒体人，虽不如报纸、杂志、电视等媒体行业那样紧随时代和社会，但王志也会关注一些社会热点问题。王志认为一些社会现象会引起每个人反思，这些反思逐步会形成一定的认识，自然会影响到设计师的艺术设计创作。艺术家曾梵志的“协和医院”系列油画，刘小东的“三峡移民”都是对社会普通人的生活的关注和体验，正是这些体验成就了他们不凡的艺术作品。王志试图用自己的亲身经历证明，不要把自己束之高阁与社会脱节，去体验各种现实生活，把自己融入社会，并在社会上享受生活才能创作好的作品，也才是真正的正确的生活态度和习惯。王志刚去日本的第二天就骑着自行车从东京市中心后乐寮宾馆出发，沿东京的 JR 线（中央线地铁）向西旅行。那次王志连续骑了 8 个小时，不懂语言，就边比划边问路人，中途还迷了路。最后在天黑前成功回到后乐寮宾馆，王志心里有一种说不出的喜悦。连日本人都吃惊地说他真了不起，因为日本人也没有这么干过！王志一直把那次疯狂的远行看做是自己了解日本社会的第一步。

王志通过各种各样的方式表达他对社会的关注或思考，而这些思考又反过来在移默化地影响了他的艺术与设计创作。比如王志在策划、责编、设计英、法文版图书《中国风格——吴建民的大使生涯》时，从图书的策划、编辑到版式的设计、印刷工艺等都贯穿了自己的设计理念。这种一揽子式的设计创作过程是通过跟设计之外的社会因素打交道实现的：王志申请经费要一级一级向上打报告、要和作家协商采取什么样的写作手法、要与印刷厂沟通购买何种纸张和材料。王志认为对作品的负责也是对社会的一种责任，只有如此你的作品才能更好地影响他人。

王志不肯将自己界定为设计师或出版人中的任何一个，他说自己是多元的，他也很享受自己的这份多元。但王志对设计师的评价有自己的标准，他认为社会应该从发展的眼光去评判一个好的设计师，从不好到好是一个发展过程，如椭圆形的中国国家大剧院，曾经有很多科学院院士反对，认为在天安门周边有这么一个椭圆形的建筑不伦不类。但现在如果你沿长安街走一圈，你会认为这是一位优秀的设计师创造的一件动人的伟大的作品。王志说最能展现一个设计师未来潜质的因素是他“对世界的想象力”。

王志在日本的学习和生活经历对他的职业和人生产生很大的影响，起码那段经历让他意识到艺术和设计是有力量的。王志刚到日本时认识一位计算机公司的社长叫定隆司，那人是一个小个子，胖胖的有些秃顶。王志曾经形容他是地上掉下一颗针，他都能从地上拣起来，吹去浮土，并当新品卖个好价钱的聪明绝顶商人。有一天定隆司突然消失了——这在日本公司是很罕见的，公司美丽的女会计给他打手机，他也不接。傍晚时分，定隆司笑眯眯地回来了，告诉王志说去中日友好会馆美术馆看王志的作品了——当时王志的一张油画在那展出。定隆司还极力推荐另一位公司的社长也去看，并暗地里鼓动这位社长来购买王志的画。诸如此类的事情还有许多许多。作为学习设计和艺术的过来人，王志很迫切地想把他的这些体会和经验告诉给学习设计的大学生们，希望能激励和鼓舞后者。王志说，对于设计和艺术，一要学好“技术”，二要提高“修养”。“技术”是硬件，“修养”是软件。如交互设计的计算机编程是“技术”，而它的设计水平体现在“修养”上。作为一名大学生应该多层面地学习，多读书。当然，随着设计行业领域和对外交流的不断拓展，学好英语更是打开设计之门的一把便利之钥匙。

王志不愿意给自己下评语，就像他用不置可否来回答我们“设计师和出版人哪个角色更符合他”的问题一样，王志对自己的总结始终围绕着具体的工作——书籍。他说：“在一个自己喜欢的工作岗位干着一件平常的事情，每天都在不断创造着自我，当出来一部很好的外文图书时，我会有一种喜悦和骄傲，因为书里有我的设计贯穿其中，也有我对艺术的理解隐藏其中。”这是一位出版人兼设计师的心声——两个角色我们都使用了——真诚地祝福他，更希望他不要介意我们的“下定义”的鲁莽。

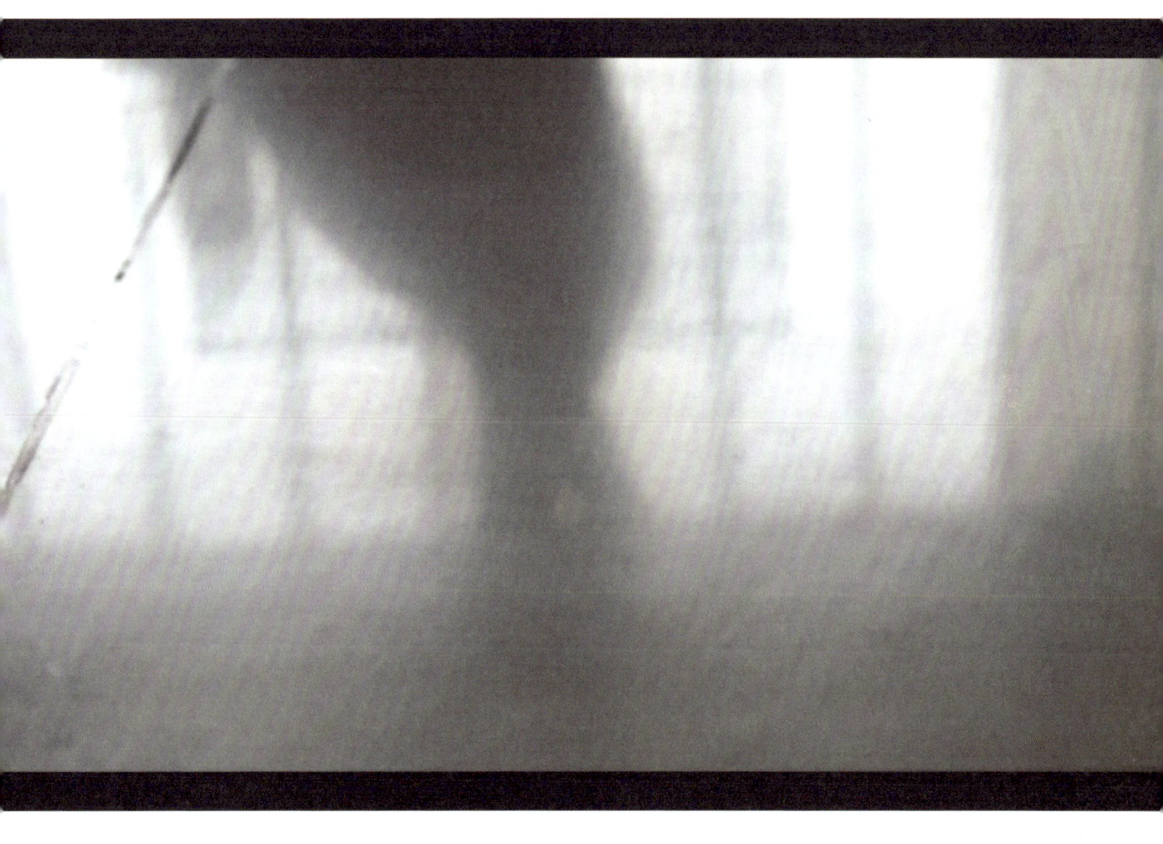

蔬菜

中国外文出版发行事业局

## 张治

2010 年，参与巴黎 DIOR ACADEMY 和 CITADIUM 购物中心的设计和施工项目。

2009 年，参与巴黎 COMPTOIR DES COTONNIERS 和 RAYURE 专卖店的设计和施工项目。

2008—2009 年，担任《世界家居 CASA INTERTIONALE》杂志海外记者。

2008 年，参与法国 ANGERS 大型商业中心的设计竞标。

2007 年，参与巴黎 DIOR 旗舰店的施工项目和 SEE BY CHLOE 的设计项目。

2007 年至今，在巴黎 ANTONIO VIRGA ARCHITECTE 建筑事务所工作。

2006 年，在巴黎 NEXTEO 视觉传达平面设计公司工作。

2002—2005 年，于 ENSA LIMOGES AUBUSSON 法国国立艺术与设计学校就学。

2000 年，担任《时代建筑》美术编辑。

1996—2001 年，上海同济城规学院工业设计系就学。

2010 年，第一本画册由巴黎 ATUO 出版社出版，并举办首次个人展览。

2008 年，与 ANTONIO DI BACCO 携手参加 CINNA 新秀设计师竞赛，作品入选。

2007 年，设计作品《SHAO》获得意大利米兰 MACEF 设计竞赛十大设计推荐奖之一，并参与同年的米兰 MACEF 春季沙龙设计展览。

2005 年，设计作品《SHAO》由巴黎 BOEME 出版。

2004 年，与 SHAN HAO，XIE YARONG 设计师合作参加由 GAZ DE FRANCE 举办的设计竞赛。

2003 年，作品《SHAO》参加法国圣・艾蒂安 SAINT-ETIENNE 设计双年展。

2003 年，设计作品《WALDEN》参加 MINIMOUSSE 竞赛，入选推荐奖，收入于竞赛作品集中。

# 大无畏的创意女斗士

对于张治的采访异常简单，我们收到她寄来的材料也很干脆，她仿佛要用一份 pdf 文件把自己近 10 年的设计经历一网打尽，她甚至连版式都排好了。我想张治肯定是个行事异常干练的设计师，一如她那幅建筑模型式的立体设计作品。

那幅作品是张治在同济读书时最得意的课程作业之一，张治 1996 年考入同济大学城市规划学院工业设计系。在同济就学时，她最喜欢和难忘的课程是立体构成基础课。立体构成是设计创意造型表达的基础练习，其主旨是开拓学生们的广阔思路，进行形、色、体三者的空间想象和表达。张治说在交作业的前一天，她突发奇想，推翻了之前的所有方案，花了半天时间将米罗的一幅名为 DOG IN THE FRONT OF THE SUNUPSIDE-DOWN FIGURE（1949）的绘画作品立体化，由线生成面，由面生成体，彩色的纸板插接粘合在一起，并由金属丝穿插，做成了一个名副其实的建筑模型。最后，张治的这个作品获得了一致好评，并被留系。张治念书的时候，百分之八九十的时间都花在设计课程上，偶尔也会打打游戏，每次交图前都会通宵熬夜地做设计报告。张治说同济的时光辛苦又幸福，同学们经常一起在专业教室赶作业，有说有笑，累了就上街夜宵一顿。交完作业，或者假期时张治会跟同学朋友一起结伴出游，那些时光是张治感觉最幸福的时间。

2002 年张治在本科毕业一年后决定赴法留学，张治说自己留学深造的决定受到她姐姐的影响。张治的姐姐同她是校友，两人都毕业于同济大学，不过姐姐学的是建筑。张治的姐姐后来赴英国留学，获得建筑学硕士后成为英国皇家建筑师，并在伦敦一家著名的建筑事务所里就职。姐姐对张治的影响是从小到大，潜移默化式的。直到今天，她们依然有着很多共识和兴趣爱好。是姐姐带张治进入了设计行业。除此之外，在大学就学时，一个设计老师也曾无意中说过一句话：女孩子不适合做设计，也很难做好设计。这句话一直印在张治心中，并刺激和促进了张治的职业发展，支撑着她取得了今天的成就。张治希望以自己的经历和职业来证明在今天这个男女平等的社会中，职业与性别是无关的，最重要的是信念和一份对于理想执着的追求和永不放弃的精神。凭着这份精神，张治顺利完成了在法国的学业，2005 年张治获得了 ENSALIMOGES-AUBUSSON 法国国立艺术设计学院硕士学位，并进入法国巴黎的 ANTONIO VIRGA ARCHITECTE 建筑事务所工作。

张治工作的这家事务所绝大部分项目是为高级时尚品牌做室内设计及装潢，客户包括 DIOR，BENETTON，SEE BY CHLOE，COMPTOIR DESCOTONNIERS，CELINE，EMMANUEL UNGARO，SERGIO ROSSI，RAYURE 等。张治的同事来自欧洲各国，其中大部分为意大利籍和法国籍建筑设计师和室内设计师。在事务所 3 年的工作中，张治参与了 SEE BY CHLOE，COMPTOIR DES COTONNIERS，RAYURE 的创意设计和其他各大品牌室内装修的施工工程。除此之外，张治还为公司做了不少产品与家具设计。工作之余，张治会同她的建筑师朋友一起合作参加设计竞赛，或者是自己画画插画。2010 年夏天，受巴黎一家艺术书籍出版社的邀请，张治出版了自己的第一本个人艺术书籍，并举办首次个人展览，在法国艺术界获得了不小的成功和好评。

张治对立体和空间充满了无尽的热情和兴趣，所以当我们请张治向大家推荐几件她欣赏的设计作品时，她自然地提到了瑞典艺术家 MICHAEL JOHNASSON 的 GHOST II2009 和俄罗斯艺术家 YURIS LESNIK 的 MORPHERS 系列雕塑。前者创作于 2009 年，MICHAEL JOHNASSON 的装置作品给人以亲切感，在这件名为 GHOST II2009 的白墙里，熟悉的白色日常生活用品，整齐地堆积起来，精确地恰如其分地嵌入到一个宽 2.9m、高 2.9m 的白色空间内，丝毫没有空隙。作品以极简主义的方式来阐释，在一个有限的空间内，将不同体积，材质及颜色的物品有序地结合在一起，并达到完美的比例和和谐的色彩搭配，是一件非常成功的空间设计作品。后者是一位同张治有一面之缘的艺术家。大约两年前张治在蓬皮杜广场上偶遇到这位俄罗斯艺术家，继而被他的海绵雕塑作品所吸引。YURIS LESNIK 像一个魔术师，神奇地将这些廉价的海绵变成一件件有趣而聪明的艺术品。他将海绵进行内外切割，通常是内外两个不同的生物形状，可以互相转换，比如，一个红色的嘴唇变成一只蜘蛛，一本书变成一只乌龟，一个苹果变成一朵玫瑰花，一只蜗牛变成一个恐龙，一个壶变成一只鸟。YURIS LESNIK 进行过深入的立体几何的数学研究和分析，不断地实践尝试，才创造出如此奇妙的艺术作品。张治说 YURIS LESNIK 的作品让她体会到对于空间内外的互相转换，想象以及材料的自身特性在设计中应得到的充分利用。

除了这两位之外，德国设计师 DIETER RAMS 和法国抽象派画家 GERMAIN CAMINADE 也对张治产生了深刻的影响。DIETER RAMS 是张治很崇敬的一名设计师，他提出的优秀设计评判的十大标准给张治留下很深的印象，对她的设计方法与设计过程启发很大。DIETER RAMS 所有的设计作品都符合 10 个标准：好的设计应当是具有创意的（Good design is innovative）；是可以被理解的（Good design makes a product understandable）；是精美的（Good design is elegant）；是实用的（Good design makes a product useful）；是朴素的（Good design is unobtrusive）；是谦逊的（Good design is honest）；是寿命长久的（Good design is long living）；每个细节是必然的（Good design is consequent right to the very last detail）；和环境和谐的（Good design is friendly to the environment）；尽可能达到最少设计（Good design is as little design as possible）。对于这些标准，张治的理解是好的设计是视觉上独特、简约和精美的，无须太多说明且容易被使用的，细节是具有功能性而不只是服务于装饰的，尽量减少生产环节和成本。张治觉得做设计时，如果经常思考这些问题，设计可以达到合理创新和完美品质。法国抽象派画家 GERMAIN CAMINADE 是张治欣赏的一位当代抽象派画家及平面设计师，他画面中的平面几何构成和独特的色彩搭配对张治的启发很大。这些影响在张治出版的第一本画册里隐约可见。张治认为 GERMAIN CAMINADE 的设计思想和方法论对于做平面标志以及字体设计的设计师来说是个很好的参考。张治说这名艺术家迟早会载入艺术史，成为影响 21 世纪的伟大艺术家之一。

进入事务所后，张治同建筑师 ANTONIO DI BACCO 合作设计了 BETTY CROCK 台灯。这件产品以 20 世纪 60 年代的家庭生活作为设计背景，以家庭主妇常用的熨斗为设计造型要素创作而成。熨斗对家庭主妇来说意味着生活简便化和生活质量的提高。因此，借用熨斗这个具有象征意义的创新性造型作为灯具的外形，产生了画龙点睛的效果。在张治的作品中，处处充满着这样闪光的创意和新颖的外形。张治同建筑师 ANTONIO VIRGA 合作设计 L 便携灯，灯具借助字母“L”变形，造型简洁流畅，充满现代主义理性之美。张治也广泛涉猎建筑设计、家具设计和图形设计等。长椅 MERIDIENNE 就是张治同艺术家 GOTSCHO 合作的家具作品，长椅简洁大方。另外还有建筑设计 WALDEN、发泄室等。瓦尔登（WALDEN）是小空间建筑，作品灵感来源于 19 世纪 HENRY DAVID THOREAU 的著作 WALDEN 湖，作品想象了一个被自然包围的小空间里，具备了简单生活所需的家具，居住者以禅的方式生活与交流。LACHE TOI 发泄室则源于对当今社会人们随着工作生活节奏的不断加快，压力越来越大的社会情境的理解和应对。张治设计的发泄室作为公共场所的一个风景，为承受巨大压力的人们创造一个封闭的发泄空间，室内柔韧的类似于人体的抽象形状作为发泄用，其目的在于发泄之后，人们可以拥有舒畅轻松的心情。

张治认为创新的含义很广泛，可以是观念、概念、技术、形式和手段方法等。创新思维是一种通俗惯例性思维的逆向逻辑思维，为的是推翻现有的思考模式，以倡导一种崭新的并对于现状有所改良的思维方式，其核心即是转变和更新。作为创新的设计作品，张治认为首先是在概念上有所突破，其次是功能与造型表现形式的创新。张治举例荷兰 STUDIO LIBERTINY 设计的蜂巢花瓶（蜜蜂制作）——独特而创新的工艺方式使得花瓶在蜜蜂的勤劳工作下慢慢地自然形成，设计的出发点是以缓慢的非标准的偶然性的自然方式代替工业标准快速的制造方式。荷兰知名时装品牌 VIKTOR & ROLF 的米兰专卖店也是如此，当你踏进室内的那一刻，呈现眼前的一切是上下颠倒的，木地板成了天花板，天花板成了地面，椅子等家具倒挂在天花板下，如同身处于一个梦幻般的现实世界里。整个空间设计创造出了一个颠覆传统视觉的意境。

在艺术和设计创作之中，民族与世界、传统与现代是艺术家和设计师经常要面对的课题。对此张治认为，民族包含于世界之中，传统包含于现代之中，两者是不分不离、互相影响的并存与制约关系。张治觉得，从广义的设计策略上看是世界为主，民族为辅；现代为主，传统为辅。世界和现代是在不断发展之中的，民族与传统则是相对静止的元素。民族与传统不能完全制约前者，但却可以在其中增添了文化的多样性与差异性。张治认为荷兰的当代设计恰到好处地向我们展示了如何将民族与世界、传统与现代统一起来，以 MARCEL WANDERS 的 KNOTTED CHAIR 绳编椅和 CROCHET TABLE 针织桌，这两件作品运用荷兰传统的手工艺和现代工业制造相结合，并采用现代极简主义造型方式，创造出既现代，同时又具备了民族与传统特征的独一无二的荷兰设计。

在法国生活了近 10 个年头，张治对西方文化有自己切身的理解和体会。张治说我们现在的生活理念大部分来自于西方现代观念，以至于家居用品、装饰与建筑室内空间里都有西方的影子。张治认为西方现代文化的借鉴之处在于其逻辑思维与方法。我们要学的不是单纯的西方的造型，而是造型背后深厚的论道及其工艺。如何创造出一个适合国人的并具有民族特征的生活空间与环境，是广大设计师应当思考的问题。张治说要解决这个问题，首先要深入学习和研究自己的文化背景，比如传统的工艺与装饰手法，造型的比例，材料与颜色的运用等，以此作为参考，然后运用现代材料与技术，以现代人生活的功能需求为前提，将两者结合统一，这即是特色。

对西方文化的体会与理解深深影响到了张治的设计创作，张治认为自己所有设计的主旨立意就是以解决以上问题而出发的，而问题反过来又引导了自己的设计过程。在张治的第一本画册中，百分之八九十作品的主题是围绕如何将自己文化背景中的传统元素和西方当代艺术形式相结合的。书籍出版后，很多人告诉张治说这些作品带有明显的中国传统特色，但同时又很现代。张治很高兴，她说这正是她想要向人们展示的东西。

我们请张治给自己做一个评价。张治很诚恳，她说，一个好的设计师首先要具备周到的思考与分析能力，敏锐的观察力和空间想象力，犀利的眼光和良好的审美力，新事物的接受能力，其次要有准确的设计表达能力，最后要有一定的社交能力。最能展现一个设计师未来潜质的因素在于他的创造力。对于自己，张治认为自己具备了大部分的能力，但还需不断努力，与时俱进，因为好的设计师是由时间和经验积累起来的，他们时刻都在不断地追求与进取。

从事了设计这样一项具有创造性的职业让张治很兴奋，从中张治得到很多快乐、成就感以及很多志同道合的朋友。从设计系的学生到设计师，时间成就了张治成熟的思想和经验。但张治也明白，艺术与设计是座金字塔，为了追求它的最高处，达到至高点，不断地进取和自我的完善是必不可少的。我们祝愿张治的设计生涯更上一层楼。

BASED ON THE COMBINATION OF THE FORM AND THE FUNCTION, THE CONCEPT THIS CERAMIC DEEP PLATE DESIGN COMES FROM 'MELTING A HUGE SPOON WITH A DE PLATE'. IN THIS WAY, THE DEFINITIONS OF THE PLATE AND OF THE SPOON ARE LONGER CLEAR, WHICH CAN BE CONVERTED TO EACH OTHER. IN RESULT, THE PLA PERMITS US TO HAVE SOUP IN A DIFFERENT WAY AS WE LIKE.

SHAO　产品设计

在西方，盘子根据使用功能分为很多种。这里作品以夸张与幽默的手法，将一个巨大的汤勺放在一个盘子里，成为汤盘。以简单而精辟的概念与手法，使一个普通的盘子变得特别。

ZHANG ZHI
FROM CHINA

2010 年出版的第一本画册

<LAMP L>（L 便携灯）

合作建筑师：ANTONIO VIRGA

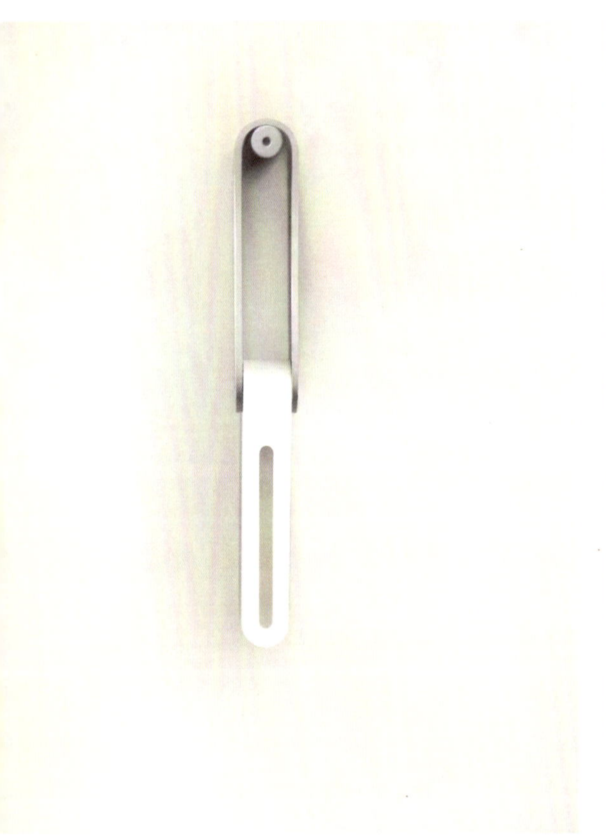

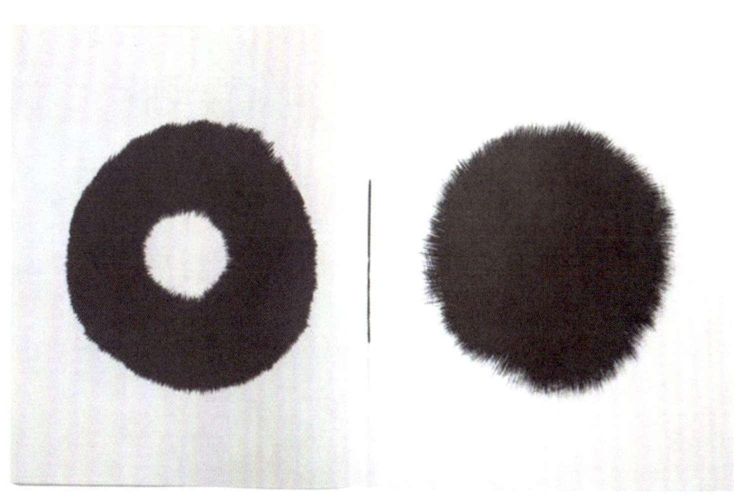

⊁ 256–257

## SBETTY CROCK LAMP　台灯

合作建筑师：ANTONIO DI BACCO

作品以 20 世纪 60 年代作为舞台背景，熨斗通常是家庭主妇的代表符号之一，而家庭主妇的存在意味着生活的简单化，提高生活质量的不可缺少的生活好帮手。因此，借用熨斗这个具有象征意义的造型来作为灯具的造型，以达到点睛之用。

Betty Crock Lamp

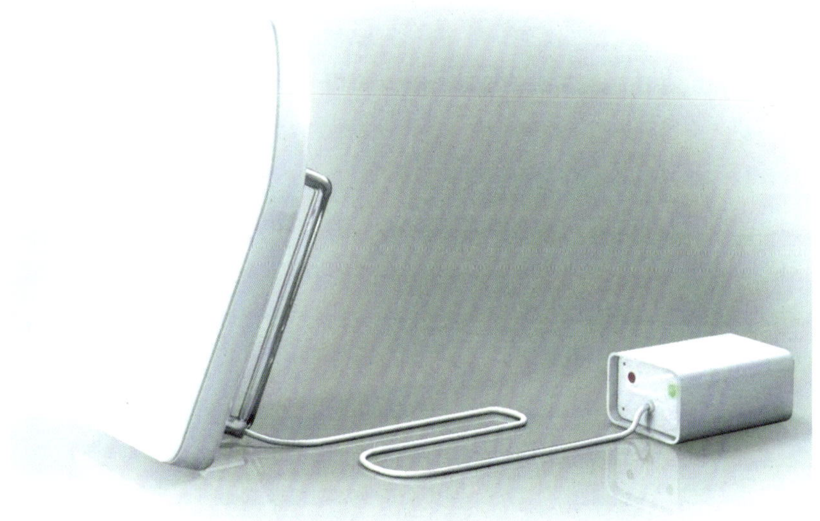

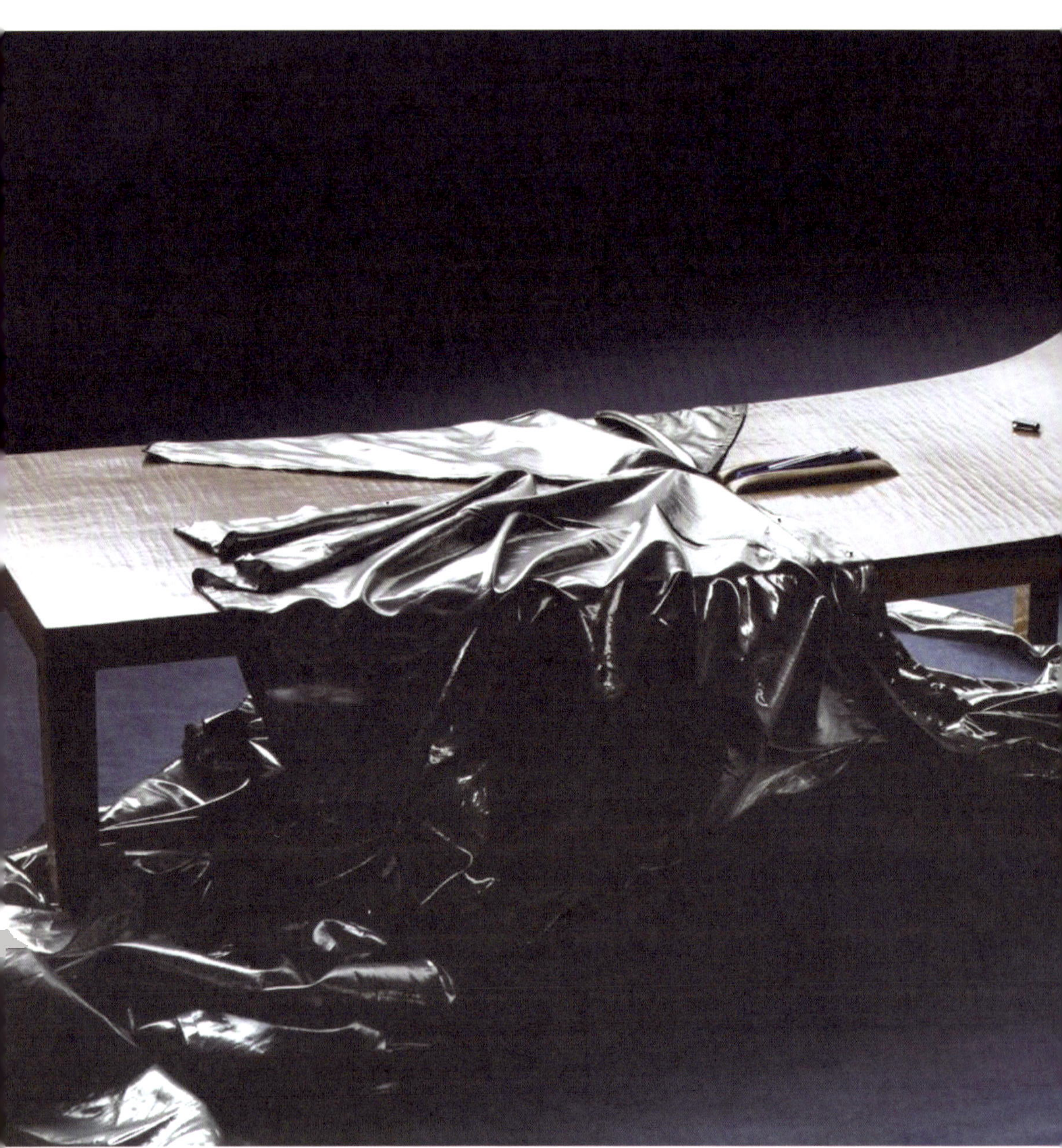

MERIDIENNE（长椅）

合作艺术家：GOTSCHO

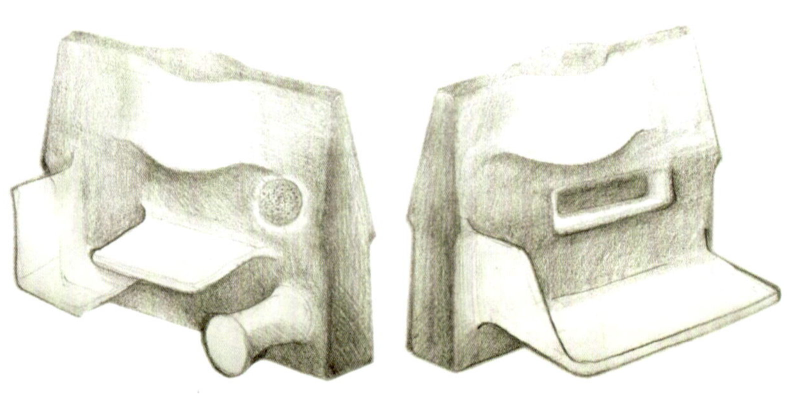

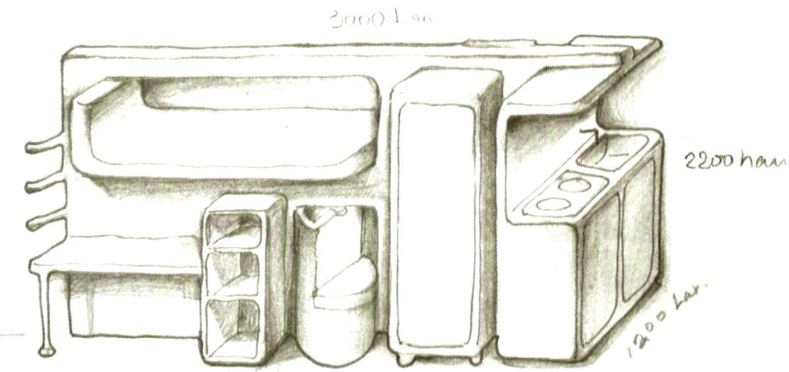
3000
2200
1200 Lar.

小空间建筑，作品灵感来源于 19 世纪 HENRY DAVID THOREAU 的著作 WALDEN 湖，想象一个被自然包围的小空间里，具备了简单生活所需的家具，以禅的方式生活与交流。

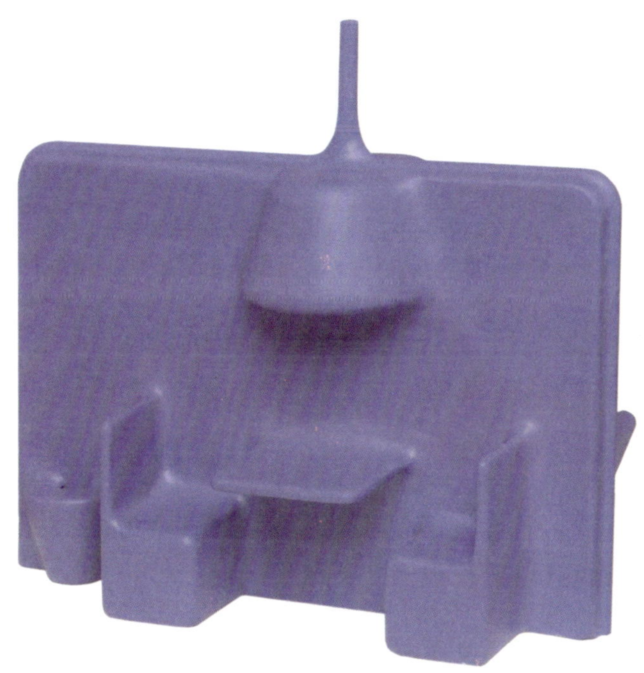

# 魏巍

北京人，2002年毕业于北京服装学院环艺系，于同年赴法留学，先后就读于第戎国立高等美院空间设计系，于2006年获得DNAP文凭，之后就读于里昂国立美院空间设计专业，于2008年获得DNSEP文凭。

2009年4月至今，在法国Pablo Reinoso设计事务所工作，从事产品设计。

2009年8月，参加上海淞浦2436A“共性”展。

# 从空间衍生的设计梦想

魏巍给我们的感觉很低调，他甚至都不愿意在给我们的简历中放一张他的照片。这种简单而随意的行为不知道是不是他性格的真实流露，就如同他对自己设计作品的要求——用最简单的空间和物体展现设计的本质和自我思考。但聊起自己的艺术经历魏巍却仿佛有说不完的话。

就像很多小时候喜欢画画的人一样，魏巍很早就进入艺术类学校读书，高考的时候也顺理成章地选择了设计专业。大学毕业魏巍突然想继续读书深造，然后就真的去了法国。他那时的想法很简单：一方面想在学业上有所提高；另一方面也很想了解不同文化背景下人们的生活。魏巍刚来到法国申请学校的时候并不了解各个学校的状况，所以报考学校的时候并没有多少针对性地选择，后来稀里糊涂地被第戎国立高等美院空间设计专业录取。魏巍认为这是自己比较幸运。虽然是偶然的选择，但美院的这种方式却正是魏巍所喜欢的：第戎美院并不拘泥于强调技术手段的“传统”的设计，而是赋予学生更多的自主思考和创作空间。这对魏巍来说是让他对“设计”这个概念有了更广阔的遐想和探索可能性，虽然魏巍知道这种方式也是有争议的。在第戎美院没有待多长时间，魏巍又转学到里昂美院，开始他真正感兴趣的空间设计专业的学习。

谈到那次转学，魏巍很有感触。他说，虽然学业对他很重要，但那不是他生活的全部，就像工作不是生活的全部一样，所以对于很多家长认为的学生应该以学业为主的想法他是不赞同的，他觉得可以把“学业”的内容看得更丰富一些，甚至游历也是学习的重要一部分。而魏巍当时转学去另一个城市就是想体验不同地域的生活，再加上这座城市也有很好的学校，所以一切就自然而然发生了，就像当初决定留学一样，魏巍总是简单的思考，随意的选择。里昂美院的氛围让魏巍很享受——每个老师都很用心地去帮助学生寻找适合他的创作方向。魏巍说，不管是在哪一个阶段，国内或是国外，让他最难忘的都是好的老师对每个学生的特质的了解以及给予他们的鼓励，还有对学生创作的开放态度，这些对于在校的学生是很重要的。甚至讲起对自己影响最大的人，魏巍说出的都是自己小学时的班主任。

魏巍的班主任姓闻，是她建议魏巍开始画画的。魏巍说，那时候他不是班上的学习标兵，但是闻老师给了他很多的关心和鼓励。闻老师在学校算是比较特立独行的老师，她不会拘泥于学校严格的管理，觉得对学生不合理的地方会极力为学生争取。魏巍记得最清楚的一件事就是在六年级临近毕业前夕的春游。魏巍说，以往学校是不允许毕业班的学生参加春游的，虽然没法跟高考比，但在北京“小升初”的竞争压力也让很多家长和学生倍感沉重。可是闻老师觉得六年级的学生最需要放松，极力为他们争取了参加春游的机会。在闻老师以及周围很多人身上发生的类似事情让魏巍觉得，规定或是成为定论的事情不一定就是对的，对待事情要有自己的看法，也要有自己的坚持，认为对的就要尽力争取。闻老师会给每个同学鼓励，让他觉得学习成绩不是评价学生的唯一标准，每个人都有自己独到的一面。魏巍说，这些影响也都是自己长大的时候才意识到的，所以他很感慨儿童时期的教育对一个人成长的重要性。他甚至觉得是白己的个性很需要别人鼓励，再加上有时他的作品确实跟周围其他同学很不一样的时候。所以在自己成长的道路上，那些鼓励过他的老师都让魏巍印象深刻。在里昂美院做毕业创作时，当时也有老师并不支持魏巍的想法，只有一个老师一直对他很肯定，并鼓励他按照自己的想法继续下去。结果魏巍的毕业创作取得了很好的成绩，也让他坚定了自己的创作方向。魏巍说，回想起来，能遇到好的老师真是很幸运的事，也让他觉得老师的确是很了不起的职业。

从里昂美院毕业之后，魏巍就开始了他实习与工作的时光。对于工作的选择，魏巍也显得有些“不太慎重”。他现在服务的公司是一家以产品设计为主的公司。他陈述自己选择这个公司的理由是：因为当时得到了这个工作机会，也没有多想就一直干到现在。不过毕业之后，魏巍仍然对与空间有关的创作最感兴趣。工作后无论是个人心境还是生活节奏都跟读书时有了很大的不同，对此魏巍也深有体会。他说，以前总是听人说学生时代最幸福，现在才深刻体会到。上班之后的时间大多都花在了公司身上，对自己感兴趣的东西很难专心思考，多以自己现在的状态还在调整适应中，希望找到方法继续自己的创作。

即便是这样繁忙，魏巍还是抽出工作之余的大部分时间来从事日常生活用品与空间的关系与设计表现研究。魏巍说，所谓日常生活用品包括一切我们生活中会使用到的桌子、椅子、窗帘、储物箱等，这些最普通、最常见的，甚至被我们忽略的东西却是很多优秀设计创作的源泉。在他们身上可以看到我们的情感。而所有这些物品又不能脱离空间单独存在，那这些物品与空间形成了怎样一种关系，这种关系是否可以界定空间，甚至创造空间呢？2008 年魏巍先后创作了《月光》、《便签纸》和《椅子》3 件空间设计作品。《月光》以地毯为材料，试图通过地毯所创造的图像寻找时间和空间的关系；《便签纸》以便签纸和风扇为媒介，用普通的便签纸展现它转瞬即逝，轻柔，脆弱的特性，结合贴纸这样一个简单的动作创造空间，在简单的动作中寻找设计和创作的可能；《椅子》则以木和手机做媒体，表达空旷空间中出现的椅子以及无意识的由手机发出的光影为空间增添的意味和内容。魏巍这样评价自己的作品："通过生活中常见和简单的东西创造'感知空间'，让我们对我们所熟悉甚至忘记的生活有新的认知。对我来说，创造空间的过程最终成为对我们周围，我们的生活以及我们生活的这个世界的思考。"

魏巍一直都很喜欢"极简"的东西，尤其对起源于 20 世纪 60 年代美国的极简主义推崇备至。在视觉方面，极简主义主张艺术作品不是作者自我表现的方式，采用简单平凡的四边形或立方消隐具体形像传达意识的可能性，使用重复或均等分布的手法，物料方面则尽量减少加工，采用原物表里原来质感为卖点。极简主义不论是在艺术还是在设计领域都对后世有很大的影响，而魏巍最感兴趣的就是极简主义对空间与物体的关系的独特概念。比如美国艺术家 Donald Judd 在 60 ~ 70 年代为自己设计的工作室，艺术家亲自设计了椅子和工作台，这些家具的设计，包括空间的布置。魏巍认为这些作品从另一个角度解释了艺术家"复杂思维的简单表达"的概念。另一件魏巍很喜欢的作品是日本建筑师坂茂 1995 年设计的私人住宅（Curtain Wall House-Tokyo），虽然这是建筑师 15 年前的作品，但每次在书里看到他都能让魏巍有许多遐想。魏巍觉得用柔软的飘逸的窗帘代替墙的作用来划分室内与室外真是很有想象力的创作。坂茂设计的整个建筑都随着窗帘轻盈的飞舞起来。不论从居住的主人视角即私密空间的角度还是过路人视角即公共空间的角度看，柔软轻盈的材质营造了两个空间若隐若现的“暧昧”关系，这种大胆而又创造性的空间关系处理方式给建筑增加了许多魅力。意大利设计界的鼻祖埃托·索特萨斯（Ettore Sottsass）也是魏巍崇拜的对象。作为孟菲斯设计集团代表人的埃托·索特萨斯晚年在沙漠拍摄了一组照片，这件作品用诙谐的方式提出了很多有趣而严肃的关于我们这个社会的思考，无论现代主义的优雅极简还是后现代主义的消解流行，魏巍都可以从中领略到不同的独特的空间见解。

魏巍在国外求学时经常去观看各种展览，设计的或者非设计的，他都全面地去涉猎。在里昂美院，学校也经常会组织学生去参加各种社会活动。在这些展览上，魏巍接触了很多国内看不到的手法、技术和观念，也让他对创新有了更深的理解。他说，每个人都希望自己做的东西是与众不同的，大家都在寻找新鲜的东西，渴望从中得到新的灵感，这对每一个人都很重要。但他觉得我们创作的目的并不是创新。如果作东西的出发点是为了创新，那就太急功近利本末倒置了。魏巍认为每个人创作的原动力还是内心想表达的东西，这也是作品的生命所在。如果真要界定为创新的，那大概只是外界对艺术家以及他作品的肯定和赞美，由于他们的工作，使得我们对世界，对自己有了新的认识。魏巍说这种创新可能分很多不同的方面，比如从不被大众关注的事物中发现其特殊的价值，或是对一个众所周知的问题的独到的观察角度，创新的方式是多种多样的。至于结果，有的对社会影响大，有的影响较小，魏巍觉得只要是能引起人新的思考，或是给人们提供了新的生活方式、新的看待生活角度的作品，不论是艺术作品，还是设计作品，在某种程度都应该说是创新的作品。不过魏巍说自己对每个人发展转变的过程更感兴趣，他觉得在这个过程里能体会到更丰富有趣、细致入微的东西，对他来说创新过程的价值大于最后的结果。

魏巍自大学毕业后就去了法国留学，所以他对民族、世界、传统和现代这些关键词有自己特殊的体会和理解。魏巍说，中国从改革开放，打开我们的大门以来，就急切地希望看到世界，同时也希望世界看到我们。他清晰地记得自己小时候从电视里看时装表演，模特们穿着有中国特色的新式旗袍，镜头里往往会有老外不住地点头称赞。这个影像给他留下了很深的印象。那个年代的设计师对“民族与世界”的关系有一种复杂的、在我看来不成熟的心理，但却是完全可以理解的。因为我们太需要、也太在意“别人”对我们的看法。现在周围人对这个问题提得比以前少了很多，和朋友们聊天也很少聊到这个问题，魏巍认为提得少了并不代表我们没有在思考，而是我们比以前更加自信，更加成熟了。我们更关注的是中国和中国人自身的现状。“民族与世界”的问题，每个人都从不同的角度思考，而不是像若干年前那样把这个问题看的那么简单，好像建筑上加个中国屋顶就是不忘民族传统的现代设计了。魏巍觉得不论是民族与世界，还是传统与现代，没有必要在每一件作品里都刻意追求，对传统文化的学习应该是每个中国人必须去做的，至于会不会用在作品里，他觉得这并不是一件刻意的事。魏巍我相信每一个艺术家或是设计师的成长背景都会体现在自己的创作中，有着东方文化教育背景的设计师很难做出欧洲人的东西。这是东方与西方的区别，而这种区别也正是两种文化相互吸引的原因。

魏巍喜欢的设计师或艺术家往往也都具有这种多元文化背景，如古巴裔的美国艺术家 Felix Gonzalez-Torres，他的作品往往由很简单的材料组成，作品的形式也很简单，但这种简单中有一种强大的力量和魅力能够很直接地打动观众，他用一种充满诗意的方式表达对生活和生命的感受。再如 Stadler Robert 和荷兰女设计师 Jongerius Hella 也是魏巍喜欢和欣赏的，他们的作品不夸张，不张扬，充满着对生活智慧的观察和思考。魏巍说自己对设计师的喜好很个人化，他觉得这些不同的艺术家或是设计师能让自己更加清楚创作的方向和目标。

魏巍自毕业以来就一直在思考一个设计领域的老话题——艺术与设计的关系问题。魏巍说，近几年设计领域发生了一些新的变化，巴黎多年前就出现了专门展出设计作品的画廊和美术馆，Droog Design（荷兰著名设计组合，设计产品包括家具、灯具、墙砖等家居用品，追求自然、简洁和充满人性化）出品的设计作品中也不乏艺术家的创作，以前的大批量生产，现在越来越多的限量生产。设计正在以一种新的、有别于传统的方式出现在市场上。这种类似“艺术品”的出现方式使越来越多的人在探讨艺术与设计的界限。魏巍意识到设计作品与艺术作品的界限不仅在“使用功能”上，艺术作品的创作更多的是在讨论一个问题，而设计作品更多的提供了一个解决方案。今天的时代已经不满足于大批量生产出的产品，设计被加入了更多的个人和情感因素，对于设计师来说有了更宽阔的创作空间。对于艺术与设计的问题，魏巍的理解是，重要的不是对作品的归类，而是作品背后的概念。比如意大利著名设计大师 Ettore Sottsass 晚年在荒漠中拍摄了一组照片，这应该算是艺术创作的领域，但这组照片背后的思考无论是对艺术还是设计都有重要的价值，这种思考也一定贯穿于这位大师的设计作品之中。魏巍觉得，这种思考是最重要的。

关注这样的问题，魏巍说跟自己的职业有直接的关系，也自然会影响到他的创作。但这种影响更多的是如何给自己定位，作品应该以怎样的方式出现在市场上，以及如何呈现在大家面前。魏巍一直觉得自己是一名设计师，他希望自己的作品能改变大家的生活——是广义上的改变而非单纯功能上的改变。但他的创作方式，或是思考方式却让很多人觉得更接近艺术家。魏巍也参加过展览，但他觉得展览并不是自己理想中呈现作品的方式，所以他需要找到新的方式来实现作品，并适当地呈现给接受者。至于这种方式是怎样的，他说自己还在不断地尝试。

魏巍对自己苛刻的要求，可能跟他对优秀设计师的评价标准有关。魏巍却说好的设计师是仁者见仁智者见智的，任何事都可以从不同的角度，不同的出发点看。就好像一部电影，有人喜欢有人不喜欢，好莱坞的电影可以感染大众，按照这个逻辑，好莱坞的导演都应该是优秀的导演，但却又鲜有几部影响电影史的作品来自好莱坞。只能说好莱坞的导演有能力针对一定的受众群拍出他们喜欢的电影，在这一点上他们是很成功的。

所以魏巍觉得，在我们现在这个多元化的社会里，任何评价与定义都没有唯一标准，受众群不一样，评价作品好坏的标准就不一样。魏巍说，对他来讲没有绝对的好，好的只是相对的。相对于不同的时代背景，相对于不同的创作内容与目的等。设计如此，艺术如此，其他也如此。所以我们的社会不是要提供权威的标准，而是要展现不同的面貌，能听到不同的声音，所谓百花齐放，争奇斗艳，很难选出最美的一朵。

那究竟魏巍心目中的优秀设计师是什么样的？“起码是要有一个开阔的眼界，对自己生活的时代有密切的关注以及自己的认识。”魏巍说：“当下不论是艺术还是设计都融合了多种文化，加上我们生活的社会拥有了前所未有的开放程度和信息更新速度，那好的设计师有自己的观点很重要。同时要对我们生活的世界和各种变化有很强的敏感度，也正是每个人对事物的不同的敏感度造就了不同的作品，让我们可以通过别人的角度了解我们周围的一切。”

至于自己，魏巍很清醒：“我对生活有一定的敏感度，但这只是最基础的东西，想要做出好的作品还需要勤奋的工作，以及其他很多综合因素，但不管怎样，兴趣加上勤奋，我相信这是成功的两把钥匙。”

在设计师的生涯上，魏巍说自己还只是起步阶段，他希望自己每一年都有所进步。“革命尚未成功，同志还需努力。”祝福魏巍，祝福他的设计，祝福他的设计师梦想早日实现。

## 月光　材料：地毯

通过地毯所创造的图像寻找时间和空间的关系。

> 278–279

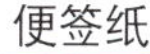

## 便签纸

材料：便签纸，风扇

普通的便签纸展现了它转瞬即逝，轻柔，脆弱的特性，结合贴纸这样一个简单的动作创造空间，在这样简单的动作中寻找设计和创作的可能。

椅子　材料：木 / 手机

空旷空间中出现的椅子会怎样定义这个空间？无意识的由手机发出的光影又为空间增加了怎样的内容？

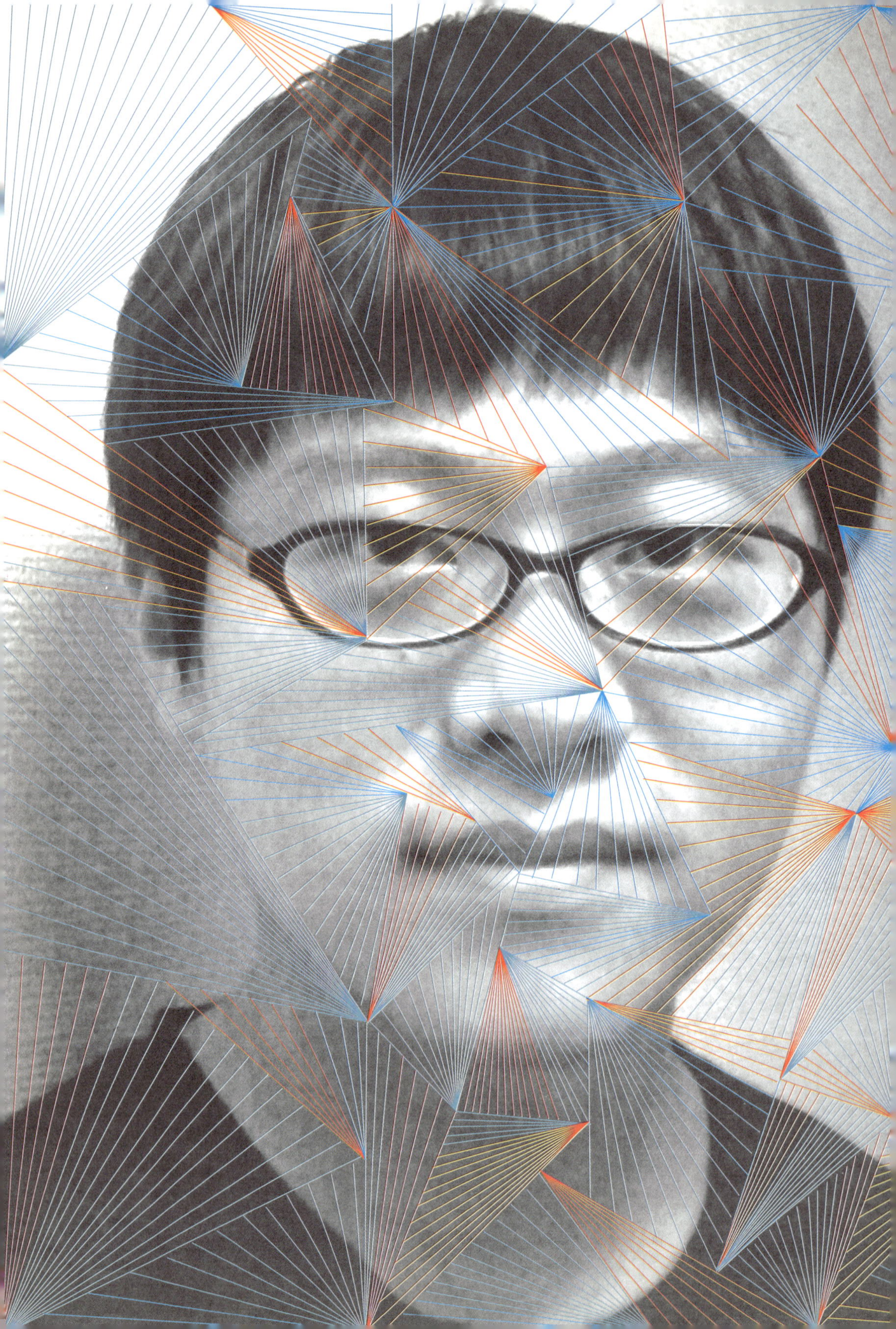

# 杜潇潇

1984 年出生。

东京多摩美术大学毕业。

现任职北京电通广告有限公司。

作品获 2007 年亚太标志年度奖。

作品入选第 11 届墨西哥国际海报双年展。

作品入选第 18 届芬兰拉赫蒂国际海报刷年展。

作品获 2010 hiiibrand 国际品牌标志设计奖评审奖。

## 拥有梦想　敢于冒险

前前后后跟杜潇潇通了十几封邮件，我一直想当然地认为“她”是女生，沟通过程中“她”的细致全面、谦虚诚恳更是让我丝毫都没有怀疑这个论断。直到整理访谈资料，看到他的照片和介绍时，我才恍然大悟，进而一阵阵庆幸——幸亏没闹出什么笑话，不然可糗大了。

杜潇潇就是这么一个随和、善良并且很容易感动和被鼓励的大男孩。讲起他艺术设计的求学之路，他也是充满了对师长和朋友的感激。潇潇大学刚开始是在国内上的，高中的时候成绩不好，无奈选择了走美术这条路（这好像也是现在很大一部分人选择美术的理由）。刚开始学习画素描的时候，周围画得好的人太多了，他自己也没太多的感觉。后来开了设计课程他才有了兴趣，也渐渐喜欢上这个专业。潇潇说大学生活没什么特别的，就是有一群玩得不错的朋友。有时候潇潇会帮周围的哥们儿做作业，朋友就会使劲夸他，他一高兴就全揽下来了。

杜潇潇说大学之前他本来是没有什么目标的。但很幸运的是大二时他遇到了一位好老师，这位老师对杜潇潇坚定走设计这条路起了非常大的作用。杜潇潇印象很深，在水彩课上画苹果，他随意画的几笔却得到老师的好评。后来上这位老师的设计课时，她又给予了杜潇潇很大的肯定。杜潇潇开玩笑说，从高中开始他已经很久没有得到过老师的表扬了。老师的鼓励让杜潇潇又重新有了信心，然后每节课都异常地认真。在课上这位老师会很激动地给他们看一些平时收集的作品，然后告诉他们一些作品的规格，却不讲任何方法，完全让学生根据自己的想法动手去做，直到大家做出作品再评价。后来即使没有课杜潇潇也会经常去拜访她，跟她畅谈设计和人生等。杜潇潇说，老师教会了他很多东西，其中最重要的一件是，要跟随自己的感觉去创作。

大学毕业后，杜潇潇申请到了东京多摩美术大学留学，并一直读到研究生。出国留学到了东京后，专业性更强了，杜潇潇感受最深的是可以跟最好的设计师交流。因为是自己很感兴趣的东西，所以会很认真地听，进步也非常迅速。随着周围视觉环境的变化，他平时有时间会去看看展览，或者去听优秀设计师的演讲。

杜潇潇说国外的设计教育让他感受很不一样，很多习以为常的传统方法在这里都被重新解构和颠覆。杜潇潇现在的导师佐藤晃一有一件为日本 ICDN 国际设计中心做的海报作品，纯黑色的画面中只有五个白点，细看能看出是手指指尖的指印。杜潇潇当时认为如此有力量的作品制作过程一定非常艰辛，但问了老师才知道，这是佐藤晃一所有作品中耗时最短的。作品的概念深邃而前卫——“设计是去触碰时代的最前端，就好像人在黑暗中将手伸向前方，通过指尖的触碰去感知”，而这一概念在海报中的传达形式却极其简单——老师将五指的指尖立起，按在了复印机上。

在这种简单而有力的传达与内容双重建构的启发下，杜潇潇创作了一系列平面作品，2009 年他为东京多摩美术大学年度艺术作品展览设计了海报，画面以中轴线分为截然不同的两个部分，下部为单纯红色，上部以鱼跃水面表达参展作品的脱颖而出。此后的《For those we are losing》、《No more 911》以及《Save》也都延续了这种简单而具有强烈对比的张力。

谈到现在的创作状态，杜潇潇喜欢用“突破”这个词，倒不是他觉得自己已经到达了多高的艺术创作阶段，而是他觉得突破其实是每一个设计师对自己习以为常的创作方式感到不安的下意识表现和积极应对。杜潇潇说自己也很矛盾，有时候在创作时会觉得老遵循传统的创作方式会停滞不前，甚至会渐渐老去。但是当每一周都要拿一次作业给老师看时，又会出现马上就要交作业了还是憋不出来，就只能凑数的情形。杜潇潇说，每当这时心里都很不是滋味。他希望自己有更多的积累和勇气，能快点看到不一样的自己。

彷徨和纠结每个设计师都会有，优秀的设计师往往会将这些阻碍化为方向和力量。杜潇潇就在从思考设计的跨界问题上寻找新的解决方案。他认为设计的界限已经在逐渐模糊，或者说设计本身就没有界限，它是一种思维。除了艺术，它还应与文化、科技等多领域碰撞。跨到其他的领域，再回头来看看什么是设计的话，应该会看到更广阔的视野和天地。另外设计师究竟能以何种方式回馈社会的问题也让杜潇潇很执着。他曾做过一张反恐的海报拿给老师看，老师看后跟他说，即使你做了这张海报，恐怖主义也不会减少。杜潇潇很想探索出在这种情况下设计师到底可以也应该怎样去做。

日本是传统文化非常浓郁的国家，在这样的氛围中学习和创作让杜潇潇对“民族与世界”、“传统与现代”的关系体会更深刻。杜潇潇觉得艺术作品会自然流露出作者的文化修养与生活态度，过分的强调某种民族性会显得狭隘与做作。他说，我们生长在什么地方，自然就会受到这个地域文化的滋养，这是存在于我们血液里抹不掉的东西。当下的中国设计，已不是用几个传统符号就可以概括的。它是现代的、激荡的。关注与细心体会发生在我们自己身边的事情，自然会做出“中国制造”的东西。这就是我们独特的视角。对于学生来说，他说自己还是不想背着太大的包袱，只要是能打动自己的作品他都会去创作，而不会太在意它会被归置到“传统现代”抑或“民族世界”哪一个圈子里。

杜潇潇非常喜欢德国平面设计大师乌韦·勒斯（U we Loesch）先生，他觉得乌韦·勒斯的作品似乎在与神交谈。芬兰设计大师卡里·碧波（Kari Piippo）先生的机智与灵气也是他所羡慕和崇拜的。杜潇潇说这两人有一个创作的共同点，那就是“简练”！

杜潇潇认为这就是所谓的“创新”。他觉得很多新点子在一开始看起来可能都是“错误”的甚至是“荒谬”的，要看我们能不能抓住这个机会。创新也是一种怀疑的态度——对权威的怀疑、对人们生活中各种习以为常的“事实”的怀疑。当然创新也需要积累，这种积累不光光是停留在视觉层面上的，还有对生活的认知与领悟。他自己曾经向卡里·碧波先生请教有关如何创造出优秀的作品的问题。卡里·碧波回答他说：“当我知道平面设计不是生命中最重要的东西时，我做出了自己最好的作品。”杜潇潇说，卡里·碧波先生的话让他明白，带着一种让生活更好的意愿，当心中积蓄的能量到达一定程度的时候，自然就会爆发出来。

临了，我们请潇潇评价下自己，他谦虚地笑笑："我还嫩了点儿吧"。但这并不妨碍杜潇潇设计过人的感受力和轻松的创作心态，他希望自己的作品追求传达的实效，如果作品本身没有意义的话，他情愿放弃创作。对于未来，杜潇潇很憧憬："拥有梦想与敢于冒险！这两点我现在还不算具备，但我会一直坚持！"

3rd~10th Dec 2009 / 9:00~17:00 / Library of Tama Art University
2009 ANNUAL WORK EXHIBITION
Japanese Painting / Oil Painting / Printmaking / Sculpture
Ceramic, Glass, and Metal Works / Graphic Design / Product Design
Textile Design / Environmental Design / Information Design
Art Science / General Education
Tama Art University

Annual Work Exhibition 以鱼跃水面表达参展作品脱颖而出

For thsoe we are losing 通过云与烟雾的对比强调我们所面临的环境危机

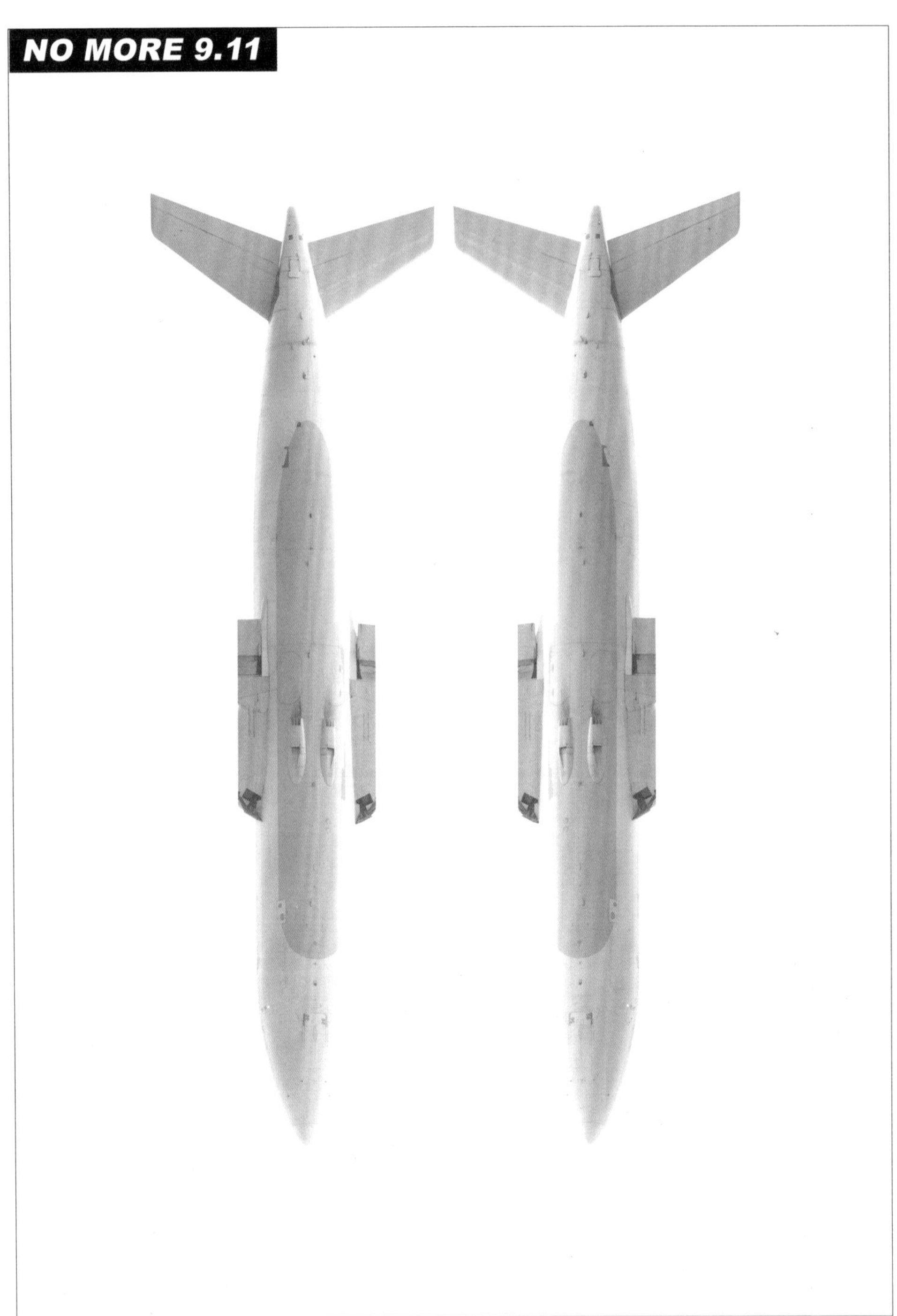


≯ 292–293

**SAVE THE SOIL**

# 庞博

1981 年出生，硕士，先后毕业于湖北美术学院、法国勒芒美术学院、法国雷恩美术学院、巴黎高等装饰艺术学院。现居巴黎。

2010 年 10 月，和巴黎高装设计团队一起为国际地板公司 TARKETT 进行新型地板采制与新技术的研究。

2010 年 1 月，与美国麻省理工合作 WORKSHOP—Arduino 和新材料的运用。

2010 年 2 月，法国 Arik Levy 设计公司 L Design 工作。

2010 年 9 月，上海 found in translation 群展。

2009 年 4 月，设计作品《光尺》申请法国工业造型设计专利。

2008 年 2 月，法国雷恩第二大学《KIOSK》展览展示设计。

2007 年 10 月，参加设计群展 ‘ECLATS DE LUMIERES’ 和法国设计师 Matali Crasset, Christian Ghion, Eliza beth Garouste 等一起。作品《记忆的光》在展览期间被私人收藏。

2007 年 5 月，作品《记忆的光》胜出比赛 ‘ECLATS DE LUMIERES’。

2005 年 6 月—2007 年 2 月，法国 Adrien Gardere 设计工作室。

2001—2002 年，湖北美术学院七星设计事务所。

开罗博物馆展示设计方案。

诺曼底海滨别墅设计方案。

BTICINO 意大利展示设计方案。

SWAROVSKI 展示设计方案。

DOMESTIQUE 设计产品设计。

## 设计是女生的衣柜，永远少一件

庞博是个异常健谈的姑娘，当我们还在焦头烂额通过电话、邮件等多种方式向其他设计师追问的时候，她已经将近 7000 字的采访内容发到了我们的邮箱，内容丰富得让我们的文字编辑都吃惊——她真的只是设计师吗？庞博也是我们的采访对象中年龄最小、在国外学习时间最长的一位设计师。也许是受到女性设计师独有的细腻、全面、敏锐和条理的影响，团队决定不对文稿做任何整理修饰，而是将我们同庞博的对话原原本本地展现出来，让他们一起感受一个女性设计师独有的人格魅力！

**新锐成长：**看你照片，年轻中透着一股子学生气质，我们很想知道你读书时的生活是什么样子的。

**庞博：**我 1999 年进入湖北美术学院环境艺术设计系学习，当时国内美院的环艺系主要课程是建筑设计、室内设计和景观规划等一些和建筑相关的科目。我读书时电脑绘图已经开始流行。为了学习电脑绘图，我在学校附近租了房子，买了电脑，这样时间比较自由，也方便向那些已经学习过的同学或老师请教，接受他们的指导。那时候觉得，学会电脑绘图是一件非常重要的事情。当然现在看来，也的确是个正确的决定，之后也让我在巴黎找第一份实习时有了比别人更多的技术优势。

开始可以掌握一些电脑绘图的基本知识和能力以后，我就慢慢有了一些小小的工作机会，主要是在设计公司画效果图。当时的年纪，能赚钱是件令人兴奋的事。但这往往直接导致了对于设计本身的忽略，很注重模式的接受，却不太懂得如何思考。对于自己发展方向的自觉和主观意识也不是那么明确。但是对于设计的喜爱是骨子里的。

法国一直是我的梦想，大四的时候我开始为去法国学习打基础——白天在学校做毕业设计，晚上在武汉大学学习法语，希望能够在毕业以后马上申请到法国的学校，那阵子应该是我大学里最忙碌也最开心的时候。

2003 年我顺利毕业，也成功通过了法语的考试。但因为“非典”的原因，直到 2004 年 1 月中旬才到了法国。经过半年的法语学习后，2004 年 9 月我考进了法国勒芒美术学院空间设计专业。法国的教育模式是以培养开放思维为主，以前的技能变得不是那么重要了。这和国内的美院不太一样。很多时候课程教师都是在问，你想做什么？你做的是什么？你为什么要做这个？做这个的意义是什么？第二年，我考进了雷恩美术学院设计系的研究生阶段，这个时候我才真正开始了解设计本质的含义。课程一下子变得非常多，基本上同一时间就有 5 个不同的方案在做，有关于室内空间设计的，有关于产品设计的，有关于展示设计的，还有关于材料的练习，还有艺术哲学和艺术史。设计忽然变得异常复杂，让我一度怀疑自己的能力。在研究生学习的同时，我也获得了进入法国设计师 Adrien Gardere 的工作室实习的机会，并让我接触到很多实际项目。这些对于设计思想的大胆尝试，设计细节的严谨推敲，还有推敲设计的方法论，都让那时的我既兴奋又紧张。这个阶段对我在设计观念上的成熟有巨大的帮助。回到学校后，在那些实际经验的帮助下，我的作品《记忆的光》获得了“ECLATS DE LUMIERES”比赛的优胜奖。研究生阶段的毕业设计也最终让我取得了最高的成绩。

**新锐成长：**目前你在从事什么样的工作和创作。

**庞博：**目前在巴黎国立高等装饰艺术学院的 POST-DIPLOME 从事设计工作，主要任务是和国际地板公司 TARKETT 合作进行新型地板的开发设计和新材料的研究工作。我们是一个 8 人的团队，除我之外，还有一位来自智利的设计师 Juan Cristobal Karich，一位法国工程师 Benjamin Goffette，3 位法国设计师 Alice Aublet，Martin De Bie，Antonin Fourneau 以及我们团队的两个负责人——巴黎高装的老师、设计师 Patrick Renaud 和巴黎服装设计师 Elisabeth De Senneville。同时我也做一些自己的设计工作和展览等。有空的时候就去看展览，巴黎最大的好处就是随时随地能找到好的展览。泡在展览馆的时间应该是我最享受的——生活简单但充实。

**新锐成长：**很多人当下的生活或工作状态都受到以往生活经历的影响，在你以往的人生经历中有哪些对你影响比较深的人或者事吗?

**庞博：**影响我较深的人，应该就是我的父母吧。我妈妈是从事教育工作的，所以，从小她就很注重培养我的兴趣爱好，为了让我充分的发掘自己，她给我创造了良好的条件。我学过舞蹈、琵琶、小提琴、乒乓球、围棋、……但我都没能坚持下来，小朋友的 3 分钟热度一过，就放弃了。妈妈很尊重我的意见，如果我说不想继续了，她也不会勉强我。只有画画。我本来是个没什么耐性的小孩，可就是画画可以让我坐在那里整个上午都不动一下，我妈当初也很惊讶这件事，那一年我小学三年级。父母为了支持我学习画画，不管冬天多冷，夏天多热都接送我去画班。有很多时候我想放弃，但看到父母对我的这种爱与坚持，自己就觉得必须要对他们有所回报才成。这一画就是 6 年。高中时要住校，课业也很繁忙，所以就停止了画画，一心准备考普通大学。谁知在高三关键的时期，因为朋友的影响最终报考了艺术院校，并选择了设计这条路。一直到今天我都很感激那位朋友当年对我的提醒，正是她让我找到了自己真正的兴趣与事业方向。

接下来我想说的这个人，对我思想上的影响是重大和深远的。他让我真正了解到设计的真谛、人生的真谛。他就是勒·柯布西耶，一个瑞士裔法国人，一位伟大的建筑师、设计师。说起他，大家应该都很熟悉。这位建筑史上的毕加索是我崇拜的偶像。他对于我，不仅是在专业学习上，更在于他的人生态度和对自己理想追求的那份执着与坚贞。他的建筑哲学是一种生活的态度，一个预见未来生活的方向。超前的理念和大胆的设计，更让他催生了建筑革命，也让他在当时的社会饱受了批评的声音，可是他对自己信念的执着，最终证明了他的成功。他曾说过："持之以恒是生命的定义，因此我们必须谦虚，必须坚韧。"无论是家人、朋友还是从未谋面的设计大师，一直以来，这些都是我精神的养分，时刻提醒着我做人的准则和做事的原则。

**新锐成长：** 学习了这么多年的艺术，也从事了这么多年的艺术与设计创作，有哪些艺术家或作品是你非常推崇和喜爱的吗?

**庞博：** 我不会特意去推崇某件作品，我推崇的是这些作品的作者。在我看来，无论艺术作品或者设计作品都是艺术家或设计师人生观、价值观的一个体现。某件作品并不能代表什么，而是作品背后作者的精神在支撑着的思想，对我来说这才是最重要的。

朗香教堂是我最喜欢的教堂，也是我最爱的建筑之一，是柯布西耶 1950—1955 年第二次世界大战后的作品，当时它的出现震撼了全世界，就连柯布西耶本人再次回到现场时，也很感叹地问自己：“可是，我是从哪儿想出这一切来的呢？”但与其说他是一个教堂或者一座建筑，不如说它更是一件伟大的艺术作品，它的存在已经超越了建筑或者教堂本身的意义。有些人认为朗香教堂违背了当时现代主义建筑师们包括柯布西耶本人提倡的建筑形式的简化和几何形体的审美价值，是个复杂的建筑形式。但在我看来，它正是运用了建筑形式简化和几何形体的审美标准，是融合两种精髓而建造的。从形式上看，它的四个立面都不相同而显得复杂，但是他们都是由简单的几何形体构成，无论从哪个角度看，都是明快的几何形体的变化，摒弃了传统教堂雕刻细节的繁复；从结构上看，看似复杂的空间布局更是功能主义的产物，是教堂这特殊意义建筑所必需的分配。在不伤害朝圣者对神的崇敬的基础上，最大限度地简化了教堂的复杂，保留了教堂的功能性，更运用光的元素使朝圣者心神合一。但作为艺术作品，它更深远的意义是影响着现代建筑的发展。这当然更是柯布西耶精神的影响。

坂茂的“纸建筑”，在建筑界也画了重重的一笔。1989 年的名古屋设计博览会馆，展馆虽不大，但却让坂茂首次实现纸建筑的梦想，他以 48 支表面经过蜡纸防水加工的纸管，重现日本江户时代造园名家所设计用欣赏水琴窟的东屋。这座纸建筑，白天里，一束束屋外的光线透过纸管间的空隙照射屋，入夜后，建筑物本身就像一个大型灯具，朝向四面八方射出灿烂的光束。

阪神大地震时他用纸管为灾民建造了纸教堂以及临时房屋，在联合国“难民专员事务所”工作时，他又用纸管为非洲卢旺达难民搭盖避难所及住家；2000 年德国汉诺威世界博览会的日本馆，高约数十米的巨大拱形空间，也是坂茂用纸管建造的。考虑到展览会馆场地的限制和使用完后方便回收为出发点设计的。这些设计都是既不浪费资源又达到了目的的典范，这也是坂茂一个重要的设计理念。

2000 年 4 月，原研哉策划了“RE-DESIGN——21 世纪日常用品再设计展”，其中坂茂又一次证明了他的设计理念。中间芯为四角形的卫生纸卷。当我们抽取在四角形纸管的卫生纸时，会因为阻力而发出“咔哒、咔哒”的声音。如果是平常的圆筒状卫生纸，只要轻轻一拉，就可以顺滑的抽出纸张。这个设计的用心之处正是在于它造成的不便，四角形的卫生纸卷筒会产生阻力，这种阻力发出的信息和实现的功能便是节约能源，另外，由于圆形的卷筒卫生纸在排列时，彼此间会产生很大的空隙，四角形的卷筒卫生纸就不会产生这样的问题，也使人们在搬运和收藏卫生纸时节省了空间。从生活的立场看，设计也存在着批判性。在坂茂的设计理念里，建筑或设计，已不单纯是一种结合科技的创作，涵盖更多的是对人类社会的责任与关怀。

Matali Crasset，是一位善于观察聆听生活细节的法国设计师。很早就看过她的作品，很认同她对设计概念的理解方式，从“如果这样该怎么办? ”的问题出发，到解决问的设计现实，这些都是她时时刻刻对生活细致的观察。她出生在法国东北部的一个乡村，父亲是位农场主，可能是小时候快乐质朴的乡村生活一直影响着她对设计的认识：风格使人沉迷于形式，而忽视了设计本身的目的。设计本身就是来解决生活中问题的一个方法。作品“当吉姆来到巴黎”就能很明确地看到她对于设计概念的阐述。在巴黎狭小的公寓里，当表弟吉姆来访，需要一个什么样的装置能让他在这里留宿? 不够灵活的沙发床占用了太多的空间，需要有个占用最小空间的铺盖，一盏晚上看书时需要的灯，还有早上起床时的闹钟，根据“吉姆”的需求，解决了问题，产生了设计。

更让我欣赏的是她低调的处世态度，2009 年底我为设计师 Arik Levy 工作，在他们的群展览“Préliminaires”中，我见到了她。当人们在兴奋谈论作品时，她没有过多地与那些当天晚上出席的“大人物”交际，她像一位初来乍到的设计师，羞涩的站在一个不起眼的位置。时而有人过去夸奖她，她也只是回报淡淡的微笑。这样一位有名声的设计师，还能如此谦虚平和。当然这从她的设计里也是看得到的。

**新锐成长：** 我们发现你所推崇的作者和作品都是在某个方面做过突破性创新尝试的，有人说“创新”是当下一个时髦的艺术设计话题，不知道你对这种时髦的“创新”是怎么理解?

**庞博：** 说“创新”是当下时髦的话题，这个观点我不是很认同。在设计或艺术领域内，“创新”是时时刻刻都需要做的事情，它一直都是社会的主题，并不只是在当下。

我认为的“创新”并不是那些让人耳目一新的形式和材料，让人惊叹的应该是这些来自于看似平凡生活的创意，不断开发出这样的创意才是真正的设计。

“设计不是一种自我表现，其落脚点侧重于社会。解决社会上多数人共同面临的问题是设计的本质。问题解决的过程——也是设计过程中产生的那种人类能够共同感受到的价值观或精神，以及由此引发的感动，这就是设计最有魅力的地方。”这是日本设计师原研哉对设计的阐述。创新的设计作品是个重复命题，设计本身就涵盖了创新的意义。如果说它是一件好的设计作品，那么它一定是“创新”的。

这件设计作品，它很好地解决了产生的问题，让人们在使用过程中有了不一样的体会，或是引发了人们的思考，这就是一件好的设计作品。形式主义不再那么重要。

**新锐成长：**除了“创新”，还有两对范畴也经常被人提起，那就是“民族与世界”和“传统与现代”，你觉得在艺术设计中这两对各自是一种什么样的关系？

**庞博：**接着上面的问题，与其说“创新”是当下非常时髦的话题，不如说设计创作中“民族与世界”和“传统与现代”的关系问题才是当下值得讨论的话题。尤其是在中国现在这复杂的环境里。一个好的设计或艺术，它应该既是民族的，也是世界的，既有传统的元素，更是现代的符号。它是为人类现代生活与思想服务的。

19 世纪前欧洲人以拥有中国制造的产品而感到骄傲，将这些视为时尚和尊贵的代名词，风靡宫廷和贵族间，曾几何时我们形成了今天这样的局面，“中国制造”成为了“山寨”的代名词。

当今天中国的发展在以超音的速度火热进行时，我们欣喜并自豪地盼望着这样的速度可能会带给我们更加文明的生活，但现实是正是这样的速度，快得却让我们感觉扭曲、模糊、迷失。于是我们没有足够的时间去思考去沉淀，快得让我们摒弃了自己的文化传统。“拿来主义”最终导致了我们不得不承认的现状——“山寨”的盛行和扭曲的价值观。为了追求与国际审美接轨，我们用仿造的“山寨”；为了追求虚荣的真实，我们用一年攒下的钱只是为了买个名牌包。我不想去抱怨社会，但是，我们真的没有看清楚自己。目前中国作为世界工厂，我们以初级的劳动力换取面包与牛奶，以山寨的形式大肆拷贝作为引以为傲的话题。这些都是对民族传统的摒弃与伤害。当这些现象去追随着金钱至上成为主流时，设计从何谈“民族与世界”和“传统与现代”？

但是有一点，我必须，也很光荣地承认，中国人的聪明才智是不输给任何种族与国家的。现在，世界上也有不少的华裔艺术家与设计师都在以中国思维，中国元素表现着自己的文化。“中国制造”必将华丽地转身为“中国设计”。中国设计，有着一个承载着丰富文化历史的过去，这是我们的根基，也必须沿着它的方向一直走下去。中国越来越受到世界的瞩目，中国设计的时代开始了。

**新锐成长：**谈谈目前你正在关注或思考的问题吧，社会的、政治的、经济的或者艺术的都可，您认为如何解决这些问题。

**庞博：**正如以上所说，我所关注的问题是中国设计的未来。既是我的个人问题也是这个社会的问题，体现在政治经济的方方面面。一个适合“中国设计”滋生的土壤，究竟要是怎样的状态。

这个问题听起来也许有些宽泛，讲具体点就是：教育、人与空间行为（空间行为即指空间规划的合理性与空间运用的规范性）关系的问题。三者是相辅相成，相互影响的。好的教育会使人改变，人的行为更直接影响着空间行为的变化。空间行为的良好，促使人的自我规范，教育也就更轻松的容纳更多反馈给人。

从我做起。也许是解决问题最好的方法。

**新锐成长：**你关注或思考的这些问题会影响到你的创作吗？这种影响是以什

么方式存在的?

**庞博:** 当你离开祖国开始寻找时，你的心更坚定的向往着生你养你的那片国土。它所面临的问题更是牵动着你的每根神经。想让她更好的愿望也是促使你更努力地动力。每次接到新的方案，你代表的不是个人，而是国家，所以你要更努力地付出。

在设计思想上，骨子里的中国传统文化，更是开始思考的根源。

**新锐成长:** 你认为好的设计师的标准是什么? 最能展现一个设计师未来潜质的因素在哪儿?

**庞博:** 我们首先需要有一个坚韧，谦虚的心态，然后就是大胆、严谨的行事作风和持之以恒的精神。这是做任何事情的前提。

作为设计师这个具有一定特殊性质的群体，他一定要是一个热爱生活的人。发现生活中问题的过程是产生设计的灵感来源，如何发现问题，就要看你是否真的具备时刻保持对社会的敏感度，来捕捉源于生活细节的本质，这是设计师所要具备的重要条件。

人品的好坏也是很重要。

我不能说我具备了哪些条件，这需要时间来证明。我只能说，我是个热爱生活的人。

**新锐成长:** 给自己做个评价或者总结吧!

**庞博：** 享受懒惰、崇尚努力、信仰坚持。

对于自己的设计，我从没有满足过，就好像女生的衣柜永远少一件衣服，总觉得还有更好的空间可以发挥，贪婪地吸收着来自每个角落的营养。

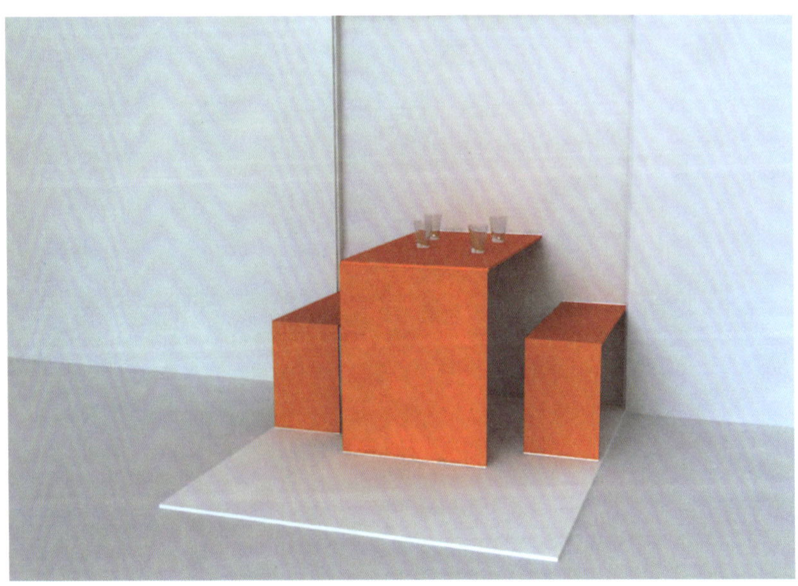

## 《小空间的惊喜》

背景：经济的发展，让城市的人口越来越多，居住的空间越来越小，针对小空间很难划分功能空间的问题。

概念：利用 3D 折纸卡片和书的概念，将平面折叠归为立面，使空间灵活的运用。

《SVAROVSKI 展场》

概念：走进水晶里

方法：根据店面特殊的空间布局，采用线状光源，营造空间水晶切面的转折，让人们有一种置身于水晶之中的感觉。

## 《KIOSK》书展展示

这是一个团队项目。

背景与概念：场地在雷恩第二大学的艺术展览馆，考虑到经费、安装与回收的问题，我们利用空间本身屋顶走电线的金属网架材料，制作书架和书桌，使空间上下呼应。金属网架中间的空洞方便安装时尺寸的衡量，又可插叠书卡。

## 《书灯》

材料：纸，LED 灯
尺寸：297cm × 210cm × 12cm

背景：节省书桌可利用面积。
概念：灯笼的可伸缩性。

## 《记忆的光》

材料：木板
尺寸：30cm×30cm×40cm

小时候，我们每个人都会有一个属于自己的抽屉，里面放着自己心爱的东西，或是自己的小秘密。每次打开它都会有一种幸福的感觉。这盏台灯采用简单的抽屉造型，屉斗朝向下方，打开它，暖暖的光线从中洒出，带我们回到记忆深处快乐单纯的时光。

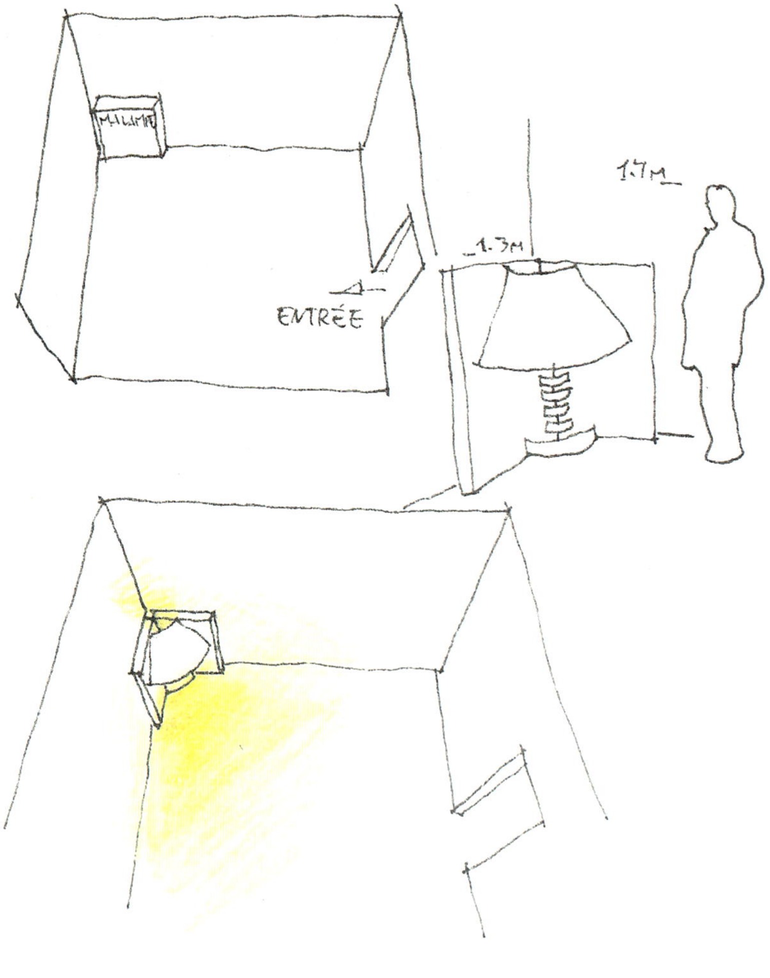

# 王博

1980 年 10 月 11 日生于山东淄博。

2000—2004 年，就读于山东理工大学视觉传达设计专业，获学士学位。

2005—2011 年，就读于德国比勒费尔德应用大学视觉传达设计专业，获硕士学位。

## 设计与“答题”

王博是我们采访的第一位 80 后设计师。80 后曾经在一段时间内是叛逆、新潮和享乐等的代名词，虽然这些标签如今已经被 90 后，甚至 00 后所代替，但作为设计师来说，80 后身上的那份生于新时期的锐气和敏感依然强大，再加上而立之年的些许成熟稳重，80 后设计师成了设计界一道独特的风景。

王博的洒脱似乎更加验证了这点。在采访过程中每位受访者给我们的回信标题都差不多，关键词无外乎“采访”、“大纲”之类的，独有王博将接受我们的采访称为“答题”。我不禁哑然失笑——这位 80 后的设计师要么还沉浸在学校生活的甜蜜中，要么就是在调侃我们这种邮件采访的形式了。无论如何，王博倒是让我们见识了 80 后设计师的轻松与潇洒。不过，转换个角度想想，设计不就是一次次的“答题”嘛——提出问题继而解决问题。

王博“答题”的旅程跟其他人相似，他先在国内读完设计专业的本科后又去了德国留学。2011 年王博从比勒费尔德应用大学视觉传达专业毕业，并拿到了他的硕士学位。相比较那些很早就留学国外的人，王博对中外设计教育的差异体会更深。刚刚到德国读书，在版式设计课上，教授布置的第一个作业是制作一个有自己名字的牌子——这个牌子会放到课桌上，在上课时便于大家互相认识对方。第二次上课，大家都带来了五花八门的牌子，各种造型、字体以及排列形式，教授则认真地做着笔录，他会询问每个学生用的是什么材料、多大尺寸、字体的名字以及为何用这个字体，教授甚至会关心文字是电脑打印的，还是自己手写的等。这个作业让王博记忆深刻。王博说通过这个练习，让他锻炼和体验了整个视觉传达的过程。

王博说在他的设计成长过程中，曾经有许多见过或没有见过的艺术导师，这些引导或指导他走上设计道路的人来自不同的国家或领域。有“德国视觉诗人”之称的平面设计师冈特·兰堡就是其中最重要的一位。王博虽无缘同冈特·兰堡有多深的沟通和交流，但并不妨碍他对冈特·兰堡的崇拜与喜爱。也许跟身处德意志文化圈有关，王博觉得自己更能理解冈特·兰堡的设计思想和形式观念。冈特·兰堡在德国设计界和世界设计舞台具有举足轻重的地位。他本人提倡多思考，多动手，反对在进行创作的时候直接用电脑。冈特·兰堡认为借助电脑特效完成的设计是没有灵魂的。真正的设计作品不仅仅要在表现形式上打动接受者，更要求设计师通过生活和感情，表达出来的让人激动的设计语言。

德国青年设计师组合 2xGoldstein 兄弟也是王博很推崇的对象。Goldstein 兄弟师从冈特·兰堡教授门下，在大学学习阶段便取得了很多成绩。严谨的设计风格，一丝不苟的工作态度，鲜活的设计语言，使他们在德国设计界小有名气。他们的设计作品多是通过字体入手，运用版式设计的技巧，将字体作为图形来使用，使字体除了具有阅读的功能外，又增添了更多的艺术气息。

在国外读书，王博对现代设计的语境有自己的切身体会，尤其是现在设计如何处理好民族、世界、传统与现代的关系等。他说，一个家庭就好比一个国家，每个家庭都有各自的特点、风格和喜好。从国家的角度来说，这个被称为民族。那么世界呢，在王博来看就像是一栋居民楼，或者一个生活小区，是由许许多多家庭组成的。既要保证整个生活小区的统一性，还要具备每个家庭固有的特性，这便是民族与世界的关系。而传统与现代的关系，就是将文化积淀下来的精髓与经典不断地运用到现代的生活中去。随着时间的流逝，现代也将会成为传统。

王博认为正是因为有民族、世界、传统和现代等范畴的差异和不同，才会诞生那么多创新的艺术和设计作品。创新的作品，一定是在思想上，在创意的出发点上，与社会文明的未来发展最紧密结合的作品。伴随着社会文明的不断发展，科学技术的不断进步，经济水平的不断增长，人们审美及对美的要求的不断提高，新的思路、新的艺术表现形式也会应运而生，所以创新是时间的产物。

但王博也认为，一个好的设计师仅仅具有所谓创新的能力或者一味追求所谓的创新是远远不够的，甚至是一种误导和偏差。他认为如何评价和判定一个好的设计师是一个很难回答的问题，但有些素质是必备的，如丰富的知识体系，严谨努力细致耐心的工作态度，对生活和美好事物的执着追求，以及快速的应变能力，对新事物具有良好的接受能力等。当然还有最后一点就是要有一颗热爱设计的心。具备以上这些，他或她就一定会成为一个出色的设计师。

王博说自己刚刚从学校毕业，目前还是自由职业者，但这并不妨碍他对设计问题和设计职业的思考。王博说自己一直在关注“如何提高我们自己的设计水平，提高大众的设计审美”这样的问题。“在盲目追求经济效益的今天，很多人忽略了设计的重要性，精神文明的发展滞后了物质文明，这需要我们一起努力，从一点一滴做起，从基础教育入手。”对于自己的未来设计生涯，王博让我们看到了一个 80 后设计师的信心和责任感：“我还要在设计的道路上继续前进，还要努力地深入的学习，使自己不断地进步和完善，也希望自己将来能够取得更好的成绩来回报社会！”

Gedichte sind gemalte Feusterscheiben!
Johann Wolfgang von Goethe

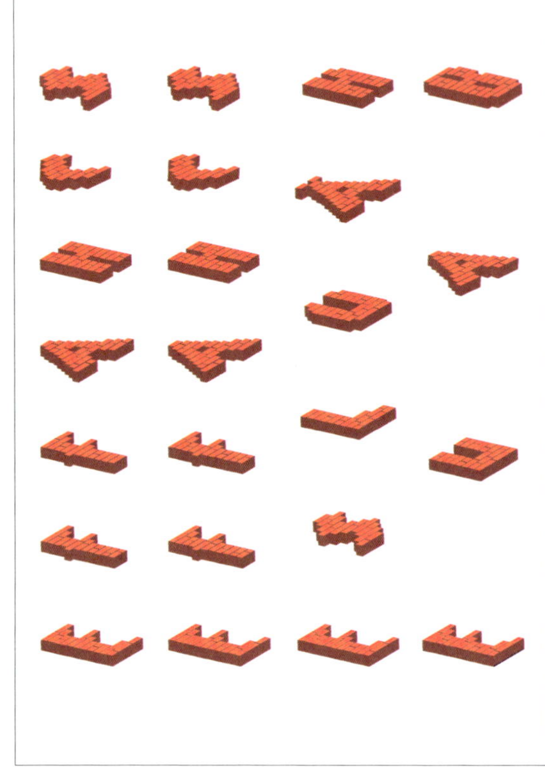

DER MUND EIN
ES GLÜCKLICH
EN MANNES 。喝
IST MIT BIER
GEFÜLLT

ShaoLin
Kong-Fu
Meister
少林功夫
之防身术
WORKSHOP
Eintritt frei
22.05.2010
herzlich
will-
kommen
IBZ Morgen-
breede 不见不散
18:30-21:00
verein
der chinesischen
studenten
Bielefeld &
ISR
武
ShaoLin
Kong-Fu
Meister
>>>>>

Gulf of Mexico
20. April 2010

≯ 326–327

KARAOKE
PARTY
BIELEFELD
UND
OPEN
PADER
BORN
IBZ Bielefeld am Realmarkt 13. 12. 2010 17.00-23.00

阿姆斯特丹旅游宣传　海报设计

设计展　海报设计

26.01 ★ 2009
CHINESISCHE NEUJAHRS
PARTY
春
春
2009
DAS JAHR DES BUEFFELS
Restaurant Khan Bahnhofplatz 6 Herford
Ab 16.30 Eintritt 5 Euro
Inklusive chinesisches Bueffet und Getraenke

AUHAUS
EW YOR

1999—2003 年，就读于山东工艺美术学院，展示设计专业。

2003—2007 年，就职于山东工艺美术学院应用设计学院。

2007 年，就职于波多黎各德马科贸易公司（中国）翻译和顾问。

2008—2009 年，自由职业者，兼职于山东工艺美术学院，山东艺术学院等艺术院校。

2010 年至今，生活和就读于安哈尔特应用学院，攻读国际交叉艺术设计专业硕士学位。

潘少华

## 在梦想与现实间游走

潘少华是那种让人一眼看上去很信任很踏实的人，虽然你会觉得他的成熟超过了他的年龄。1999 年秋天潘少华进入山东工艺美术学院展示设计专业学习。对他来说，选择艺术设计这条路是一个很艰难的决定，首先是高昂的学费是他的家庭几乎不能承受的。其次，当时他根本就不了解毕业以后，能不能找到一份像样的工作，更预测不到自己将来的生活是什么样子的。最开始周围的亲戚和朋友对他的选择更是持有不一样的态度，有不理解，也有赞扬。但无论如何他还是很骄傲自己选择了艺术设计作为自己的专业。

从 1999—2003 年 4 年的大学生活给潘少华留下了很多的回忆。那时候的生活基本上是集中精力在学校的课程上，课外的时候会兼职打一些工，因为高额的学费给自己的家庭带来很大负担，所以额外的一些收入很是必要的。他印象最深刻是在学校民间艺术博物馆帮工的那段时间。几百年的陶瓷器皿，价值不菲的字画，还有精美的民间工艺品、剪纸和木板年画等都帮助他积累了丰富的民间艺术方面的知识，那段经历对他生活和工作产生了很深的影响，并一直持续至今。读大学四年级的时候，潘少华又很幸运地得到了一份在成人教育学院教书的差事，这算是他的艺术教学经历的正式开始吧。

2010 年 10 月，潘少华结束了在国内所有的工作，重新开始了自己的学校生活。至于原因，既是镀金也是逃避，潘少华说自己有点厌倦了过去 7 年的生活和工作状态。他现在就读于德国安哈尔特应用大学，著名的包豪斯建筑就坐落在校园里面，并且就在潘少华的学生公寓对面。

重新进入学校学习，潘少华更觉得机会珍贵和难得，所以日常生活基本上围绕着课题项目转。潘少华现在主要做一些信息设计、社会设计、交叉设计以及字体版式设计的项目和课程，同事们来自 13 个不同的国家，他们之间既是课题搭档，又是竞争伙伴，每个人都有自己不同的教育背景和专业方向，所以凑在一起特别有趣。

每一个人的人生经历和职业规划都会受到他所生活环境的影响。潘少华出生和成长在农村，父母都不是有钱人，但是父母的正直、善良乐观的生活态度对他的影响很大，并且给了他很自由的生长环境。从潘少华记事起，他就可以选择自己喜欢的事情，一直到现在的学习、生活和工作。潘少华说还有一个对他有影响深远的是社会，从 16 岁他离开家到现在又是一个 16 年。这期间社会教会了他独立思考，赋予了他自信和积极乐观的生活态度。即使在自己最困难和充满压力的这几年里，潘少华仍然保持乐观和永不放弃的生活态度。为自己喜欢做并且想做的事情而坚持，这就是父母、朋友和社会给他最好的财富。

**新锐成长：** 谈谈您比较认可或推崇的几件艺术或设计作品，自己的或别人的，艺术的或非艺术的，设计或非设计的，以及您对这些作品的评价或推崇他们的理由。

**潘少华：** 如果说我比较喜欢或者欣赏的作品，那是会是很多，每件作品都有它自己独特的审美和价值。目前我生活和工作在包豪斯，那我就谈谈包豪斯吧，对我来说这样可能会是比较方便和直观。我之所以选择就读在这里，其中一个很大的影响就是包豪斯。当时在国内的时候，每个人都在谈论包豪斯的风格、理念和它的设计哲学等，这个促使我选择了这里。我之所以喜欢包豪斯一个重要原因就是它的设计理念“Less is More（少就是多）”，就个人而言，我很欣赏这个富有哲学意义的设计理念。 我总是开玩笑说可能是欧洲人厌倦了繁琐的巴洛克、洛可可风格和新古典主义等。你如果走进包豪斯，首先从外到里会很少能看到多余，或者根本看不到任何的装饰。远远望去包豪斯就像是一个玻璃盒子一样，巨大的玻璃幕墙，让充足的光线进入到内部，而不是用电能去采光，极少的混凝土只是起到了整个建筑的结构承重。其次，走入内部你就会发现里面所有的细节设计仍然是秉承了“少即是多”的理念，顶灯、壁灯、椅子、暖气及门窗的把手和叶窗的开启方式，都称得上是简之又简。这种极简约的设计对一个人口多，建筑多的中国是否有极大借鉴意义？再看包豪斯的学术厅，你会发现它的讲台竟然是跟包豪斯的餐厅共用一个平台，只是用了一个深色的幕布自然的隔开，这个设计竟然是我半年后才发现的。可见它们的结合是那么的自然。包豪斯理念对当今建筑的影响，只要你稍加注意就会发现无处不在，像芝加哥、法兰克福、香港等这些国际大都市的摩天大楼的设计，哪座没有受到包豪斯的影响？

**新锐成长：**“创新”是当下非常时髦的话题，您是怎么理解“创新”与“创新思维”的？从您从事的领域看，您认为什么样的作品才是“创新的设计作品”？

**潘少华：**我不是一个艺术评论家，所以这个话题对我来讲稍微有点难，不知道怎么回答。但是基本上就我的理解是：创新倾向于行为活动，创新思维更加倾向于一种艺术上的思维方式。很显然作为一个好的设计师创新思维是必不可少的。顺便提一下，希望那些正在学习或者正在从事艺术设计的新的和未来的同行们，尽一切可能去参与一些实践活动，这样会有助于你尽快地建立起自己的设计哲学和创新意识。我对这点是很有体会的，也是正在摸索和试探中。

关于什么是创新的设计作品，我会在后面的话题里面来谈。

**新锐成长：**您如何看待或处理艺术或设计创作中“民族与世界”和“传统与现代”的关系问题的?

**潘少华：**这是个既简单又复杂的问题，我不是很确定自己会不会给你一个比较满意的答案，但是我会尽量阐述自己的观点。举个例子来说，我们在中国喝茶不会添加任何东西，因为我们想要保持茶香的自然味道，但是在欧美西方国家有些人会把茶叶加牛奶或者是糖。我问你更喜欢那种，答案总是不一样。因为因人而异，两种都不错。

独立的民族文化和多元结合的综合文化两种都是很美的，我也认可“民族的就是世界的”的说法。如果把我们的民族文化推向国际化，我们必须要注意不是肤浅的移植和纯粹的复制。我们必须要找到一个和谐的切合点，否则就会变成中国人和西方人都看不懂的作品。顺便提一下，文化阅读的差异也是我们艺术创作应该注意的。可能会是事半功倍，也可能会是事倍功半。

“传统和现代”的关系跟“民族和世界”的关系是一样，应该是和谐共处，不是互相否定对方。我们常问，为什么我们的城市变得越来越西化？为什么我们的城市变得越来越像一个模式复制出来的？我们的政府在城市规划中经常会拆掉一些传统的老建筑，而去建造一些高楼大厦，让它看上去更像纽约。为什么德国人在第二次世界大战以后又把战争中摧毁的教堂、宫殿、剧院重新建造起来？他们甚至把它们建造得跟战前一样。这就是我们对待传统文化的不同态度，孰对孰错？我觉得现代和传统并不是矛盾，它们可以和谐的互相装饰和补充。

**新锐成长：**请您谈谈目前您正在关注或思考的问题，社会的、政治的、经济的或者艺术的都可，您认为如何解决这些问题？

**潘少华：**毫不谦虚的讲，我有的时候真的是在考虑我们的艺术设计教育应该怎么走。我曾经当过几年老师，对我们艺术教育的利弊情况有一些了解。再加上这几年的历练和海外的一些经验，希望以后能有机会重新开始我的教学工作，更希望自己在教学改革中起到一些积极的作用。第二件我特别想去尝试的事情，是想让西方的学生了解一些中国艺术史和民间艺术的知识，或许这些会给他们带来一些创作上的灵感。总而言之，各国间艺术设计上的交流总是必不可少的。

**新锐成长：**您目前关注或思考的这些问题会影响到，以及会如何影响到您的艺术或设计创作？

**潘少华：**是的，影响是很大的。一直到现在当我工作的时候，我还是自然而然在自己的作品中运用一些中国元素，可能是自己对自己国家的文化特别自豪吧。比如说上个学期，我们有一个信息设计的项目，其中有一个小的分析课题是家谱学信息，我就陈述和分析了一张具有中国北方特色的家谱，是用庭院的结构呈现出祖先的地位。这让我的同事们很是惊奇。

**新锐成长：** 您认为我们应该从哪些角度去评价和判定一个好的设计师？您认为最能展现一个设计师未来潜质的因素在哪儿？您觉得自己具备哪些？

**潘少华：** 这里我想用 Dieter Rams 十项好设计的准则来讨论这个话题。（Dieter Rams 是德国著名的产品设计师，是布朗公司的首席设计师，他的作品继承了包豪斯的理念，对现在苹果公司的产品设计产生了巨大的影响。）

（1）好的设计是创新的。

（2）好的设计是有功用性的。

（3）好的设计是具有审美性的。

（4）好的设计是易懂的。

（5）好的设计是不易察觉的。

（6）好的设计是诚实的。

（7）好的设计是长久耐用的。

（8）好的设计是自始至终渗透到最后一个细节的。

（9）好的设计是环保的。

（10）好的设计是尽可能的少设计。

我认为一个优秀的设计师，对自然是尊重的，对设计是严谨的，对他人是平等的，对事物是客观的，视野是开阔的。

**新锐成长：** 请您给我们推荐一两位您推崇的设计师或艺术家，谈谈他或她对您有什么样的影响，您推荐他或她的理由是什么?

**潘少华：** 除了设计师 Dieter Rams 之外，另外一个我比较喜欢的设计师是贝聿铭，美籍华人。我最欣赏他的地方是，他总能够把自己的作品跟周围的环境结合地很好，同时他会在这个环境中找到自己的设计灵感，从而来找到一个和谐的设计。比如说中国苏州博物馆，美国华盛顿特区国家艺廊东厢，中国香港中银大厦。法国卢浮宫的金字塔设计虽然经历一些挫折，但是经过了时间的考验最终也成了法国的标准性设计。

**新锐成长：** 请您给自己做个评价或者总结吧!

**潘少华：** 我喜欢艺术和设计，我也对其他任何新鲜事物感兴趣。我喜欢音乐和舞蹈，比如说拉丁音乐、爵士乐和非洲鼓等；我也喜欢烹饪和烘焙，中餐、日本寿司、意大利面和比萨，法国的面包自己做的还可以。我是一个敏感的人，同时也对生活很理性，当我闻到草地和土壤的味道我特别高兴。我是一个游走在梦想和现实中间，一个来自农村的孩子。

# City Countryside Communication

1 ourtopic research interview
2 analysis persona sketches solution
3 digitalwork finalwork summary feedback

MAID / Social Design / Prof. Lecuna / Shaohua Pan & Yuji Onuma

"Do you want to enjoy the rural life?
Do you know how to buy coffee from Starbucks?
Do you want to get some different experience..."

## 1 Our topic

Nowadays,the gap of communication between city and countryside for young people is getting bigger and bigger. On the one hand, some of them from the city have never been to the countryside. They even do not know where tomatoes are from; on the other hand, some children from remote areas have no chance to visit the city and enjoy modern life. So our topic focuses on this social issue, we look for a solution to help these young people who are seeking a chance to exchange different experiences between city and countryside.

## Research

In Japan, there is an activity called work weekend for young people to do some farm work. They not only can earn some money,but also can get some social experience.

In China, there is visiting day on which children visit their parents who work in the city during big holiday. In generally, some volunteer organizations pay for them.

In South Korea, there is a kind of physical training like the one for soldiers during summer holiday.

In Taiwan, to visit the countryside during the summer vacation is very popular. There the students can be close to nature and also get some experiences.

## Interview

- 6 Email feedback
- 3h:45m interview by camera
- 3 discussions with classmates
- 7 countries including China, Japan, US, Germany, Thailand, Vietnam, Australia etc.

## 2 Analysis

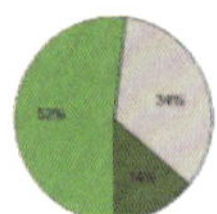


people from the city

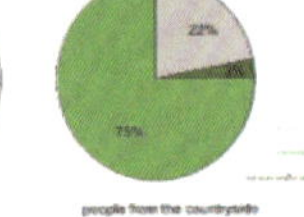


people from the countryside

These two diagrams clearly show that most of the young people are interested in communication between city and countryside. People from the countryside are much more interested than city people. However,there are still some of them who do not want to take part in this communication, because of bad traffic, unhealthy food, feeling of inferiority and so on.

## The persona

Yu 15 year-old studies at an international school, was born and grew up in JINAN (6,039,500 population). His family has not any friends,relatives in the countryside.

His parents both have nice jobs and good pavement, they give to Yu too much pressure to be successful in the future. Yu dreams to have more free time and he even is envies of the young people from the countryside. Now he is looking for a chance to visit the countryside.

Han,13 year-old studies at the local middle school, was born and grew up in a village 120 kms from Jinan. Her family already has been there for 3 generations.Not many people have the chance to go to the city and to university. Fortunately there is a computer with internet at her school that is the only one in her town.

Her parents both are famers without much money,but very open-mind.they are looking forward to her daughter having more chances to get more experiences.

## The solution

city
countryside
communication

We create a volunteer organization and a website for this group. Through this web site we can help the young people like Yu and Han who are looking for a chance to visit different places, and the most important thing is that we can help them to form friendships between city and countryside. Through this it can come to a further exchange and the young people can share the different life in each other's family.

## The sketches

## 3 Digital work

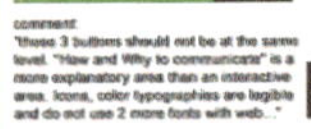

comment:
"these 3 buttons should not be at the same level. "How and Why to communicate" is a more explanatory area than an interactive area. Icons, color typographies are legible and do not use 2 more fonts with web..."

comment:
"Your icons system is looking very good, but you still have to make them a unique family. Important is that the icons have the same language."

## Final work

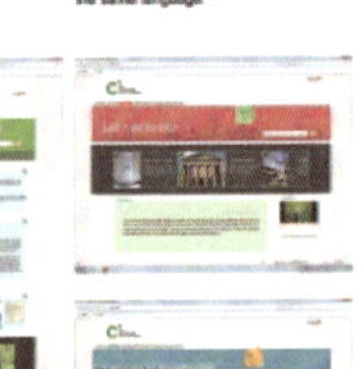

## Summary

Through this Social Design project, we not only got a lot of knowledge about web design, but we also enjoyed the whole process of this class, from research,interview, analysis to sketches,digital work,details and so on. We also clearly know only one web site can not solve all the problems, can not eliminate such a big gap between city and countryside. But we keep on working to expand this volunteer web in the future. We hope it will be helpful to young people who are looking for chances to get different experiences.

## Feedback

Social Design（社会设计项目）是我们很大的一门课程，发现目前社会上存在的问题，然后通过自己的艺术方式去找到解决的答案，我们把整个课程的过程作了一个海报进行展示说明。

VISU
ALUA
NGUA
GE
Visual language is one sort of communication using visual elements by human mind. it is quite different compare with oral language and body language. Just as people can "verbalize" their thinking, they can "visualize" it. A diagram, a map, and a painting are all examples of uses of visual language. Its structural unites include line, shape, color, direction, orientation, scale, angle, space and so on.
The keywords of visual language are: imaging in the mind, meaning and expression, perception, innate structures in the brain.
For example, the visual language of a house is style, structure, color, function, height and shape etc. A chair's visual language is shape, dimension, material and structure.

由于我们就读的硕士项目是 MAID（Mater in Art of Integrated and Design），是一个多国家参与的国际项目，所以我用了中国苏州园林里面镂空元素来表达来自中国的声音。

AI WEIWEI
the Tiananmen Square | the White House | La Tour d'Eiffel | Kassel Rathaus

（合作项目 Yuji Omuma 日本）

用木质复合板材进行一些家具设计，是我们的一个课题项目，我们选择了做一个木质手提包，不同于其他皮革和金属材料，比较环保，同时也容易保护里面的电脑或者其他易碎品。

# 庄波涛

1975 年出生于黑龙江鹤岗。

中国少年儿童新闻出版总社报纸出版中心美术编辑室主任美术总监。

1992—1996 年，中央美术学院附属中等美术学校。
1996—2001 年，中央美术学院雕塑系第四工作室获学士学位。
2008 年 4—6 月，美国阿尔弗雷德大学美术与设计学院及罗德岛设计学院交流学习。
2007—2009 年，中央美术学院设计学院数码媒体艺术工作室获艺术硕士学位。

1998 年，雕塑作品《Dougong》入选“CONCORSO NAZIONALE DI SCULTURA DA VIVERE”。
2003 年，“庄波涛个展”北京潜龙画廊。
2006 年，个展“习惯”观画艺术空间。
2009 年，数字版画《鞋子的故事》参展“ART BEIJING 2009”。

## “玩”、创作、生活

庄波涛是中央美术学院的老学生，之所以这么说是因为他的高中、大学与研究生都是在中央美术学院度过的。1992 年他从东北来到中央美术学院附中学绘画，4 年后正式考入中央美术学院雕塑系学习西方写实绘画和雕塑，然后在毕业 8 年后他又成为中央美术学院设计学院数码媒体艺术专业的艺术硕士，前前后后他在中央美术学院已经度过了 10 年的时光。

雕塑专业毕业后庄波涛开始从事少儿媒体出版工作，主要是针对少儿媒体的美术设计。也正是从这时候他开始接触并深入地了解和认识设计这一艺术类别，特别是平面设计。当然工作本身的综合性使他在从事平面设计之外，也负责媒体项目策划、实施和出版等工作，经过几年的努力，他积累了许多设计实践和设计管理方面的经验。

2008 年，庄波涛进入中央美术学院设计学院数码媒体艺术工作室就读艺术硕士，那个时候为了兼顾学习和工作，他经常一天多次狂奔于单位和学校之间。现在几乎不能想象毕业创作时候的辛苦，由于当时工作很忙，他不得不白天上班晚上做创作，有时创作太晚索性住在学生宿舍里。在这段学习期间，庄波涛曾去美国康奈尔大学和新媒体艺术诞生地阿尔弗雷德大学学习考察，这次考察让他打开了眼界，拓宽了视野，其中他的两件作品的想法就是在考察中形成的。在学习期间，导师马刚和陈小文给了他很深的影响。

庄波涛说从工作到读在职研究生，从一个设计从业者到设计重新学习者，他的学习经历就是自己思想观念发生变化的过程。由于他长期接受的都是西方写实绘画，对技巧训练早已心生厌倦，在媒体工作几年后渴望从艺术观念上能有所突破，所以重新回到学校读研读的是数码媒体专业是必然的选择。

2010 年庄波涛拿到硕士学位后又把大量的精力放到少儿美术出版物设计的统筹管理上来了，平日的行政性事务较多，难以有大段集中的时间用于创作，只能忙里偷闲进行创作。

庄波涛说他的创作方式可谓“不择手段”，数字版画、装置、版画和插图都在做。他不会太刻意地去追求某种固定的创作手段，希望作品能够保留偶发性的自然之态，有纯粹的“玩”的真实，由此获得轻松自在的创作状态。生活中的琐碎小物都会引发他创作的灵感，《时间的河流》是看到案头的扫描仪产生的想法，由他的同事帮助完成，这件作品让庄波涛充分地享受到“玩”艺术的乐趣和过程。另外，《鞋子的故事》是用一把勺子来挖坑，一双鞋来做道具玩出来的小品。这种方式大概是受到工作的影响。工作中有些新闻选题的出版内容过于血腥暴力，庄波涛就用玩偶和道具来模仿新闻事件，让孩子看到画面是有所触动，但不会感到压抑，庄波涛认为自己偏爱动手制作的设计方法受益于制作雕塑的学习经历。少儿媒体工作让他浸染其中，泡出了些许童心，也让他的思路天马行空，他还曾经设计过一个利用网络传播情感信息的互动玩具。

庄波涛认为自己的创作和工作没有界线，状态也不需要切换，因为他总是觉得精神贯穿在自己的生活之中，无时无刻，无处不在。在工作中“玩”，在“玩”中创作，在创作中过活。

庄波涛这种随性的创作态度和生活观念跟他的家庭教育和生活经历有很大的关系。庄波涛的父亲是名放射线医生，年轻时就自学画速写，他经常能看见父亲画医用解剖图，这对庄波涛产生了潜移默化的影响，父亲经常把头骨借回家让他写生。庄波涛说他小时候画累了经常是抱着头骨睡觉的，这些因素构成了后来他选择雕塑专业的背景。

10 岁的时候，庄波涛提出想要学画画，父母尊重孩子的选择，就把他送到市工人文化宫的成人美术班学习。当时美术班的老师非常看重他，说他是画画的"那块料"，主动跟庄波涛父母商量让他日后考中央美术学院，这位老师就是庄波涛的启蒙恩师周丰民。那个时候，一有时间庄波涛就跑到周老师办公室或者是他家里画画，周老师从来都分文不取，后来他们俩的关系形同父子。周老师为人诚恳、低调、治学严谨，他的这些性格特点还有绘画风格至今还在影响着庄波涛。

20 世纪 80 年代的东北很是封闭，那时候社会对启蒙教育没有什么概念，而庄波涛的父母却能超前地给他创造学习条件，他也很幸运地遇到周丰民老师这样能传授给他正规美术技艺的好师长。庄波涛说他们给予自己的这些，正在影响着自己的一生……

同庄波涛的交流平静而隽永，就像是在听他讲一段古老而温情的故事。故事里有艺术、有人生、有感叹也有思考。

**新锐成长：** 谈谈您比较认可或推崇的几件艺术或设计作品吧，跟我们聊聊您对这些作品的评价或推崇他们的理由。

**庄波涛：** 喜欢的作品有很多，从古至今，由中而外，美术史上留下了许多让人叹为观止的优秀成果。我的兴趣点比较多，最近比较多地关注安・汉密尔顿，她的《By Mouth and Hand》是我很欣赏的作品，安・汉密尔顿把胶卷盒制作成微型摄像机放进嘴里，在与人面对面交谈时通过嘴巴的开合来拍摄对面的人。她的这个作品呈现方式虽简单，但传达的内容却让人震撼。在她的作品中，人类共同拥有的感官被作为接受的媒介，艺术家本人的思想隐含在作品背后，与观者进行着不间断地交流甚至是共鸣。正如佛家对感官的阐释，讲六根、六触、六尘，认为官感的来源依赖于六根即眼、耳、鼻、舌、身、意，完成与外界六尘即色、声、香、味、触、法的接触与反应的过程。安・汉密尔顿用“舌”去看世界来“置换”“眼”的功用，实际上暗含了六根之间无法界定的某种互动的“意”趣，颇有禅的意味！

以身体为媒介来创作是个智慧的方式，人类的感官是艺术创作的最基本媒介，没有民族地域的障碍。我第一次看见她的作品，是从东方思维的角度来感受的，作为西方艺术家，她的作品能够让我有很深的触动。那时候，我意识到用通用媒介去创作，让东方的思想做基础是解决语言障碍的最好办法，易于和观者沟通。

**新锐成长：**“创新”是当下非常时髦的话题，您是怎么理解“创新”与“创新思维”的？以您从事的领域看，您认为什么样的作品才是“创新的”？

**庄波涛：** 所谓“创新”，其实是一种相对的创新，我个人认为“创新”就是一种跨领域的交叉性再创造。“创新思维”就是寻找跨领域、超越多种领域可能性的一种思维方式。所有的创新作品其实都是从原有领域的基本因素附加上其他领域的某些因素衍生出来的，具体到物理应用来说就是多种媒介的“混合体”。能够触动人的思想或改变人们原有生活方式的作品就是真正的“创新的设计作品”。另外，创新与想象有关，一个缺乏想象力的设计是无力的，正如苹果公司的成功在于他们有超前的、丰富的想象力，创新的设计更需要想象，这种想象并不是漫无目的的怀想，而是由当下现实、日常生活和文化观点引发的“超越此在”的一种思维方式。最后，创新的设计作品要反映一个时代的特点，任何艺术成果都要具有“时代精神”的烙印，如果脱离了当代的语境，那么这种设计就难以融入到即将成为历史的时间流动中。

**新锐成长：**您如何看待或处理艺术或设计创作中“民族与世界”、“传统与现代”的关系问题的?

**庄波涛：**“民族与世界”、“传统与现代”是关乎整个当代文化发展的课题，所有与文化相关的活动都要充分考虑这两种关系。在当代多元化的创作语境中，不能单纯用二元分类的想法来对待这些问题。一直以来，用中国的传统符号去诠释西方的思想成为一种时尚的创作方式，尽管有从中受益了，但是贩卖“民族符号”的时代很快就会变成过去时。不管是民族的还是世界的，或者传统还是现代的，形式本身其实不重要，都可以成为作品表达和理念阐释的一部分，关键是作品的内在观念要具有当代中国文化精神，这种精神与传统紧密相关，又浓缩了当代中国现实的特质。设计或者艺术必须要在这种思维方式下进行，由此反过来再用于构成当代中国文化的身份，也使得设计艺术本身成为文化生态系统重要的一部分。更为重要的，也是比较难处理的是，如何用一种世界性的语言，对这种内在的、本土的精神进行阐释，在当今全球化的时代，要让世界各国人民共享艺术的成果，就要求设计者们要充分考虑艺术语言的国际性特征。在这方面，所有的艺术和文化都是共通的，当然，设计是表现最明显的。

就我个人而言，我在创作时一直注意用东方的哲学思维方式来考虑作品的立意，同时使用东西方较为通用的媒介来经营作品，最大化的淡化带有民族色彩的因素，尽量把民族的思维体现出来。

**新锐成长：** 请您谈谈目前您正在关注或思考的问题，社会的、政治的、经济的或者艺术的都可，您认为如何解决这些问题?

**庄波涛：** 尽管诸多的问题个人无力去解决，甚至许多普世性的问题整个人类都无法解决，但是作为一个设计者或者艺术从业者，我们是幸福的，认为我们可以在创作的过程中去想象一种解决的办法，由此释放内心积聚的困顿，尽管这种体会只能触摸一点点的可怜的尴尬。

我在作品中来把问题用艺术的方式呈现出来没有态度，有时呈现的只是尴尬。有些问题像文化沟通的障碍话语权的问题，都是无法调和的，我用幽默的方式来触摸诸多尴尬。比如《山・巴别塔》只是把艺术的、语言的和民族的某种障碍用图像来呈现。经过多次翻译的语言是我的颜料，Google 翻译网页是我的调色盘，鼠标是我的刻刀，自我调侃是我的幽默。

很多当代艺术的主题呈现的就是矛盾、问题和尴尬，艺术不能从根本上解决问题，更多的是用艺术的方式来呈现问题，去触动观者，引起大众的关注和思考。

我只能用艺术的方式呈现问题，不想去解决问题，也无力解决问题。

**新锐成长：** 您认为我们应该从哪些角度去评价和判定一个好的设计师？您认为最能展现一个设计师未来潜质的因素在哪儿？您觉得自己具备哪些？

**庄波涛：** 首先优秀的设计师要在理念上对人们有所触动；同时他（她）的设计要有实用性；然后要有博爱和比较完善的世界观以及人文思想，如果是中国的设计师要有一定的中国传统的人文精神，用东方的思维去设计创作，最后一点必须要有建立中国设计体系的理想。对于这点，我曾经有许多考虑，首先是体系，经过当代几十年的发展，中国设计艺术已经形成了初步的规模，但是如何体系化、系统化，如何建立中国设计产业的模式，这是重要的，也就要求每一个设计师个体都要为着这个共同的目标负责。关于理想，这是一个好的设计师最重要的因素，怀有某种崇高的理想，才能扩大作品本身的容量，彰显作品内在的力量，创作出有用而且有意味的作品。

也正是因为如此，我从来不认为自己是一个设计师，而是一个搞设计的艺术工作者。在创作时我对实用性考虑的偏少，延续自己的艺术理念，注重艺术思想的呈现。在我的媒体出版工作中则侧重新闻信息的有效呈现，必须体现实用性是媒体行业的要求不能打破。

**新锐成长：** 请您给我们推荐一两位您推崇的设计师或艺术家，谈谈他或她对您有什么样的影响，您推荐他或她的理由是什么？

**庄波涛：** 加布里埃尔·奥罗齐科 Gabriel Orozco 是一位不需要工作室的艺术家，他的大型装置作品是在工厂车间里生产出来的，摄影小品却是在平常巷陌中信手拈来，一枝花、一根废弃墙头上裸露的钢筋被他简单的组合后很有意趣，颇有些偶发艺术的特点却不已特立独行作为风格。这样的创作方式很能够融于生活，在放松的状态下完成自己的作品。

我个人平时的创作方式也是如此，除非万不得已绝不把自己闷在工作室里，生活的细节经常会引发新鲜的灵感，跟儿子一起的时候会生出关于童话故事的诸多想象。有一天早晨儿子在床上跳来跳去，影响我叠被子，我就跟他说："你要是不安静的话，爸爸就把你叠到被子里哦，里面有个迷宫，你要不要进去"！刚说完，一个展示被子里童话世界的雕塑画面就我在的脑子里浮现出来了。《山·巴别塔》是我在写论文时用 Google 网页翻译资料时发现很多乱码，我意识到这是语种上的某种类似于"巴别塔"似的障碍，我把石涛画语录第一段摘出，在不同语种之间反复翻译，得到的翻译结果很像"意识流"，最后转化成图像印成版画，这个作品纯属"玩闹"出来的内容。

灵感来源于生活，偶发于当下，这一点我和加布里埃尔·奥罗齐科有共鸣！

**新锐成长：** 请您给自己做个评价或者总结吧！

**庄波涛：** 在工作中"玩"，在"玩"中创作，在创作中过活。

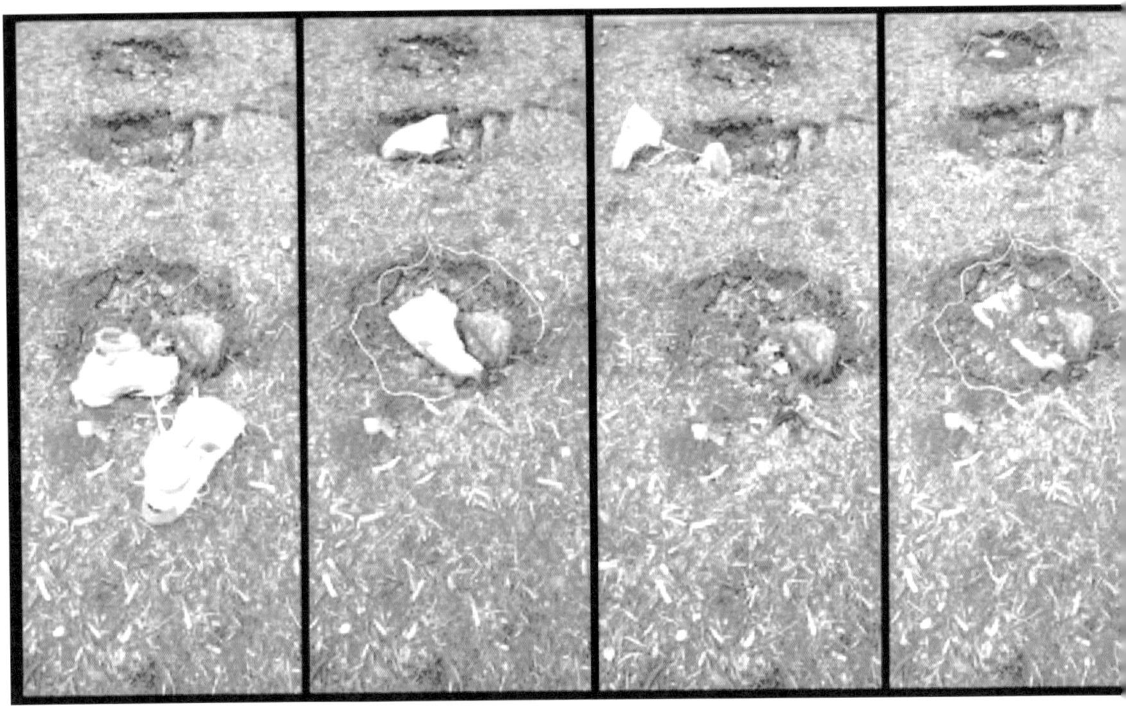

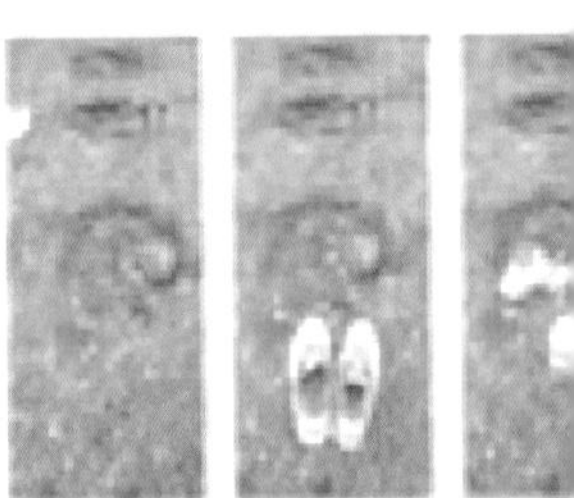

### 《鞋子的故事》

ALFRED 校园、NIKE 运动鞋、CANON 5D 数码单反照相机这是一个有关空间在时间中的游移、占有、置换、还原、消失等变化的数码系列作品。

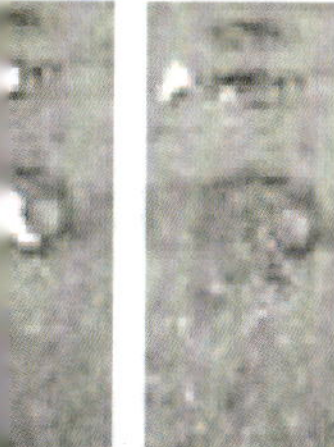

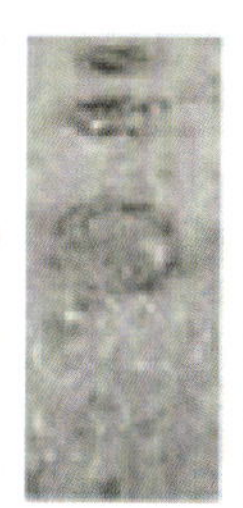

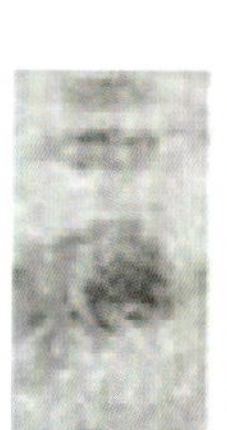

《指像》

白宫外广场、观光客、反战人士、一次性卫生手套、SONY 数码摄像机

在美国白宫前引导游客戴上塑料手套，朝着象征国际政治符号的白宫建筑作出各种带有仪式意味的手语，以此种让大众“接触”政治的行为方式来呈现政治属性的多样化特征。

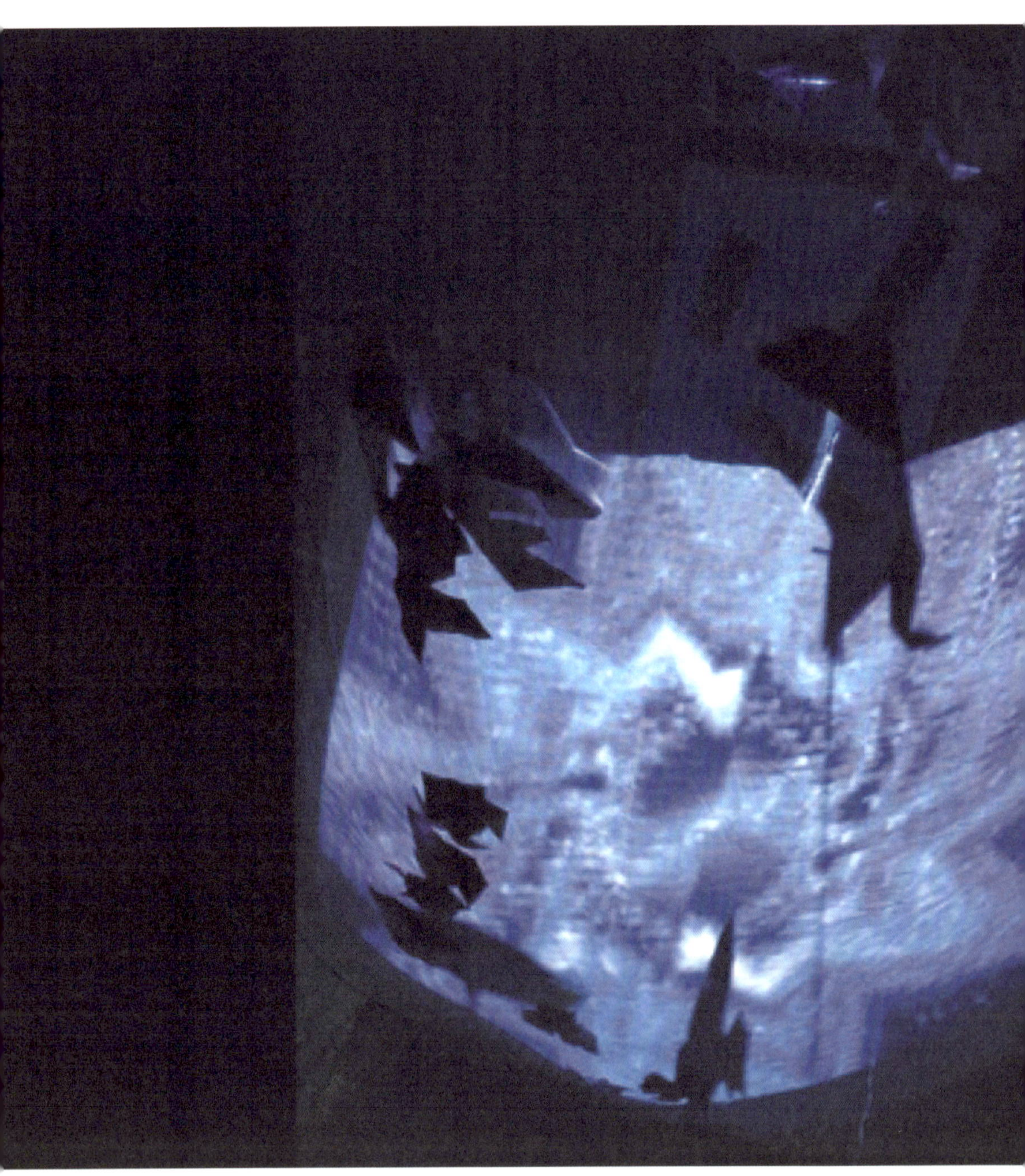

## 《魇》多媒体装置

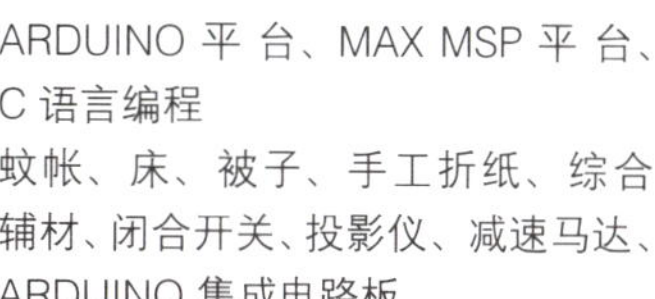

ARDUINO 平 台、MAX MSP 平 台、C 语言编程

蚊帐、床、被子、手工折纸、综合辅材、闭合开关、投影仪、减速马达、ARDUINO 集成电路板

这是关于梦魇体验具有交互功能的装置作品。观众进入蚊帐并躺下本能地做出侧身、扭动肢体等动作，压迫被子下面的多个电路开关启动或关闭，使马达带动折纸转动或静止，在蚊帐上留下不断变化的影子，并与投影仪打出的视频影像叠加在一起，产生沉浸感较强的梦魇体验。

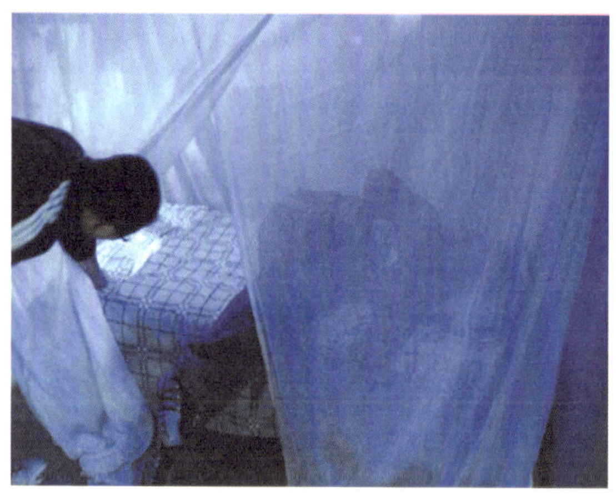

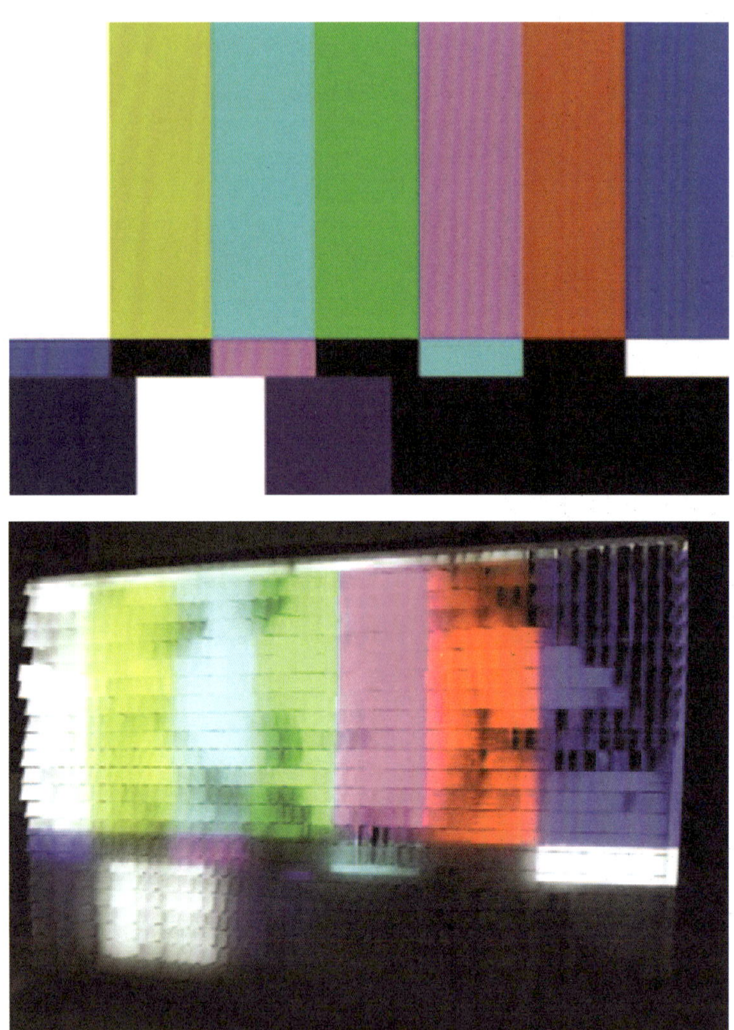

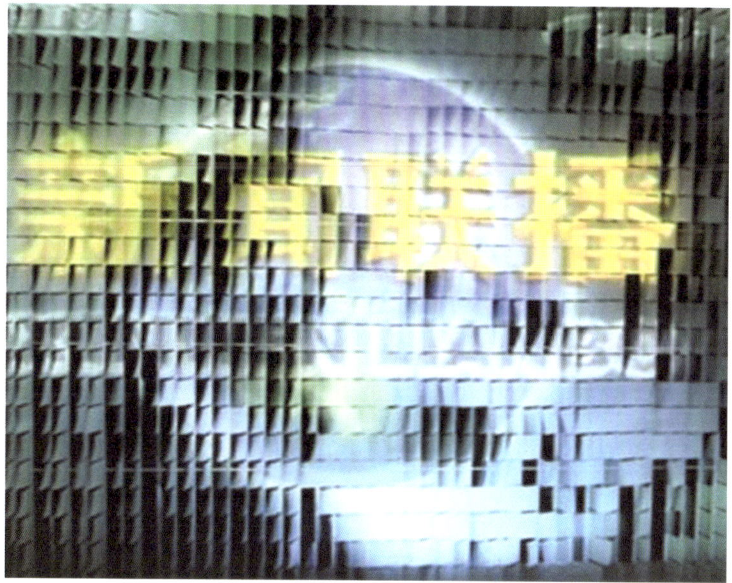


特制百叶窗、灯箱片、投影仪、新闻联播视频

通过用电风扇产生的风力推动纸片矩阵上的投射影像使影像产生波动，达到物理手段干扰虚拟像素的视觉效果。在现实与虚幻、真实与虚拟之间创造一个混合的界面。把媒体传递信息的不确定性视觉化地呈现出来。

# 解建军

生于 1973 年。

1997 年，以第一名的成绩毕业于中央美术学院。

1997 年至今，北京东道形象设计制作有限责任公司。

2010 年，中央美术学院 2008 届艺术硕士。

北京东道设计公司董事长。

中国工业设计协会常务理事。

国际商标标志双年奖执行主席。

奥运场馆水立方视觉顾问。

北京工业设计协会副秘书长。

北京创意设计协会理事。

2010 年，获 2010 年品牌中国十大设计师称号。

2008 年，杭州市徽设计金奖。

2008 年，中国设计业十大杰出青年。

2007 年，北京创意设计年度青年人物奖。

主编出版

《肯·凯扎作品集》（肯·凯扎　　国际平面设计联合会主席、澳大利亚著名设计师）

《芬·尼嘉德作品集》（芬·尼嘉德——芬兰国宝级设计大师）

《赫伯特卡皮斯基作品集》

# 东方之道

解建军，东道品牌设计公司创办人和管理者。国际商标标志双年奖执行主席，CCII 首都企业形象研究会常务理事，ICOGRADA 国际平面设计社团协会全权会员，《解读大师系列丛书》主编，《国际设计》杂志编委，《著名设计师设计机构推介》编委，专业第一名的成绩毕业于中央美院设计系平面专业。

东道成立于 1997 年，总部位于北京，在上海、西安、罗马、柏林都设有分公司或常驻办事机构。多年来，东道以国际化的设计观和实务运作享誉业界，屡次荣获国内、国际设计大奖，是中国资深的品牌设计与管理公司，是中国创意设计的实践者。东道集合了 400 多位才华横溢的精英，使东道兼具严谨的分析能力和创造力。东道在全球拥有 24 个跨领域合作伙伴，目前已经为上千个国际国内客户提供了超过 2000 次的服务，涉及各个行业和领域。

2011 年 5 月，著名商业杂志《经理人》公布了 2011 年度“最受赞赏的管理咨询公司专业能力排行榜”。在“品牌创意设计及广告”领域，东道品牌设计公司是唯一一家跻身前 5 的亚洲设计公司，并首次超过欧美设计同行位列第 4 位。其他 4 家设计公司分别为：朗涛品牌咨询、麦肯光明广告、电通广告，以及排名第 5 的德国妙得品牌设计。

**新锐成长：**东道已经有了近 15 年的历史，作为东道的掌门人，您认为它的设计独特在什么地方?

**解建军：**东道的设计是特别典型地用了国际的、现代的、科学的设计方法，是以现代的设计理论作为支撑的。我们是中国最早也是第一批真正理解并且应用这些理论做设计的中国商业设计公司。应用西方现代科学的设计理论方法，联系当今中国社会现实，体现中国传统文化哲学思想是我们做设计的本质，也是东道的本质。由于现代设计本身是服务于现代经济的产物。如果没有了经济，也就没有了社会的需求，真正的商业设计也就没有它的土壤。

从另外一个角度来说，现代设计是有范围的，是分地域和国家的，也是有民族性的。设计师必须要依托本民族的文化进行设计，这也是我们另外的一个优势。外国的设计师在中国做的设计不可能被中国的客户真正的理解和接受，因为他的设计语言和他成长的国家、社会和人文与中国的情况完全不同，所以虽然他懂现代设计，但是他不懂中国，也不了解中国的社会和人文，所以他们的设计在中国很难通行。我们既了解现代设计，而且我们是中国人，在中国做设计自然就应该比外国设计师做得更好。所以这是我们第二大优势和特点。

**新锐成长：**东道有 400 多位设计师，东道的设计师是什么样的人?

**解建军：**东道的设计师首先是个人，是个真实的人，有着真实的情感，热爱生活和生命，心中有公平和公正。只有这样的人才有可能做设计把设计做好。如果他心里没有这些因素，就是装着狭隘的自己，我觉得这样的人只是混个生计，而且即使从事了设计，也不可能成为伟大的设计师。因为伟大的设计师心里面不仅装着自己，还装着人类、社会和国家，正如孙中山先生所说的“天下为公”，天下为天下人所有。

在参加青联的一次会议时，我听到很多关于百村调研的故事，感动的很多青年干部泪流满面。其中有一个金银花的故事。说的是一个小女孩，她是一个留守儿童，跟着爷爷奶奶一起，爷爷奶奶身体都很不好。调研人员来到村里，给小孩子分糖吃，分到最后一个小女孩时糖没有了，小女孩就跑开了。后来他们来到学校在教室的角落里看到那个小女孩，给她糖，调研人员问她吃过糖葫芦吗？小女孩低下头，旁边的老师说她连见都没见过糖葫芦。工作人员听后心里很难受，心想一定要买一个糖葫芦给她吃，可是因为村子很偏僻，要到县城才有卖糖葫芦的，所以一直没有买给她，要走的那天，看到小女孩在路边背着个筐，后来看到她筐里背的是金银花，是她自己上山采的，她要拿去卖，他们就问小女孩多少钱一斤，她说 5 块钱一斤，因为想帮助她，那个同志就抓了一把，给了她一些钱。回到了北京的一个月后，他收到一个包裹，是小女孩寄来的，还有封信，信里说，谢谢您买我的金银花，那天你给的钱给多了，但是我们家真的很需要那些钱，我也没有什么可以给你的，我就采了很多的金银花给你寄过来。他打开包裹发现里面好多金银花，那金银花足足地铺满了一地。后来才听说上山采金银花的时候小女孩摔伤了腿。

我们难以想象在那样的生活条件下她们生存的是多艰难，我们应该反思自省。作为一个社会人，一个设计师，我们不要老想着自己，跟他们比我们生活在天堂。都是同样的生命可是却相差悬殊，所以有时我会有一种负罪感，我们手里有那么多资源，每天都在消耗着，如果我们可以站在她们的角度考虑，去体会她们的得到和付出，会让我们觉得没有什么是不公平的，所以我们需要自醒。东道通过多年的努力成为今天的东道，可以为国家为企业做很多事情，这是我们责无旁贷的，设计师就应该把自己的设计做好，为社会创造有用的价值。这是我们的天职！

**新锐成长：**谈谈您接受艺术或设计专业教育的经历吧，您读书时的生活是什么样的？

**解建军：**我大学和研究生都毕业于中央美术学院。我的大学生活和现在的大学生活有区别，那个时候生活条件不是很好，社会也不是很发达，信息资讯也没那么多。记得那个时候我们经常在宿舍喝酒聊天，有时候也会坐在马路边上喝酒聊天。我们的校区从王府井搬到了大山子，从繁华的商业区搬到城乡结合的地方。当时的望京特别荒凉，连条像样的马路都没有，甚至有女同学走夜路时掉进井里摔掉了牙齿。那个时候虽然条件不好，但是老师教得特别认真，学生学得也很认真。同学之间、师生之间关系也特别好，有很多老师都是从海外归来的，把他们学到的东西带回来教我们。当时有位从芬兰归国的老师肖勇，他为了让我们看到他从国外带回来的幻灯片，在放学后一个人从大山子坐很长时间的公共汽车跑到王府井取幻灯片，让我们先回宿舍吃饭，自己连饭都顾不上吃。我们吃完饭后他赶回来继续给我们上课，从 7 点多一直讲到 11 点多，然后跟我们一起骑着自行车回宿舍，当时老师的宿舍就在我们学生宿舍后面。还有谭平院长，当时他还是我们的系主任，他是从德国柏林艺术大学回来的。当时谭院长 34 岁，那时候他会坐在课桌上和我们聊他在国外的见闻和感受，给我们讲国外的作品和设计形式，给我们以启发。那段生活是阳光灿烂的，上课聊的是设计，回到宿舍关灯后聊的还是设计。虽然生活条件不是很好，但是却是充满阳光的圣殿，我觉得自己很荣幸。研究生时期我们的学校从大山子搬到南湖渠，校园环境变得更好、更大，教学条件也更先进、更现代，那段时光让我对设计又有了一次新的理解，是基于现代的理解。研究生的教育让我们的公司在设计上又领先 10 年。

**新锐成长：** 您现在的工作状态是什么样的?

**解建军：** 工作繁忙但充实。乔布斯曾说过："活着就是为了改变世界。"我特别赞同这句话，我觉得作为一个设计师，我们掌握了设计的力量，甚至设计的方向，就好像抗战时期的兵一样，我们手里有枪，我们不上谁上? 这就是我们的命，就是我们存在的意义。我们现在能轻松的做设计。我们在当中感受到无限的自由，就好像"海阔凭鱼跃，天高任鸟飞"。

**新锐成长：** 很多人当下的生活或工作状态都受到以往生活经历的影响，在您以往的人生经历中有哪些对您影响比较深的人或者事?

**解建军：** 我从小生活在青岛，奥运帆船赛场就是我长大的地方。奥体中心就是我毕业后一直工作的地方。所以我觉得自己特别幸运，好像就是宿命，我一直在奥运场地周围生活、工作。小时候生活在青岛，记忆中都很美，海边就是绿色的麦田，海风吹过白色的海浪一浪接一浪，然后吹到麦田上接着又掀起一层一层的麦浪，让我真正体会到海天一色的壮美。我觉得那种视觉几乎就是人类最美好的！这也是我现在对审美特别苛刻的原因。青岛被称为“东方威尼斯”，因为曾经是德国的殖民地，所以那里有很多德国建筑、啤酒、香肠和面包，青岛也成为外国文化进入中国的交汇点，直至今天这些也成了青岛的特色产品。另一方面，青岛这个地方因为曾经被人占领过，我从小就在那里接受爱国主义教育。小时候我们经常去中山公园、鲁迅公园玩，包括康有为的墓地也在那里。所有这些都让我感受到外国的入侵，这样美丽的家乡多次被蹂躏，这是在情感上无法接受并让我悲愤的。我热爱美，热爱生活，对它的历史感受很深刻。同时，青岛也是水兵之城，我很多同学的家长就是在潜艇上或者舰队上的。小时玩耍的时候也曾经误闯过炮兵阵营，大炮就对着大海。我们长大的地方山上有很多暗堡。山海的景色虽然美，但是四处是巷道，一地的弹壳。家里军队的背景，在军队大院长大的经历对我影响也很大，我总觉得自己是个兵，骨子里有拼死的斗志。

**新锐成长：**谈谈您比较认可或推崇的艺术或设计作品吧。自己的或别人的，艺术的或非艺术的，设计或非设计的，以及您对这些作品的评价或推崇他们的理由。

**解建军：**我个人比较喜欢水立方，它的设计者赵小钧确实也是我很喜欢的设计师。其实不太喜欢鸟巢和国家大剧院，喜欢水立方是因为它有几次穿越。首先，它穿越了物理空间，穿越了物质本身，比如“抽刀断水”其实是做不到的，但是他的设计却做到了。其次，从设计上它穿越了从宏观到微观的视觉界限，把显微镜下才能看到的物质结构变成了宏伟的建筑。再次，它穿越了情感，给人带来了愉悦的体验。水未必一定带给人愉悦，比如夜晚的大海就很恐怖。但是水立方却实现了跨越，营造了绝对愉悦的体验空间。在材料上它也实现了穿越。水立方运用的是一种非常低碳的 ETFE 膜材料，它可以隔音，又很保暖。鸟巢用了那么多钢材，耗费那么多人力物力，为了加固它浪费了太多的资源，很不低碳，违背了环保的原则，所以我不喜欢。中央电视台的大楼也只是哗众取宠，我不喜欢它的设计，我再也不希望看到这样的建筑了。

当然喜欢水立方的另一个原因就是因为它的 VI 是东道设计的，它的很多内部空间也都是东道设计的。我们合作很久了，到现在我们一直都是他们的视觉设计顾问。

**新锐成长：**东道十几年间做了几千件设计作品，您觉得自己的设计是如何影响人的?

**解建军：**我觉得好的设计就应该去感动别人，应该充满情感在里面。不是可怜自己，而是被别人感动了。所以我首先谈了我们东道设计师是什么样的人，只有这样的人才可能做出感动人的设计。社会有很多黑暗的面，人性本身可能也有很多黑暗的面，这些所有的一切都不应该改变设计师对生命，对社会，对人的热爱。正如在春天里，看到自然界的花和草，你可能都不忍心下手去采那一朵花，破坏它的美。当你有这种心态的时候，其实你的眼睛和心灵变化了。这时，你才会感觉生命存在的伟大，才能被感染，被感染之后才可能做出像花一样美的设计去感染别人。我们做的紫玉山庄俱乐部的标志，我觉得就是在感染别人，如果说没有对生命的理解，没有对花花草草另一种生命意义的思考，我们可能做不到那一点。所以，我觉得好的设计就应该能够真正感染别人。首先变成一个能被别人感染的人，你才可能会感染别人。如果你自己做不到被感染，你怎么可能感染别人。一个没有感情的人，怎么可能有感而发呢?

**新锐成长：**“创新”是当下非常时髦的话题，您是怎么理解“创新”与“创新思维”的?从您从事的领域看，您认为什么样的作品才是“创新的设计作品”?

**解建军：**“活着就是为了改变世界。”创新是一个永恒的话题，人类如果不创新，就没有发展，生命就没意义了。

创新思维也是创新的一部分，创新思维能形成新的设计方法和理论，用这种方法和理论去创新。我认为以前没有出现过的设计作品，没有使用过的理论和设计方法都是创新的作品。

**新锐成长：**您如何看待或处理艺术或设计创作中“民族与世界”和“传统与现代”的关系问题的?

**解建军：**传统就是用来突破传统的阶梯。我们先国际后传统并非意味着放弃传统，而是我们还没有资格谈论传统。

在设计方面，一提到传统的设计，比如包装设计，就会让人联想到暗红色、橙黄色和各种各样传统纹样的应用，就好像进了老北京的一条死胡同。我们认为传统的概念应该更深刻、更宽泛，应该是横向和纵向的，可以用艺术的视角和设计语言将其再现。

再者，传统固然美好，但总是抱着美好的过去不放，便有些消极了，从人类进步的角度来讲，会更明了一些。人类每一次突破传统，都会迎来新的进步。像美国那样没有历史的国家，就只能面向未来，创新和发展会让它造就更加辉煌的人类历史。

我们认为，传统本身就是用来突破传统的阶梯。

在东道设计公司内，设计的方向从一开始就被定位成西化的、国际的、平面语言范畴之内的，这不意味着我们要放弃传统，而是说我们认为，设计应走一条先国际后传统的道路。毕竟中国的设计就像其他行业一样，很大程度上滞后于西方。我们需要学习。既然要学习，就集中精力，彻底地、“忘本地”去学习！担心的是西方近百余年的设计进化，是我们现在竭尽所能都不能真正领悟到的。故拿来便用，“学而习之”不失为一种好的方法。如果有朝一日，我们可以真正“学成”，那时再回头想想5000年的传统精华，多少从中捡些过来，就足够灿烂一下了。

这方面日本人是好学生，“拿来主义加添油加醋，等于日本料理”。您别忘了，日本的文字、服饰、古建筑，不都是从大中华学去的吗?

时下流行的说法之一是“国际化”。何谓“国际化”？有人说，民族的就是国际的，这话说了有几十年了吧?！中国几代设计师努力地设计着，但民族的似乎始终都没有等于国际的。而我们越来越认为，民族的永远都是民族的，国际的就是国际的。在这里，我们为国际化定位，即“能被国际社会公认和接受的主流的视觉审美标准即为国际化”。

由于民族的地域性和文化的差异，使饱含民族特性的视觉信息在不同的民族和国家传递时被过滤和扭曲，不能达到真正意义的国际化。当然还有发展中国家的人们，对发达国家的生活模式和习惯的向往，使得审美标准也发生重心倾斜。

此外，设计的土壤是经济，经济越发达的地区，设计竞争和要求也越高，自然设计本身也就越发达。这些客观和主观存在的原因，造成了我们的设计现状——不够国际化!

什么时候人民币能像美元一样，在世界各国成为硬通货时，相信我们就再也不用满世界捕风捉影地寻找“国际化”了!

**新锐成长：**请您谈谈目前您正在关注或思考的问题，社会的、政治的、经济的或者艺术的都可，您认为如何解决这些问题?

**解建军：**最近比较关注利比亚问题，我觉得中国政府不应该在那个时候以那种方式承认反对派的存在。中国是一个大国，老子说过："治大国，若烹小鲜。"我觉得中国政府一点兄弟义气都没有，利比亚就是我们中国的小兄弟，兄弟受欺负了我们理应帮忙。我觉得应该把卡扎菲请到中国，建立流亡政府，善待他。要有情有义，才能建立起真正的友谊。所以我觉得我们不应该承认反对派，我很看不惯，我觉得中国政府的做法不对。刚开始的时候，我们撤侨做得很好。但是后来的举动，我不能理解，这和中国老一辈外交态度相差很远。从设计上看，我十几年前靠国家培养，现在我已经有能力向政府纳税了。从这个角度上看，中国已经逐步发展强大。作为大国，我们不能只想着赚钱，你为兄弟两肋插刀，他们也会和我们肝胆相照。

**新锐成长：**您目前关注或思考的这些问题会影响到以及会如何影响到您的艺术或设计创作?

**解建军：**人还是要真实一点，要用真实的情感做设计，开设计公司就必须要有强大的力量才可以。

**新锐成长：**您认为我们应该从哪些角度去评价和判定一个好的设计师? 您认为最能展现一个设计师未来潜质的因素在哪儿? 您觉得自己具备哪些?

**解建军：**设计师首先是个人，是个真实的人，有着真实的情感，热爱生活和生命，心中有公平和公正。只有这样的人才有可能做设计，才能把设计做好。如果他心里没有这些因素，就是装着狭隘的自己，我觉得这样的人只是混口饭吃，而且即使从事了设计，也不可能成为伟大的设计师。因为伟大的设计师心里面不仅装着自己，还装着社会、国家和强烈的公益思想，正如孙中山先生所说的“天下为公”，天下为天下人所有。作为一个社会人，一个设计师，我们不要老想着自己，跟很多人比我们生活在天堂。那些贫困地区的父老乡亲生存都很艰难，都是同样的生命可是却相差悬殊。所以有时我会有一种负罪感，我们手里有那么多资源，每天都在消耗着，如果我们可以站在她们的角度考虑，去体会她们的得到和付出，会让我们觉得没有什么是不公平的，所以我们需要自醒。东道通过多年的努力成为今天的东道，可以为国家、为企业做很多事情，这是我们责无旁贷的，设计师就应该把自己的设计做好，为社会创造有用的价值。这是我们的天职！

现在我们的设计师大致有四个层次。第一层，设计师做设计其实只是混口饭吃，设计对于他来说只是一份工作。有这些想法的设计师是最普通的设计师。第二层，设计师做设计不只是为了混口饭吃，还要实现自我的想法，也就是成就自我。第三层，设计师做设计不是为了挣一口饭吃，也不是为了实现自己的想法，是为了帮助别人，为了实现别人的想法。别人的想法无法自己实现，甚至连想要的是什么都不知道，但是设计师可以把它实现出来。第四层，设计师的想法就是他人的想法。然后，设计师去实现它，不需要任何语言，这个阶层的设计师通过短暂的眼神接触，就可以知道一个人或企业真正的想法或需求，并且可以在很短的时间内替对方实现。其实，那些想法和需求本来就存在，但是对方并不知道。设计师只是把他们的想法再现出来，使其存在。这么做不是为了钱，也不是为了实现自己。设计师的精神境界升华到禅宗一般的境界，他们创作的过程变成一种很本能的、直接的、快速的再现，无需几经周折、绞尽脑汁，还要依靠灵感。他们能够一下子抓住事物的灵魂和本质，而且做出远远高于它的创作。这也是一个站在人类之上，向内挖掘，不断挖掘，然后超越的过程。伟大的设计师最后都是那样的。

我们中国的设计师好像比西方设计师少了几代，比如，我们第一代可能相当于他们的第四代，我们的第二代可能相当于他们的第五代了，上面是平齐的，下面可能缺失。由于我们根基的缺失，所以说我们这些设计师可能在对于设计的理解上有些差距，造成我们现在的设计可能还有些不足。但是我相信我们未来的设计师没问题。其实中国人特别适合从事设计、艺术和文化创意的工作，毕竟中国古代的艺术文化是人类最好的，所以一定会有更多的中国设计师像贝聿铭先生（Leoh Ming Pei）一样成为全球最好的设计师。

**新锐成长：**请您给我们推荐一两位您推崇的设计师或艺术家，谈谈他或她对您有什么样的影响，您推荐他或她的理由是什么?

**解建军：** 谭平院长，我觉得他的设计充满了生命、激情、浪漫、轻松、理性、无限和自由。

**新锐成长:** 对于目前学习设计专业的大学生你有什么建议，或者想跟他们说的?

**解建军：** 做事认真、做人积极、每天自省。

**新锐成长：** 请您给自己做个评价或者总结吧！

**解建军：** 我希望无愧于自己生命的存在。

北汽集团
BAIC Group

北汽集团
BAIC Group

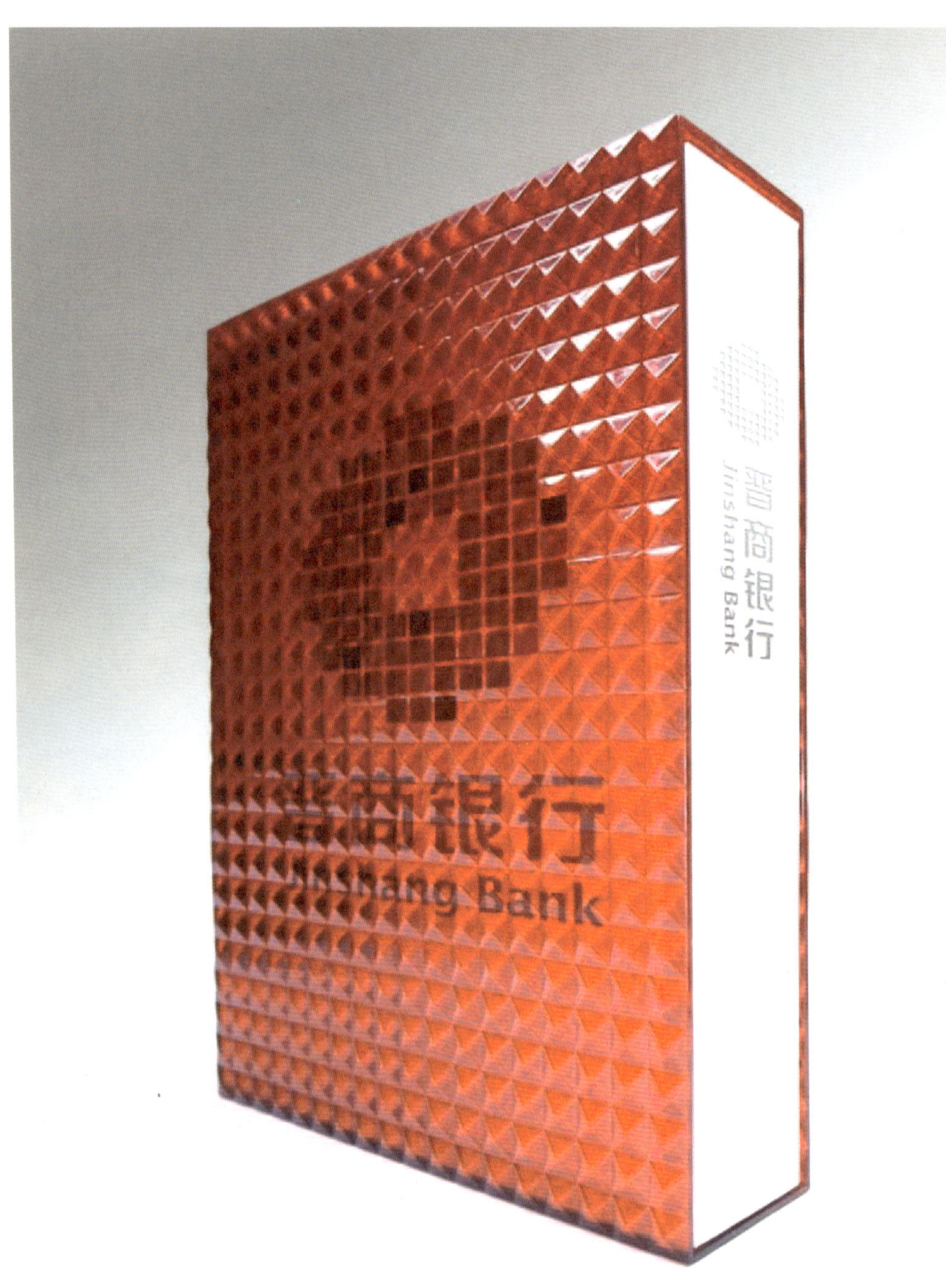
晋商银行
Jinshang Bank
晋商银行
Jinshang Bank

晋商银行
Jinshang Bank

↗ 384–385

24
HOUR 小时
自助银行服务
SELF SERVICE BANKING

晋商银行
Jinshang Bank

晋商银行
Jinshang Bank

# 老舍茶馆
# LAOSHE TEAHOUSE

| | | |
|---|---|---|
| ■ **老舍茶馆** | - 标志设计 | -Logo design |
| ■ Laoshe Teahouse | - 视觉识别系统设计及导入 | -VI system des |
| | - 包装设计 | -Packaging de |
| | - 宣传画册设计 | -Brochure des |

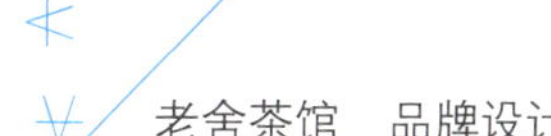

老舍茶馆　品牌设计

老舍茶馆
LAOSHETEAHOUSE

老舍茶馆
LAOSHE TEAHOUSE

老舍茶馆
LAOSHE TEAHOUSE

老舍茶馆

老舍茶馆
LAOSHE TEAHOUSE

老舍茶馆
LAOSHE TEAHOUSE

国家游泳中心

NATIONAL AQUATICS CENTER

WATER
CUBE
水立方
国家游泳中心 竣工纪念
NATIONAL AQUATICS CENTER
2003
2007
Milestones of The Project

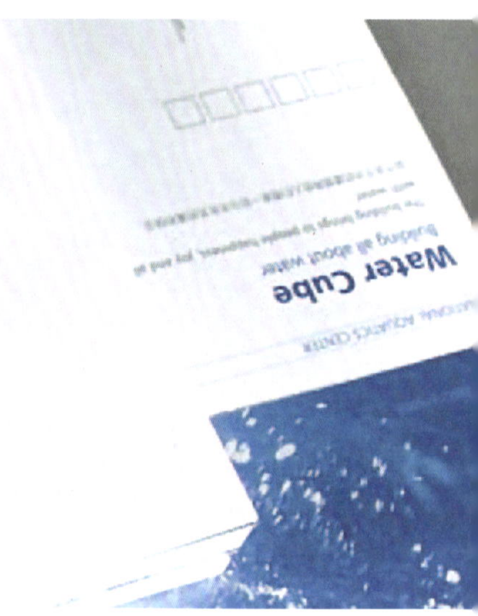
Water Cube
Building all about water

B2 Ground Parking

水立方

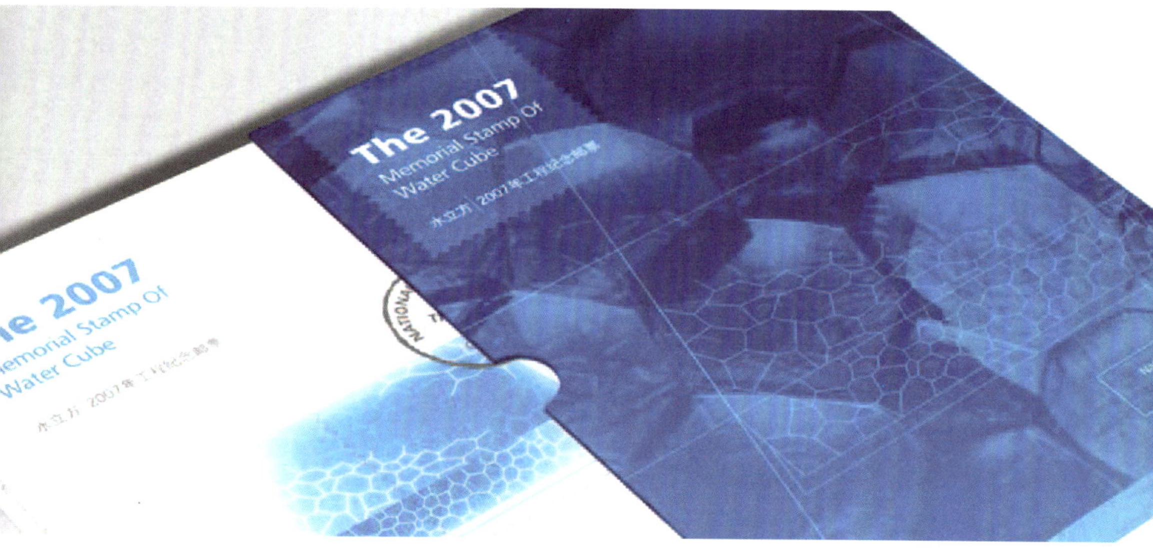
The 2007
Memorial Stamp Of
Water Cube
水立方 2007年工程纪念邮票
The 2007
Memorial Stamp Of
Water Cube
水立方 2007年工程纪念邮票

01 PART

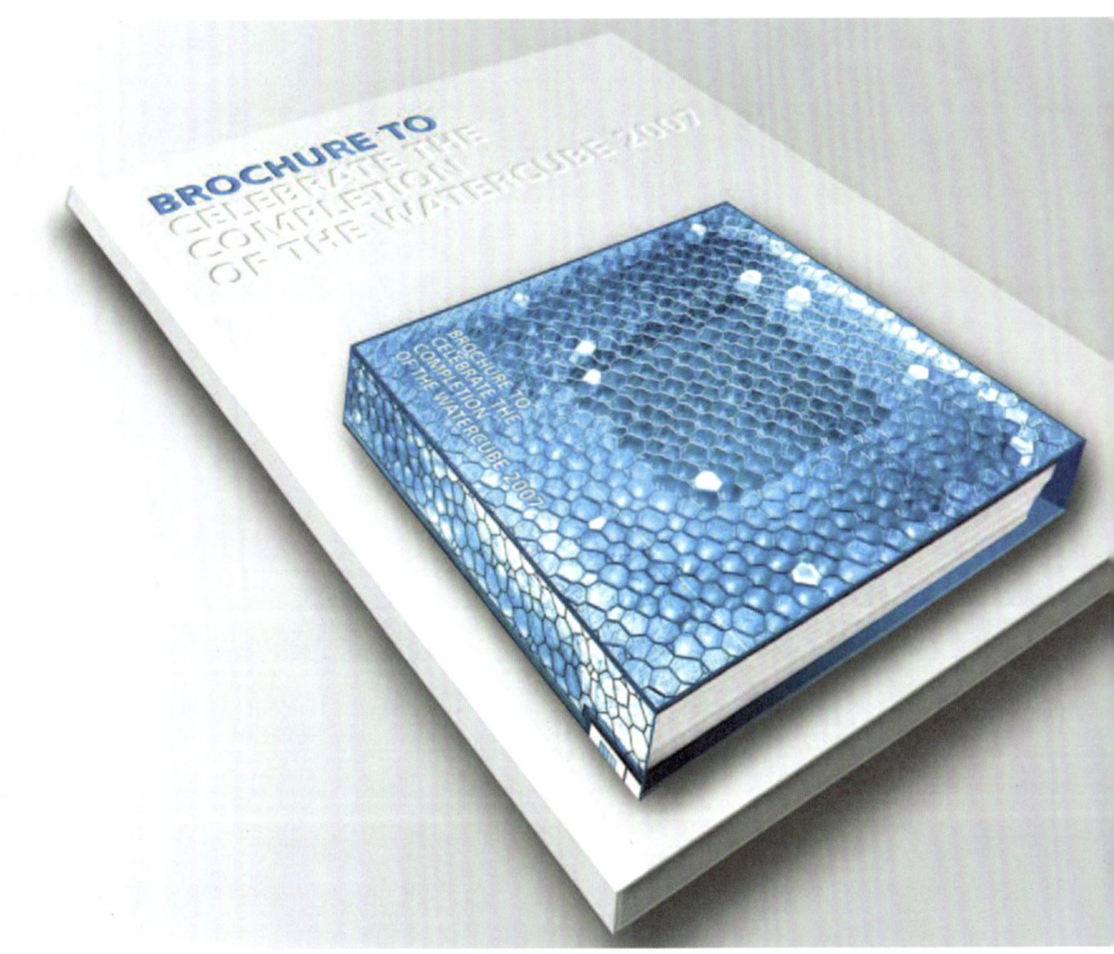
BROCHURE TO
CELEBRATE THE
COMPLETION
OF THE WATERCUBE 2007
BROCHURE TO
CELEBRATE THE
COMPLETION
OF THE WATERCUBE 2007

NATIONAL AQUATICS CENTER
WATER CUBE
05
Water Cube
Building all about water

WATER CUBE
水立方

CCTV 2
财经频道

CCTV2
财经频道

CCTV2
财经频道

中华人民共和国商务部
MINISTRY OF COMMERCE OF THE PEOPLE'S REPUBLIC OF CHINA

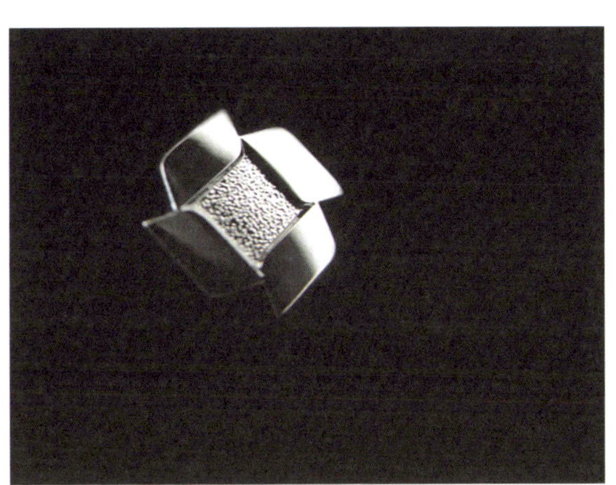

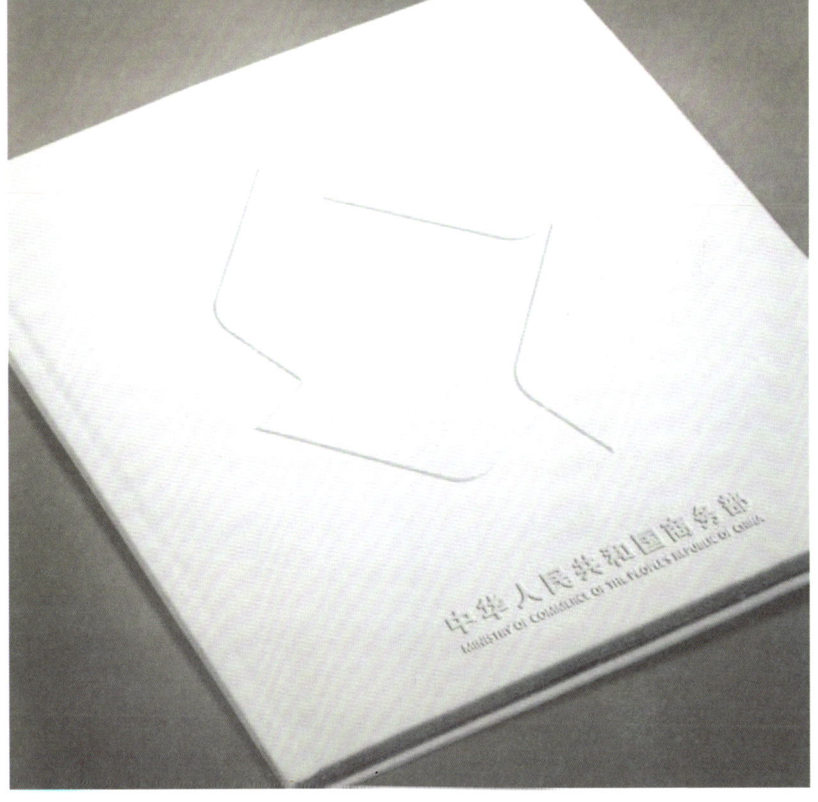
中华人民共和国商务部

KunLun
昆仑

昆仑天润
FULLY
SYNTHETIC
MOTOR OIL
全合成汽油机油
"superior protection
whatever your car
5W-40

昆仑天润
FULLY
SYNTHETIC
MOTOR OIL
全合成汽油机油
"superior protection
in all driving conditions,
whatever your car
5W-40

昆仑天润
MANUAL
GEARBOX OIL
轿车手动变速箱油
"superior protection
in all driving conditions,
whatever your car
80W-90

Purple Jade
Beyond Imagination
Purple Jade
Beyond Imagination
Purple Jade
Beyond Imagination

Purple Jade
Beyond Imagination

Purple Jade
Beyond Imagination
Corporate Identity
Kleiner Leitfaden und neun kurze Geschichten

Purple Jade
Beyond Imagination

Purple Jade
Country Club

Purple Jade
Beyond Imagination

ENG LAND
FOOTBALL

# 庚帆

# AUSTIN

1978 年生，桂林人士。
毕业于广西艺术学院美术系。
2002 年，留学日本目白设计学院修学视觉艺术。

现为华势设计联盟日本联盟准会员，华势派系设计中心、广州华势派系品牌策划有限公司法人、广东省国际文化传播有限公司艺术总监、广州集尚科技有限公司设计总监。活跃于华南地区设计行业。
以发展华人设计势力为主旨，主张 21 世纪的包装与产品设计应该利用先进的生产工艺和国际理念再行设计，得意于产品细节与空间叠加的质感设计。

2009 年，作品 Origin1USB 读卡传输充电器获得红棉奖——2009 年度中国创新设计大奖至尊奖。

## 华势派系 华丽设计

**新锐成长：** 谈谈您接受艺术或设计专业教育的经历，您读书时的生活是什么样的？尤其是国外求学的经历和体会。

**AUSTIN：** 本科就读于广西艺术学院美术系，2002 年大学毕业后自费前往东京目白设计学院学习视觉传达。高中与大学生活的安逸、悠闲，特别家庭与朋友及社会环境的庇护，让我的性格带着浓重的理想主义色彩。此外，我出生于一个典型的干部家庭，是家里的独生子，这又使得我的身上有着父辈坚毅的精神理想和对残酷现实的不满，并怀着满腔改变和影响世界的热情与斗志经历了漫画风潮、复古文艺青年时代。

飞机降落在东京成田机场的那一刻，还没缓过神来，我便跟着一位在日本学习的前辈坐上了从成田机场到池袋的轻轨列车。夜色繁华，满城灯火通明的东京让我意识到自己此刻真的是置身于另一个别样的世界——日本是一个神秘的社会，它的一切需要从新认知。留学生活一般需要 3 个月的适应期，适应的表现之一是在消费的时候不会再在心中默算日币换成人民币是多少钱。不久，我在六本木区一间叫幸运酒馆的餐厅里找到了份稳定的 part-time job，这也是绝大多数中国留日学生维持生活的普遍方式。东京的生活节奏十分快速，每天我往返于学校与工作场所，却总觉时间不够用，也像大多数中国学生一样常常处于睡眠不足的状态。对于我们来说，中国的留学生在日本扮演着不一样的社会角色，洒着青春的热血，奉献在别国的土地上，得到的却是压抑的情绪和卑微的生活。唯一让我感到快乐的事便是在学校看名师与当地学生的展览，以及逛著名的百货商场秋叶原电器街。在那里，摆放着的是日本本土设计师的最终设计成果，不论有名与否。那些作品安静而有生命力，除了能轻易挑起你的购物欲望外，更能直接地启发你对设计的思考。在东京学习的过程是反复的、激情的、安静的、物质的、诱惑的、艰难的、困扰的、新鲜的，可以简单到听一节老师讲设计原理的课程，亦可以穿梭在充满诱惑的新宿街头对一切应接不暇。最后，即便是回国了，东京给我留下的是各种挥之不去的情结。设计在东京、在日本、在世界无处不在，它值得我们去追寻、研究及学习，让设计服务生活，让设计改善生活，让设计美化世界。

**新锐成长：** 谈谈您现在的工作状态或创作情况。

**AUSTIN：** 华势派系是在经济基础并不是很好的状态下起家的，创立至今已经有三四个年头了。这么多年来虽然在设计上小有成绩，但在经营方向存在着较大的挑战，也经历过不少非难。2011 年我们荣幸地获得广东盛誉投资发展有限公司的投资资金，依靠这一有力的支持，我们对未来的发展有了更强烈的信心。目前我们正学习日本的先进设计理念，并研究、开发一套适合中国中小型企业文化发展的商务设计服务体系。这段时间我主要的工作是建立优秀的团队、整合上下游资源、制定经营方针及开发设计产品等。在设计创作上以实用性商务用品设计为主，比如合同书皮、文件夹、卡片、文件和表格等。

**新锐成长：** 谈谈您的公司主要的业务方向？您认为在公司业务的设计项目中技术与艺术哪个更重要一些？为什么？

**AUSTIN：**规范、优秀的企业识别应用在中国的企业里并不多见，市场上大多数的 VI 规范对中小型企业推动自身企业文化建设的效果并不理想（我完成过 2006 年中山大学 2007 版 VI 及海信科龙等大型企业 VI 设计），而华势派系主营业务方面则是协助企业文化的建设，为中小型企业提供应用物料设计和成品。华势派系借鉴日本企划设计理念与日企的规范管理，旨在帮助推进中国中小型企业的企业文化建设，将应用设计变得实用，变得有趣、生动。在华势派系的设计业务里，艺术成分所占比重并不大。艺术是感性的、个性的、被感知的；而应用设计是触摸的、体验的、实用的，企业文化的展现需要以实用的商务应用品为载体，因此在设计的过程中，设计师最关注的是原始的物料、纸张与工艺，而奢华且兼具艺术形态的成品，则要看设计师使用什么样的材质和工艺了。

**新锐成长：**很多人当下的生活或工作状态都受到以往生活经历的影响，在您以往的人生经历中有哪些对您影响比较深的人或者事?

**AUSTIN：**向死而生！让暴风雨来得更猛烈一些！作为男人，作为想要有一番大作为的男人，就应该抛弃以往所有的生活经历，对自己狠一点！当然，这是为人处世的态度。而真正得到这个人生的答案，必是受到以往生活影响的结果。万物之间必然存在联系，而又相互作用、影响着。北野武的极端态度、村上春树的孤僻蓝调、原研哉的平和的白、乔布斯的执着精神、刘德华的翩翩风度、中国共产党的热血青年、北京奥运会、上海世博会、80 年代成长经历等，这些人和事无不影响着我。生活阅历不断地丰富，促使着我成为一个意志力坚定且执着的人——追求细节，追求平和，追求实用，追求一切精神层面的追求。

**新锐成长：** 谈谈您比较认可或推崇的几件艺术或设计作品，自己的或别人的，艺术的或非艺术的，设计或非设计的，以及您对这些作品的评价或推崇他们的理由。

**AUSTIN：** 大师级的设计作品及艺术品，有太多太多了。比如我正在使用的 Apple MacBook Pro 笔记本电脑，就是乔布斯的设计作品。单就这一产品设计来看，里面包含了创造发明、IT 智能、设计理念、美术、审美情趣、材质、工艺等，涵盖了许多行业的智慧。我不推荐挂在墙上的或摆在空白空间的艺术设计品，我推崇的是具有实用价值的设计产品。设计应以人为本，因为我们正在享用它所带来的好处。

**新锐成长：**“创新”是当下非常时髦的话题，您是怎么理解“创新”与“创新思维”的？从您从事的领域看，您认为什么样的作品才是“创新的设计作品”？

**AUSTIN：**“创新”是“设计”这一词的本意，如果说通过文字与画面将具有价值的结果呈现出来，等同于发明创造，那“创新”对于中国的现状而言则是迫切而非形式的。关于这一点，处于学生时代的我们理解起来也是有一定难度的。目前，我在带领华势派系刚走出校门的大学生们学习设计的“新思维”。我认为，开始时必先修炼自身的功力——知识力与行动力（这是一种综合能力的积累，就像古时的才子须琴棋书画样样精通一般），可通过平日的学习、积累、发想、创作，在现场设计的过程中将灵感提炼升华，方可有所创新。而华势派系现有的业务也是一种创新，虽然我们做的事情是企业的基本需求之一，但要在基本需求上做好、做大、做得实用，那就是所谓的“创新”了。

**新锐成长：** 您如何看待或处理艺术或设计创作中“民族与世界”“传统与现代”的关系问题的?

**AUSTIN：** 中华文化上下 5000 年，浩瀚历史，千千万万的发明与创造。如今商业社会中，我们作为世界的华人怀着巨大的使命感，踩着前人的肩膀前赴后继。我们必须寻求一条适合中国文化发展的道路，然而，在这个过程中有太多疑惑与忐忑不安，我们找不到方向，只有严重的“拿来”情结。真正民族的东西在哪里? 问题的答案等待我们去回访，寻找，去确认，去创造。我相信有那么一天，华人会凭借自己的创造力重新证明自己的存在。

**新锐成长：** 请您谈谈目前您正在关注或思考的问题，社会的，政治的，经济的或者艺术的都可，您认为如何解决这些问题?

**AUSTIN：** 每天思考的问题太多了。首先是经营的问题，企业的定位、服务、设定、培训、学习等。美术与设计出身的我们往往在经营上没有一套演练成功的方法，如何让设计价值的实现在企业的运营体系中不受到限制和阻碍，而是获得更高的效率，这是一个亟待解决的问题。除了关注日本设计情报中心，政治与经济的资讯也是我每天必须关注的。因为它们影响着我们的行动力：得到信息，处理信息，利用信息来协助解决企业自身的问题，也只有如此，才会有良好的基础去追求艺术上的美感。

如今，政府在发展文化创意产业上极力主张“中国制造到中国创造”，不仅“圈地”建设各种文化产业园，更是向动漫产业注巨资，并力图推动其他广告类的、文化传播类的企业发展。虽然初衷是好的，但是从实际的效果来看，差距甚远。大部分企业仍是停留在模仿甚至山寨的层面，一方面是企业自身急功近利的心态所致，另一方面也与国内对知识产权的极不重视密切相关，这必然导致会扼杀年轻人的创新能力，造成创造力的枯竭。一味的抄袭模仿也势必会使进入行业的门槛降低，行业水平参差不齐，鱼龙混杂，恶性竞争，也就有了“你方唱罢我登场”（同一产业园里每天同时出现倒闭的公司和新开设的公司）的景况。更有甚者，进驻创业园仅仅为了“圈地”，留待日后作他用，而偌大的办公场所往往空无一人，被长期搁置。我想，要改变这一状况，绝非一朝一夕之事。除了政府在政策上给予的扶持，还需要从人才的培养方式，对待人才的态度，对知识产权的重视等方面进行调整和改进，而这一切，都需要各方提升自身的素质与能力，在意识形态上达成共识，依靠法律与政策的保护和引导，才能营造一个健康、公平、自由的环境，培养出更多的富有创造力的人才，发展文化创意事业。

**新锐成长：**您目前关注或思考的这些问题会影响到以及会如何影响到您的艺术或设计创作?

**AUSTIN：**影响我设计创作的不仅仅是我所关注的问题，因为设计师越来越像一个抛弃生命的始作俑者。

**新锐成长：** 您认为我们应该从哪些角度去评价和判定一个好的设计师？您认为最能展现一个设计师未来潜质的因素在哪儿？您觉得自己具备哪些？

**AUSTIN：** 优质的设计师，不但需要精天文、知地理、识时务、能说能干的跨界设计能力，还要有非凡的意志力，“固执己见”。要成为这样的设计师必须具备的潜在因素就是优秀的美术基础及审美情趣。还好我比较注重这些，我还非常注重客户对设计成品的第一感受。

**新锐成长：** 请您给我们推荐一两位您推崇的设计师或艺术家，谈谈他或她对您有什么样的影响，您推荐他或她的理由是什么？

**AUSTIN：** 原研哉吧！我相信很多设计师都喜欢他，推崇他。他的作品呈现出了日本民族所固有的独特性，且细节与实用性无一不影响着我。

**新锐成长：** 对于目前学习设计专业的大学生您有什么建议，或者想跟他们说的？您在选择员工时是什么样的标准？

**AUSTIN：** 我经常跟现在的大学生打交道，现在的教学条件比起我们十几年前要好千倍，有想法的同学也很多。但唯一不足的就是设计作品的实用价值不高，也没能用正常的语言逻辑将作品表达清楚，更准确地说是缺乏说服力的作品。我建议同学们在学习技术与方法的同时，可以多看文学理论书籍，注重锻炼自己的口才。设计这个行当需要的条件，之前我也有交代了，关键还是要具备扎实的基本知识。华势派系欢迎具有良好沟通能力及个人表现能力的热血青年的加入。愿意付诸行动的同学来吧！

**新锐成长：**请您给自己做个评价或者总结吧！

**AUSTIN：**很高兴山东工艺美术学院视觉传达设计学院给我这次机会，让大家了解我、了解华势派系。每个人都有自己的看法与想法，而市场也是开放的、发展的。文化创意产业在中国才刚刚起步，政府也在支持我们，投资人也在支持我们，我们需要把热情投入到这个行业中间去，用美学，用实用性改变生活，影响世界。

IROY'S
LYOPHILIZED POWDER
SPECIAL SOLVENT
FILM ATTACHED
FACIAL MASK
STERILE SYRINGE

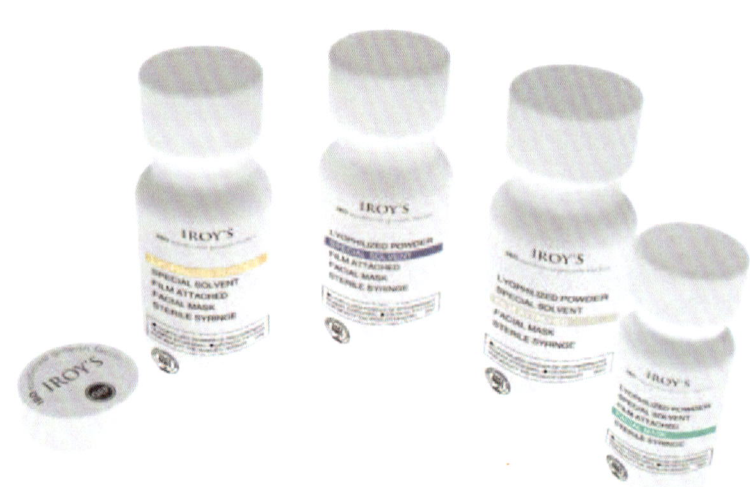

≯ 416–417

NAIVE
カートゥーン

SMS

NAIVE
カートゥーン

NAIVE
カートゥーン

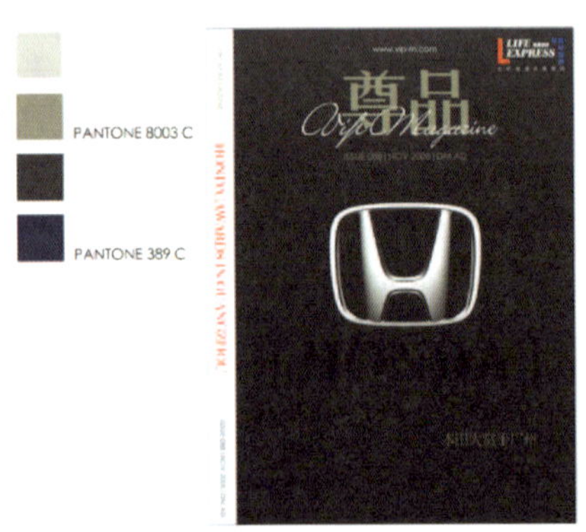
PANTONE 8003 C
PANTONE 389 C
尊品
本田大赏于广州

尊品 VIP
尊品

LIFE EXPRESS
尊品
HONDA
本田大赏于广州

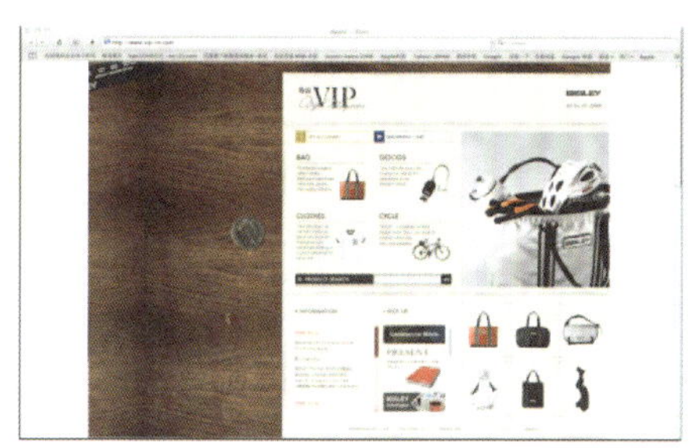
VIP

VIP

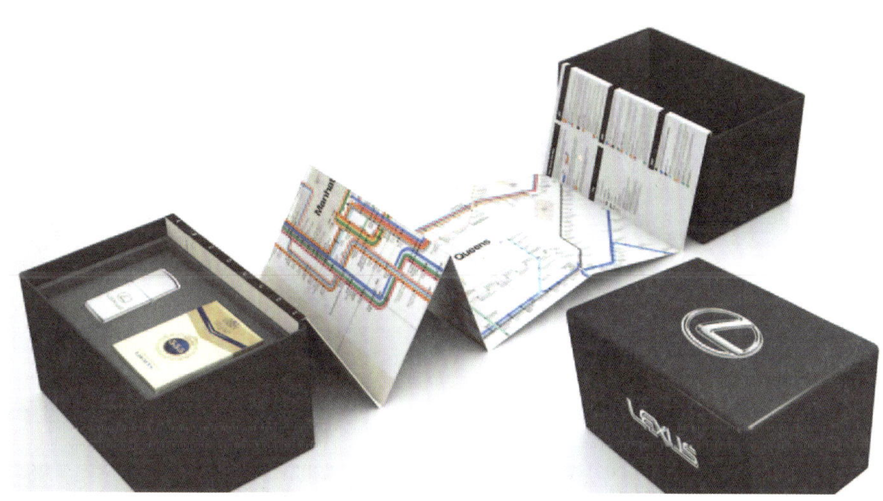
Queens
LEXUS

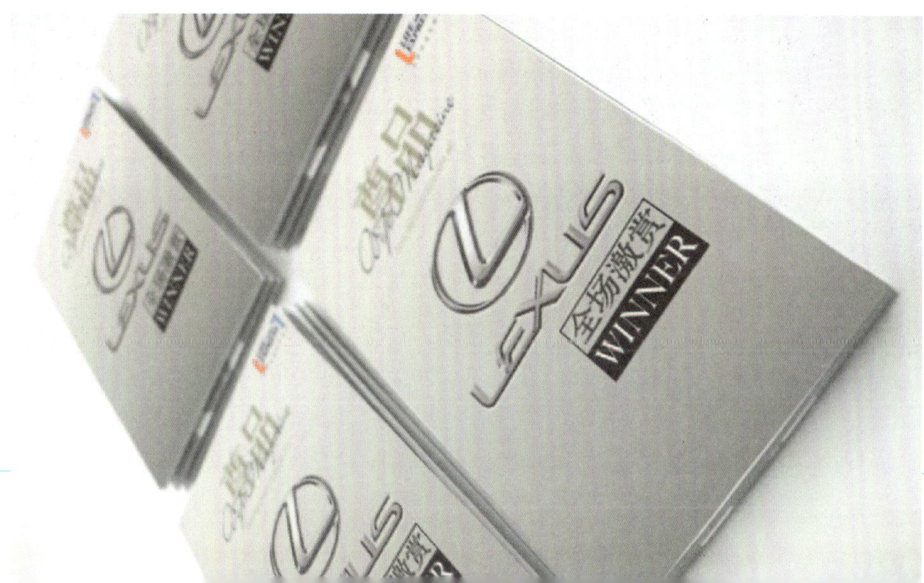
尊品
LEXUS
全场激赏
WINNER

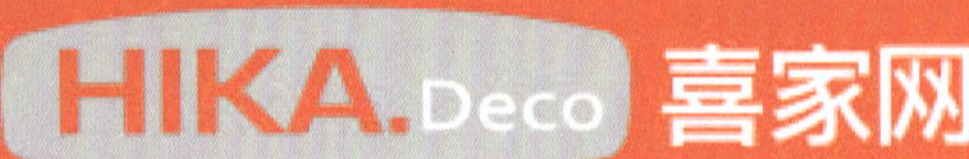
HIKA.Deco 喜家网

HIKA.喜家网
DECO

喜家网 HIKA.Deco
You Best Home Helper

You Best Home Helper
HIKA DECO

LIFE THREE PHASE GROWTH
喜家网 HIKA Deco
You Best Home Helper

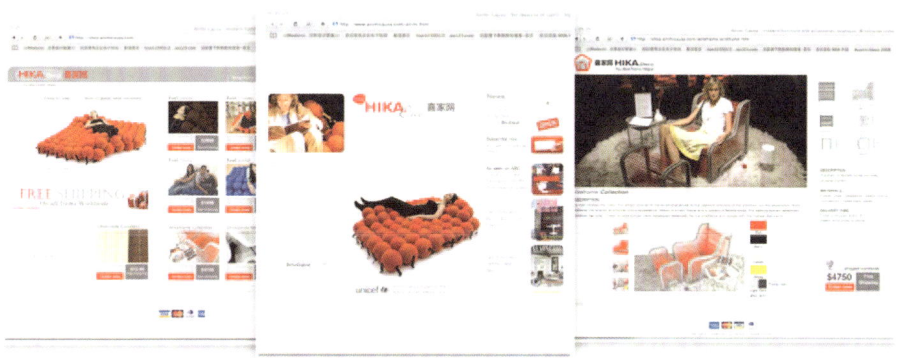
HIKA
喜家网
FREE SHIPPING
unicef
$4750

You Best Home Helper
HIKA DECO
FINE

www.supermii.com

SuperMII™ MANAGEMENT

TEL + 8620 8330 3488
FAX + 8620 8330 0488

SuperMII
MANAGEMENT
IMN INTERNATIONAL MODEL NETWORK

vw.supermii.com
perMII™ MANAGEMENT

AquaMats
WATER RESOURCES DEVELOPMENT
阿科曼®
产品发明人介绍
RODERICK J. MCNEIL

AquaMats
阿科曼®
高效水生态技术
WATER RESOURCES DEVELOPMENT
CYCLE ECONOMIC / ECOLOGICAL ECONOMY
发展水资源 循环经济/生态经济
WATER RESOURCES DEVELOPMENT

AquaMats
阿科蔓®
高效水生态技术
WATER RESOURCES
DEVELOPMENT
CYCLE ECONOMIC / ECOLOGICAL ECONOMY
发展水资源 循环经济/生态经济

eco
eco
eco
eco

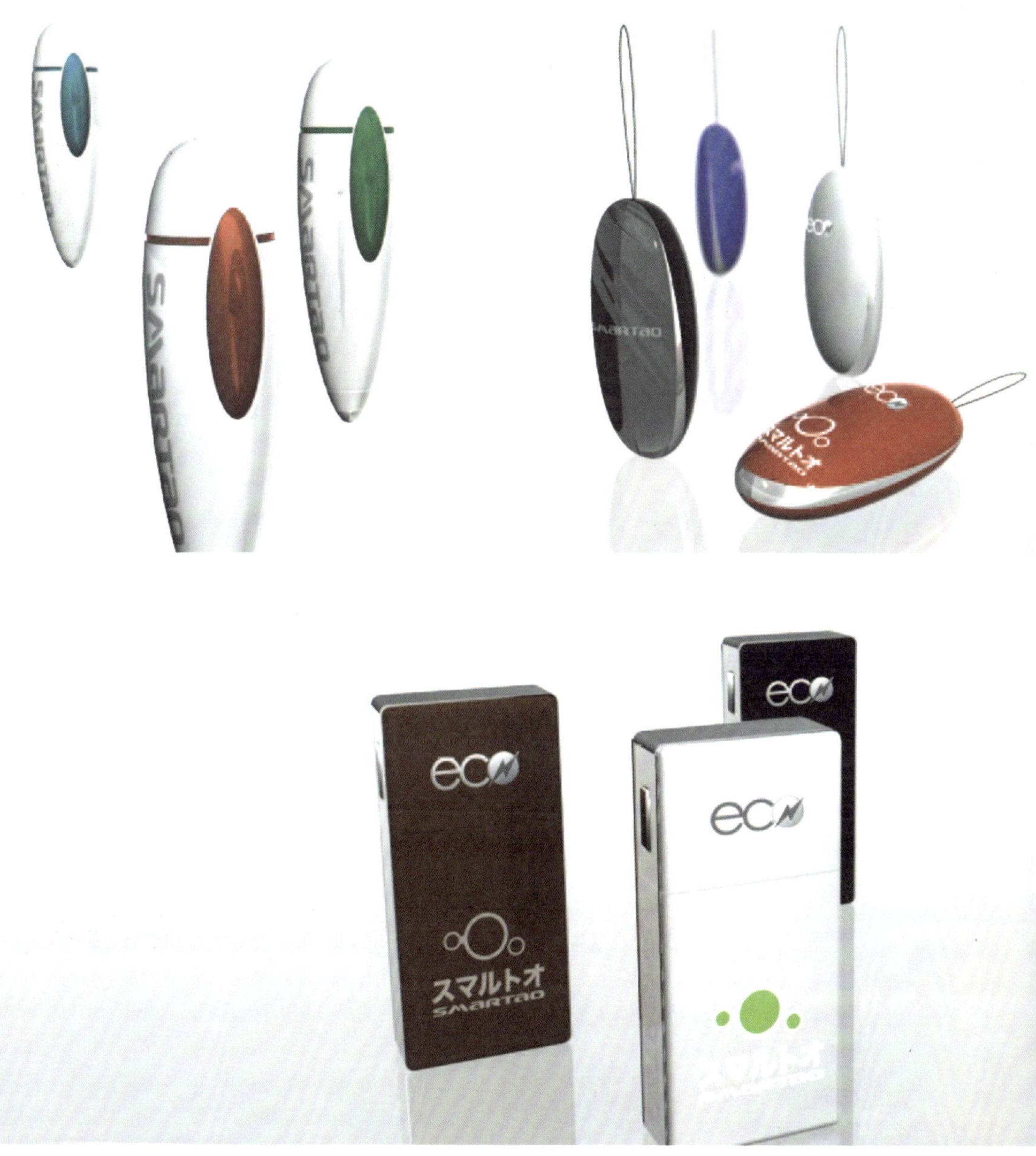
SMARTAO
eco
スマルトオ
SMARTAO

Whimsicality

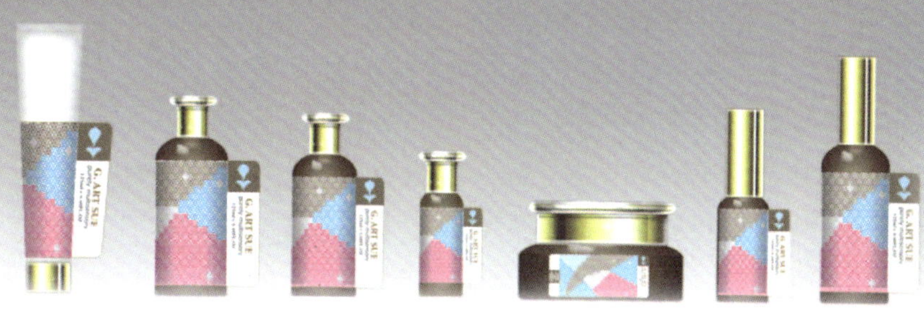
G. ART SUE

AUMEIA

スマルトオ
SMARTAO